靖康之败

从太原之战到汴京之围

赵大胖 著

浙江人民出版社

图书在版编目（CIP）数据

靖康之败 ： 从太原之战到汴京之围 / 赵大胖著.

杭州 ： 浙江人民出版社，2025. 3. -- ISBN 978-7-213-11757-2

Ⅰ. K244. 05

中国国家版本馆CIP数据核字第2024VN5764号

靖康之败：从太原之战到汴京之围
JINGKANG ZHI BAI: CONG TAIYUAN ZHI ZHAN DAO BIANJING ZHI WEI

赵大胖　著

出版发行：浙江人民出版社（杭州市环城北路 177 号　邮编　310006）

　　　　　市场部电话：（0571）85061682　85176516

责任编辑：齐桃丽　魏　力

策划编辑：魏　力　孙汉果

营销编辑：张紫懿

责任校对：何培玉

责任印务：幸天骄

封面设计：琥珀视觉

电脑制版：北京之江文化传媒有限公司

印　　刷：杭州丰源印刷有限公司

开　　本：880 毫米 ×1230 毫米　1/32　　　印　　张：14.625

字　　数：245 千字　　　　　　　　　　　插　　页：4

版　　次：2025 年 3 月第 1 版　　　　　　印　　次：2025 年 3 月第 1 次印刷

书　　号：ISBN 978-7-213-11757-2

定　　价：78.00 元

目录

第二章　溃不成军

第三章　昏招迭出

第十章 靖康之耻

第一章

伟大计划

1. 一个兴奋的宦官

崛起于西北

北宋政和元年（1111年）初，宋徽宗^①赵佶派了一个使团出使辽国^②。这是一次例行外交行动，任务是去祝贺辽国天祚皇帝耶律延禧的生辰，四月十九日^③天兴节。

使团的正使是礼部尚书郑允中，一个正确得不能再正确的人选。不过让人非常诧异的是，宋徽宗给他安排的副使是一名宦官，名叫童贯。

对于这一安排，朝廷中不少人提出明确的反对意见："以

---

① "宋徽宗""辽景宗""金太祖"之类的称呼，是古代皇帝的庙号，也就是他们逝世后由后世尊封的，他们活着的时候并不会被这么称呼。本书为了表述方便沿用了这个约定俗成的叙述方式。

② 自公元907年辽太祖耶律阿保机任联盟长、916年称帝建国之后，辽国的国号在"契丹"和"大辽"之间多次更换，本书为了表述方便，除了直接引用的史料之外，统一使用"大辽"或者"辽国"。

③ 本书中涉及日期的表述，公历日期用阿拉伯数字，农历日期用汉字数字。

宦官为上介（即副使），国无人乎？"①意思就是，派一个宦官去处理这么重大的外交事务，不怕辽国笑我朝中无人吗？

童贯跟我们刻板印象中的那种在大内陪皇帝玩耍嬉戏的宦官不一样，他能够从数量庞大的宦官群体里脱颖而出，让皇帝把他作为正式的外交使节派遣出国，一半靠的是钻营，一半靠的是实力。

童贯是开封人，生于宋仁宗至和元年（1054年），身材高大，自小习武，皮骨劲如铁，再加上他净身的时间比较晚，下巴上还能蓄起十几根弥足珍贵的胡子，其形象跟一般的宦官有很大区别。

童贯入宫之后的事业领路人叫李宪，是宋神宗开创的"宦官掌兵"制度的最大受益者，长期在西北跟西夏作战，还担任过著名军事行动"五路伐夏"的总指挥，可见宋神宗对他的器重。童贯的职业规划很明显受到了这个老上司的影响，他也将带兵打仗立功勋作为自己的人生追求。

但是随着宋神宗驾崩、年幼的哲宗即位，垂帘听政的高太后在以司马光为首的保守派支持下废除新法，在这场

①《宋史·童贯传》。

史称"元祐更化"的运动中，大量神宗朝受重用的大臣被清除，没能幸免的李宪也被贬死。童贯失去了自己的领头羊，只能在开封一边提升自己的文化艺术修养，一边耐心等待出人头地的机会。直到元符三年（1100年），他四十六岁的时候，幸运之神才盯上了他。

这一年，宋哲宗驾崩，文艺青年宋徽宗登基，他一上来就在杭州设立了明金局，四处搜罗江南的艺术品，以满足自己的文艺需求。而一直在背后悄悄努力的童贯，终于进入宋徽宗的视野，成了杭州明金局的主事供奉官。

童贯一边完成宋徽宗交办的任务，一边寻找自己的晋升捷径。很快，他就跟一个在杭州赋闲的大人物搭上了线，这人就是当年宋哲宗眼前的红人、现在被贬出京的前翰林学士兼侍读蔡京。

蔡京，兴化仙游（今福建仙游）人，出生于宋仁宗庆历七年（1047年），比童贯大七岁，这时候已经五十三岁。蔡京于熙宁三年（1070年）以进士入仕，在元祐更化、绍圣绍述这一系列翻来覆去的党争中浮浮沉沉，以"改革派大臣"的身份熬到了宋徽宗登基。但是没想到的是，宋徽宗登基之初想要调和改革派和保守派的矛盾，采用了太宗创立的"异论相搅"策略，让两派人马互相牵制以寻求一种平衡的朝廷关系。结果这么一平衡，本来有望升任执政的蔡京就成了牺牲品，在党争中被罢免职务，贬为杭州提举洞霄宫。

两个在仕途上都有强烈进步需求的人迅速结成了同盟，他们的计划是这样的：童贯回到开封以后在宋徽宗面前替蔡京说好话，并且进献蔡京本人创作的字画和寻找到的字画；蔡京一旦重新回到权力中枢就推荐童贯去西北带兵打西夏。①

两年之后的崇宁元年（1102年）七月，决心实行父亲宋神宗熙宁新法的宋徽宗将蔡京任命为右相，负责新法的推行工作。一年半之后的崇宁三年春，蔡京兑现自己的承诺，举荐盟友童贯以监军的身份领兵十万去湟州（今青海乐都、化隆、循化一带）收复青唐（今青海西宁一带）。

踌躇满志的童贯的第一次带兵就经历了一场足以让他掉脑袋的大考验。三月二十八日，他刚出发没多久，开封大内就发生了火灾。按照五行学说，大宋尚火德，失火是一个极其不好的征兆。于是，宋徽宗给童贯发去一封紧急手诏，让他暂时按兵不动，另择吉日进攻。

童贯犹豫了一下，决定不理会宋徽宗的这道命令。一方面，他觉得眼下是一个非常好的进攻时机，放弃了太可

---

① 徐梦莘《三朝北盟会编》卷五十二收录的《中兴姓氏奸邪录》。

惜。另一方面，他五十岁了才第一次获得带兵打仗的机会，他不知道自己还能有多少机会，所以必须把每一个出现的机会都当成最后一个来把握。

童贯的副手、熙河经略安抚王厚例行公事地问他手诏上写了什么，童贯将手诏往自己的靴筒里一塞，说："陛下命令进兵。"随后，十万大军全线进发，在不知情的情况下参与了童贯自作主张的这一次赌博。很幸运，他们赌赢了，非常顺利地收复了鄯州（今青海西宁）和廓州（治今青海贵德）。

五十岁的童贯知不知天命不重要，但是他肯定知人性。做战后总结的时候，他取出宋徽宗的手诏对以王厚为首的武将们说："陛下的意思是不让我们进军，但是我当时觉得战机稍纵即逝，于是隐瞒了实情。我想的是，打赢了，我们大家的功劳，打输了，我一个人被砍头。"

这一番话童贯说得云淡风轻，却在西北将士们的心中掀起了惊涛骇浪："这个宦官跟以前的不一样，有担当，可以跟着他干！"

这一次战功让童贯在军队站稳脚跟的同时，也让他在宋徽宗这里获得了极大的认可，不到一年之后的崇宁四年（1105年）正月二十八日，童贯被任命为熙河兰湟、秦凤路经略安抚制置使，成为西北地区对西夏作战的总指挥。

重拾新法的北宋朝廷有了充足的资金和人力之后，童贯在西北战场的军事行动也开始走向胜多败少的大好局面，当年就收复了银州（今陕西米脂一带），逼得西夏向辽国求援，并且向北宋朝廷上表谢罪。有了个人奋斗和历史进程双重加持的童贯在仕途上越走越顺，在大观二年（1108年）正月初八被封为武康军节度使①。也就是说，他建节了。

宋代节度使跟唐代节度使已经完全不一样了，没有独立的兵权和行政权，但对武将来说，这是一种至高无上的荣誉。很多武将戎马一生、伤痕累累都没能建节，但是童贯带兵仅仅四年就建节，身上一处伤疤都没有就进入顶级武将的序列，值了。

带回一个辽国人

在西北练手成功之后的童贯开始觉得"打仗也不过如此"，于是有了一个更宏大的想法。他将目光投向北方那一个庞然大物——辽国，这个虽然与大宋保持了百年和平但是依然怀有戒心的老朋友或者老对手。

从景德元年十二月（1005年1月）的澶渊之盟算起

---

① 《宋史·徽宗本纪》中只记载为"节度使"，《宋史·童贯传》中记载为"武康军节度使"。

来，宋辽之间已经一百多年没有在战场上真刀真枪地对垒过了。本着"知己知彼，方能百战不殆"的原则，童贯决定亲自去辽国看一看。

从这一点来说，他还算一位挺有责任感的将领。

但是，他不能主动向宋徽宗申请出使辽国，他的两重身份都不适合当使者：宦官出使有损国格，武将出使惹人忌讳。所以，他想了一个办法来欺骗宋徽宗。大观四年（1110年）底，他重金贿赂前来开封祝贺新年的辽国使者萧志忠，让他在面见宋徽宗时提一句"我家皇帝听说童贯打赢了西夏，想要见见他"。果然，信以为真的宋徽宗便顺口答应了辽国这个"不算过分的请求"，便有了童贯政和元年（1111年）的这次出使。①

辽国虽然设立了五座京城，但是他们的皇帝还保留着游牧民族的作风，很少在京城办公，一般都在"捺钵"，也就是皇帝的临时巡幸地行在。童贯跟着郑允中一起来到天祚皇帝的春季捺钵春州（今吉林白城）之后，北宋文官们担心的事情还是发生了，辽国的君臣并没有表现出"想见见这位破夏猛将"的诚意和礼貌，反而围着他指指点

---

① 黄以周等《续资治通鉴长编拾补》卷三十收录的《九朝编年备要》。

点地嘲笑说："南朝①人才匮乏至此，竟然派一个腐夫来当使者。"腐夫，就是受过腐刑的人，是对宦官的一种蔑称。

憋着一肚子火的童贯完成贺生辰的任务之后踏上了归途，走到燕京（今北京）城外的卢沟河，遇上一个主动上门来献计的人，辽国的燕人马植。

童贯这样身居高位的人随时都可能遇到各种各样的献计者，绝大部分是为了在他身上寻找一个升官发财的机会，他已经见怪不怪了，再加上身处异邦，这种瓜田李下的事情非常容易惹麻烦，所以他并不想见马植。但是马植禀报说，他有一个宏大的方案，可以帮助北宋夺回燕京。

彼时燕京在辽国的版图里名叫"析津府"，是辽国五京中的南京。但是在汉人的记忆里，这里是大唐故地幽州。天福三年（938年），后晋高祖石敬瑭为了获得辽国的支持，将东起蓟州（治今天津蓟州区）、西至朔州的十六个州一起送给了辽国。②由于这十六个州在燕山东南的区域以幽州为中心，在燕山西北的区域以云州（治今山西

① 宋辽自澶渊之盟以后结成兄弟之国，双方在非正式场合多以地理位置为指代，互称对方为"北朝"和"南朝"。
② 《辽史·太宗本纪》："（会同元年十一月）晋复遣赵莹奉表来贺，以幽、蓟、瀛、莫、涿、檀、顺、妫、儒、新、武、云、应、朔、寰、蔚十六州并图籍来献。"

大同）为中心，所以被称为"燕云十六州"或者"幽蓟十六州"。

燕云十六州的丢失，让中原王朝彻底失去了沿着"燕山—太行山—阴山"修筑的长城防线，广袤而平坦的华北平原完全暴露在游牧民族的铁骑攻击范围之内。一旦进入冬天，滹沱河和黄河封冻之后，开封以北再无天险。

此后的中原政权都在一边咒骂石敬瑭，一边想方设法夺回燕云十六州，尤其是进攻更为便利的燕京。后周世宗柴荣在攻打燕京的过程中收回了莫州和瀛州之后，燕云十六州还有十四州在辽国的手中。

为了完成这项未竟的事业，宋太宗赵光义甚至不惜御驾亲征北伐，付出了生命的代价——根据宋神宗赵顼的说法，宋太宗于太平兴国四年（979年）在燕京城外高梁河（今北京西直门一带）的战斗中，大腿上中了辽军两箭，但是箭伤从未痊愈，每年都要复发，[1]宋太宗一直拖到至道三年（997年）以五十八岁的年纪驾崩。因此，尽管宋辽两国在澶渊之盟后已经结为兄弟，但是"收复燕京"依然是北宋朝廷一个心照不宣的历史使命。宋神宗甚至立下

---

[1]　李焘《续资治通鉴长编》卷三百五十三。

了"谁能收复燕山全境就封王"的赏格，①激励自己的儿孙不忘祖宗之耻。

童贯想起刚刚在春州遭遇的围观羞辱，又想起封王的赏格，他心动了，非常迅速地决定接见马植，听一听这个宏大的计划。

马植是燕京的汉人，他的家族在辽国曾经显赫过，只不过现在家道中落，他自己也在辽国仕途上看不到任何出路，便动了另辟蹊径的心思。正好听说北宋的使者经过，他就想来献上一份投名状。

这份投名状的确很有诱惑力，马植说："在辽国的东北部有一支叫作女真的部族，战斗力相当强悍。他们现在正遭到辽国官员极其凶残的压榨，已经在零星起兵反抗，如同一个干柴堆，一点火星就能引燃。大宋不如派人从登州（治今山东蓬莱）过海去跟他们结盟，两边同时起兵进攻辽国。现在天祚皇帝昏庸无道，任用奸佞，又沉迷于酒色，辽军已然不堪一击，到时候必然能够收回燕京。"

这个方案完全打动了童贯，他悄悄地把马植留了下来，将其改名为李良嗣并带回了开封。政和元年（1111

---

①　徐梦莘《三朝北盟会编》卷二十二收录宣和七年（1125年）五月初五宋徽宗"议封童贯广阳郡王"诏书："恭惟神考屡形训言，谓将帅总兵能复全燕之境，则国家信赏当从王爵之封。"

年）九月，童贯把李良嗣的方案从"收复燕京"改成了
"灭掉辽国，收复燕云"，向宋徽宗作了详细的汇报。

灭辽计划被搁置

女真这个民族，北宋王朝并不算陌生。宋太祖赵匡胤
建国的第二年，也就是建隆二年（961年）八月二十日，
女真就派了使者来开封，献上了产自他们辖区的战马。这
次半朝献半推销的外交行动拉开了北宋找女真买马的序
幕，但是由于隔着辽国和渤海，两者之间并没有建立起足
够紧密的外交关系，而北宋的买马行动也在宋仁宗朝终
止。也就是说，在李良嗣带回这个信息之前，北宋朝廷对
女真的定位都是一个可有可无的贸易伙伴。

现在，贸易伙伴可能要升级为政治盟友，甚至军事同
盟，这是一件大事。

到此时，宋徽宗在政治思路上已经完全继承了他的父
亲宋神宗。宋神宗当初重用王安石变法，最重要的一个原
因就是要开边，也就是开疆拓土，先解决西夏长期滋扰的
问题，再收回燕云，而变法的最大目的就是筹集军费。如
今，宋徽宗对于收回燕云的愿望并不比宋神宗弱，他立刻
组织朝廷的重臣进行了一次内部讨论。

政和元年（1111年），对于宋哲宗时代以后的北宋

王朝来说，虽然称不上年号描述的那般"政通人和"，但确实是最稳定的时期。在经济方面，宋徽宗在蔡京的协助下，登基伊始就继续执行宋神宗的新法，朝廷的收入呈稳定而大踏步的上升趋势；在思想方面，宋哲宗年间反对变法的"元祐党人"都已经被收拾得服服帖帖，不但无法从行动上阻挠新法，连提反对意见的能力都没有了；在军事方面，童贯主导的西北战场连续获得胜利，西夏已经无力主动发起大规模的进攻，转而请求辽国出面斡旋宋夏关系；在政坛方面，虽然宋徽宗的得力助手蔡京因为权势太重、日渐骄傲被罢相，但是继任的两位宰相中，何执中曾是宋徽宗的老师，张商英是坚定的新法拥护者，两人都算是宋徽宗的心腹。

宋徽宗本以为在这样的局面下，他的计划一定能够得到全面而彻底的拥护，但是讨论的结果有点让宋徽宗失望。大臣们虽然都觉得收回燕云是一个必须完成的任务，但是认为当下并不应该操之过急，理由有三：第一，女真即便真的怨气冲天，但是毕竟还没动手，大家既看不到他们的实力，也看不到他们的态度，贸然去结盟实在是过于冒险；第二，宋辽之间明面上至少还是兄弟之国，私下搞点小动作无伤大雅，但是大张旗鼓启动战端，师出无名，易遭天谴；第三，辽国经过这些年的汉化，已经比百年之前温顺了许多，放弃这么一个平和的老邻居，去迎接一个凶悍的新邻居，并不是一个上佳的选择。

宋徽宗明白，大家说这么多就是不支持这个方案。他有点怀疑自己的判断，决定亲自跟李良嗣谈一谈。李良嗣准备已久的话术在宋徽宗这里取得了非常好的煽动效果，他针对大臣的意见进行了一一反驳：第一，如果等着女真先动手，那燕京就会落到女真人手里，对大宋来说情况并没有好转；第二，燕云本来就是汉地，大宋出兵不是侵略，是恢复汉人故土，是解救汉家子民，上顺天意，下顺民心；第三，没有燕云，谁都是强敌，夺回燕云，谁都会温顺。[①]

宋徽宗从思想上被彻底说服了，他决定执行李良嗣的计划，只不过执行的时间还需要等等。等他彻底解决西夏的边患，这样才能把全国最强悍的西北精兵调集到河北，再容他筹集足够的粮饷，动员足够的民夫，如此与辽军作战时才有充足的后勤保障。

这一切，都不是短期内能够完成的。

宋徽宗给李良嗣赐了一个国姓，改名为赵良嗣，还给

---

① 黄以周等《续资治通鉴长编拾补》卷三十收录的薛应旂《宋元通鉴》。

了他一个秘书丞的文职工作，慢慢等待时机的到来。

北宋和女真，这一对熟悉的陌生人，突然之间就因为一个叛逃者，在宋徽宗的心里被联系到了一起。

"端王①轻佻，不可以君天下。"十一年前，宋徽宗的哥哥宋哲宗赵煦驾崩，身后无子，宋英宗赵顼的皇后高太后指定由他来接任皇位，宰相章惇就当着所有大臣的面用这句话来表示强烈的反对。憋着一口气的宋徽宗偏要向他的子民证明：我不但不轻佻，可以君天下，我还要做得比我的祖宗、比我的父兄更好。燕云，这一片让太宗皇帝以身殉国，让神宗皇帝死不瞑目的土地，早晚都得回到我大宋的手中。这个任务，就交给我来完成吧！

---

① 《宋史·徽宗本纪》，"端王"是宋徽宗当亲王时的封号。

2. 想当年金戈铁马

讨厌的北汉

宋徽宗的这个梦想在一百多年前北宋刚刚建国的时候就已经存在了，在军事天才宋太祖的规划里，燕云是一定要收回来的，否则他和子孙的头上就永远悬着一把剑，不知道什么时候会刺下来。

不过，正因为身为一个军事天才，宋太祖对武力夺取燕云的方案是持保留态度的，他深知以当前中原汉军的骑兵实力，想要北上去广袤的草原与辽军进行野战非常不现实，所以他想的办法是"能买就买，不能买再打"。他设立了一个名为"封桩"的库房存储金帛，专款专用于收回燕云："欲俟斯库所蓄满三五十万，即遣使与契丹约，苟能归我土地民庶，则当尽此金帛充其赎直。如曰不可，朕将散滞财，募勇士，俾图攻取耳。"[1]

---

[1] 李焘《续资治通鉴长编》卷十九。

宋太祖一边在东、南、西三面扩张自己的领土，一边开始慢慢存钱。但是辽军并没有听话到乖乖地伸着脖子等他来砍的程度，所以宋辽两国时不时地会在边境地区展开一些规模不算大的武力冲突。多线作战，尤其是其中一线还是最强大的辽军，宋太祖还没有做好这方面的准备。他必须在这一大堆的攻取目标中闪转腾挪，以求各个击破，而难度最大的燕云，被宋太祖放到了最后。

对北宋来说，要解决燕云的问题，首先得解决河东的问题。

北宋北方的领土被纵贯南北的太行山分为两个地理区域：河北和河东。河北，指的就是黄河以北、太行山以东的区域，约等于今天的河北省、山东省北部，以及河南省北部的部分地区，宋军需要直接面对的大城市是燕京，这里驻防的是辽军，攻打的难度很大。河东，指的就是太行山以西、黄河以东的区域，约等于今天的山西省南部，宋军需要直接面对的大城市并不是云州，而是晋阳①，这里

①　"晋阳"是老太原城的名字，位于今天的太原市西南晋祠一带。宋太宗攻下晋阳城之后将其彻底摧毁，后来在今天的太原市迎泽区和杏花岭区交界处新筑了一个太原城，核心区域在今天太原大关帝庙一带。本书为了表述方便，以"晋阳"指代老城，以"太原"指代太原地区以及新太原城。

盘踞着一个渺小但是很让人讨厌的北汉政权。

北汉是后汉高祖刘知远的弟弟刘崇于广顺元年（951年）在太原建立的一个王朝，比北宋的资格还要老九年。说它渺小，是因为它只有十二个州，并且几乎被后周和大辽两个大国紧紧包围。夹缝中的北汉想要生存下去，独立自强和左右逢源都是不现实的，只能选择投靠一个。对于刘崇来说，这道选择题并不难做。于公，他非常明白"辽军比汉军能打"这个道理；于私，他和后周太祖郭威是死敌，因为郭威杀了他的儿子刘赟。因此，刘崇非常主动地向北方示好，以"侄国"的身份成了辽国的附属国，将自己牢牢绑在了辽国这架庞大的战车之上，以对抗逐渐强大起来的中原汉人政权。

对于开封来说，这就是它讨厌的原因，辽国进攻的时候北汉愿意当先锋，辽国防守的时候北汉就变成屏障，像一根尖刺插在指尖上，说痛也不算特别痛，但是做什么事情都感觉不舒服。

事实证明，刘崇的自保策略起到了非常好的效果，北汉非常顽强地扛住了后周的攻击，直到后周的江山从"柴"改姓了"赵"。

开封的主人发生了变化，太原的主人也发生了变化。建隆元年（960年）北宋建国之时，刘崇已经病逝五六年了，皇位也传给了他的儿子刘承钧。在"依靠辽国"这件事情上，刘承钧做得比刘崇更加坚决，与其遮遮掩掩欲说还休地用"叔侄"这样一个关系来寻求辽国的支持，不如一步到位成"父子"好了。他当机立断给辽穆宗耶律璟写了一个认父的申请，而辽穆宗也非常爽快地接受了这个"儿子"。

宋太祖面对的就是这样一个政权，虽然讨厌，但是总比在燕京直接面对辽军来说更趁手一些。所以，他在当皇帝时曾经三次派兵攻打北汉，能够将其收归版图更好，收不回来也可以敲打敲打北汉和它的主子辽国，让他们不要轻举妄动，以便腾出手来做自己更想做的事情。

第一次是从建隆元年（960年）到乾德二年（964年）之间的拉锯战，以刘承钧求和、宋太祖顺水推舟答应而告终，北宋顺利地为自己争取到了平定蜀中的时间。

第二次是乾德六年（968年），当时刘承钧病逝，继位的刘继恩因政变所杀，皇位再传给了刘继元，北汉的朝廷一片混乱。开宝二年（969年）三月，觉得是个好时机的宋太祖御驾亲征，希望一举解决这个心腹大患，但是尴尬的是，直到闰五月的雨季来临，动了杀机的宋太祖都没能攻下晋阳城，只能无奈撤军。

第三次是开宝九年（976年）秋，宋太祖在平定了两广、江南，控制了吴越国和泉州之后，决定拔除北汉这个最后的据点。在此之前的开宝八年，他甚至非常谨慎地跟辽国结成了盟友，以分化北汉的后援。但是时运不济，宋军围攻晋阳城的时候，朝廷出现重大变故，宋太祖于十月二十日在开封万岁殿暴毙，他的弟弟赵光义登上皇位，宋军不得已又一次撤军。

就这样，在军事上堪称雄才大略的宋太祖至死都没能平定北汉，只能被动地将接力棒交给自己的弟弟，宋太宗赵光义。

河东处处是天堑

太平兴国三年（978年）下半年，平海节度使陈洪进和吴越国王钱俶都进献了自己的土地，这就意味着，建国已经十八年的北宋终于腾出手来，要开始全力解决北汉的问题了。

这些年来一直受哥哥宋太祖耳濡目染的宋太宗并没有单独指挥过重大战役，所以他担心有人质疑他的军事能力。而亲自指挥灭掉北汉，就是他证明自己比哥哥强的最好方式。

老天爷并没有为难他，只给他留下了一个以太原为中心的北汉，而不是整个河东，否则他面临的问题要解决起来比突破蜀道攻取成都的难度还要大。因为得天独厚的地理条件，河东几乎可以说是一个独立王国。它的北方是阴山山脉、燕山支脉和太行山支脉在这里冲撞而成的崇山峻岭，以及山脊上的长城，东边是太行山脉，西边是黄河和吕梁山脉，南边是黄河和中条山，四面都有天然的地理屏障。要想从中原和陕西进入河东地区，要么渡河，要么穿山。

在古代的交通条件下，走陆路是比走水路更加安全保险的方式。经过千百年来的摸索，人们在绵延千里的太行山脉之中找到了河东与河南、河北互通的八条山谷，称之为"太行八陉"，自东北到西南，分别为军都陉、蒲阴陉、飞狐陉、井陉、滏口陉、白陉、太行陉、轵关陉。在华夏大地多年的征战中，太行八陉已经形成了非常成熟的防御体系，一旦进入战争状态，这里进可出兵，退可防守，可以快速切换为易守难攻的军事要塞。

除了让进攻者头疼的边界防御，河东地区的内部也被纵横交错的山脉切成了六个盆地：大同盆地（辽属）、忻定盆地、太原盆地、临汾盆地、运城盆地和长治盆地。盆地之间由山谷相连接，只要指挥得当，这里既可以各自为战，也能成为互相牵制的铁板一块。

正因为河东的地形如此利于军事，所以这里历来都是

"军事割据"的上佳选择，也在隋末成为李渊父子开创大唐伟业的核心根据地。隋炀帝北巡雁代之后，命令李渊以太原为中心，与驻扎朔州的王仁恭一起抵挡突厥南下。李渊大喜过望，对同样精通军事的儿子李世民欣喜若狂地感叹说："把我们安排在这里，简直就是老天爷的赏赐啊。"随后，李渊父子在这里招兵买马、网罗英豪，起兵夺取了隋朝的天下。后来成为唐太宗的李世民是这样评价河东的："河东富饶殷实，太原王业所基。"[1]这里是大唐立国之根本。

历史的发展证明了李渊父子所言不虚，后世安史之乱时，长安陷落，太原成为唐军和叛军争夺的焦点。李光弼以不满万人的乌合之众固守太原，扛住了史思明亲自指挥的十万大军，为李唐政权争取到了极其宝贵的喘息时间，这才有了郭子仪"手提两京还天子"的力挽狂澜。

如今，同样要攻打太原的宋太宗面对的情况比史思明好了很多：经过后周和宋太祖的持续努力，河东地区的绝大部分区域已经归在大宋的版图里，宋太宗既不用在这么易守难攻的复杂地形里进行寸土必争的拉锯战，也不需要担心来自西、南、东三面的攻击，只需要守住北方辽军的

---

[1] 《新唐书·太宗本纪》。

进军线路，然后非常轻松地通过位于灵石县的南、北关，以及真定和阳泉之间的井陉，就能大摇大摆地直达刘继元盘踞的晋阳城下展开进攻。

御驾亲征

宋太宗将这些情报汇总到自己手里之后，略一盘算就觉得"讨伐北汉"这件事情已经可以提上议事日程了，他开始抓紧时间备战，去讲武台视察机石和连弩，将当年的科举延后，丝毫不顾忌辽国的使者就在开封看着，宋太宗连基本的保密工作都不想做了。

时间进入太平兴国四年（979年），北宋朝廷的准备工作已经到了万事俱备的程度，正月初十，宋太宗迫不及待地开始部署兵力：以宣徽南院使潘美为招讨制置使（即前线总指挥），以崔彦进搭档尹勋攻城东，以李汉琼搭档牛思进攻城南，以曹翰攻城西，以刘遇搭档史珪攻城北。

接下来，宋太宗开始安排攻城的配套人员：命令郭进为太原石岭关都部署，负责在忻州和晋阳之间阻挡辽国的增援部队；命令田仁朗和刘绪负责制造攻城用的云梯等装备；命令马军都虞候米信和步军都虞候田重进负责为四面进攻的将领调配兵马；命令河北转运使侯陟和陕西北路转运使雷德骧负责东西两路的物资转运；命令齐州（治今山东济南）、汝州、蔡州（治今河南汝南）的军粮运往河东战场……可以说，宋太宗调动了手里能够使用的全部资源，四面城墙都是主攻，粮草、军器、打援都有专人负责，几乎是倾全国之力攻打一个小小的北汉。

这样的部署显得颇为大动干戈，但是非常有必要。北汉除了有辽国的支援以外，它的都城晋阳城可以用"固若金汤"来形容，其坚固程度并不比长安、洛阳、开封这些古都差。这是一代战神宋太祖御驾亲征都不得不黯然撤军的一个重要原因，也是小小的北汉能够屹立二十八年不倒的根本。

晋阳是一座历史极其悠久的古城，它的始筑年代已经不可考，但是它在史料上第一次出现的时间是公元前497年，这就意味着在宋太宗准备攻打它的时候，它已经快一千五百岁了。更重要的是，在这漫长的岁月里，晋阳城变得越来越坚固，在武则天时期终于演变成一座超大型城池：东西宽六千米，南北长四千米，由横跨汾河的西、中、东三座城组成，城门二十四座，城墙高四丈，总长约二十千米。①

面对这么一块难啃的骨头，宋太宗决定让武将们先去

---

① 《新唐书·地理志》。

消耗城里的防守力量、守城器具以及人员斗志，等到城池将破的关键时刻，他再御驾亲征去收割胜利果实。

北宋的频繁行动终于让辽国意识到局面的不可控性。正月十一日，辽国的使者挞马长寿在开封当面质问宋太宗，为什么要不顾两国的和约攻打北汉。宋太宗给了一个既无赖又霸气的回复："河东逆命，所当问罪。若北朝不援，和约如旧；不然，惟有战耳。"①

话都说到这个份上了，正在金川行宫（位于吉林辉南县金川镇）的辽景宗耶律贤也立刻开始布置兵马，准备营救北汉、教训宋军。二月十八日，他派出阵容强大的援军：南府宰相耶律沙为都统，冀王耶律敌烈为监军，南院大王耶律斜轸为副手，耶律抹只辅助。

"南府""南院"这一类的官职，是辽国从石敬瑭手里收取了燕云十六州以后新设的，和此前主要负责辽国内部事务的"北院"不同，他们主要负责的是汉人的事务，目的是招徕汉人北投，以及处理和中原政权的外交及军事关系问题。而辽景宗派出来的这四个人，也都是既有对宋作战的经验，又对河东地形相当熟悉的成名将领。耶律沙在辽景宗即位之后一直都是总领南面边事的一号人物，

---

① 陈邦瞻《宋史纪事本末》卷十三。

宋太祖驾崩那年北宋进攻北汉的时候，就是他率军南下支援；耶律敌烈是辽太宗的第四子，这些年一直跟着耶律沙对宋作战，战场经验极其丰富；耶律斜轸是辽国开国于越（辽国地位最高的大臣）耶律曷鲁的孙子，辽景宗皇后的侄女婿；耶律抹只是皇族，任枢密副使。辽景宗派出这样的阵容，几乎可以说是将集结在燕云的兵力倾巢出动了。

两个超级大国的军队，就像两股奔腾的洪水，即将在河东这么一片小小的地方冲撞到一起。

几乎与此同时，宋太宗留下宰相沈伦①留守开封，御驾则北上过黄河去真定（今河北石家庄正定），然后在这里等待战局出现胜机的时候，再向西穿过井陉经阳泉直达晋阳城下，以万乘之尊发起对北汉的最后一击。

之所以选择这么一条路，完全是因为这里最方便。在太行八陉中，井陉是距离太原最近的一条路线，并且这里还有一座超大城市真定，宋太宗可以在这里享受良好的生活、办公条件，以及得到充分的安全保障，坐山观虎斗、以逸待劳。

---

① 沈伦原名沈义伦，因为避讳宋太宗赵光义的"义"字而改名。

宋太宗成功了

在行军的途中，宋太宗并没有闲着，他不断根据自己的构想发出一连串关于战斗的指令，有运送军储的，有攻打外围的，其中有一道命令是派了一支小部队去进攻盂县。

盂县位于晋阳城的北大门阳曲县以东一百余里的地方，它并不在井陉之上，也不是攻防要塞，以往的战斗都没怎么重视它。宋太宗派人去攻打盂县，也是一个例行公事的方案，目的是将这片土地夺过来而已。但是谁都没有想到，这道看上去并不那么重要的命令，误打误撞地改变了整个战局的走向。

宋太宗这一次北伐，命令郭进和田钦祚在太原的北要塞阳曲县石岭关阻挡辽国的援军，但是两人关系不好，并未形成有效的配合。郭进南下进攻北汉的西龙门寨（今阳曲县青龙古镇一带）时，耶律沙的援军来到了石岭关。独自迎敌的田钦祚表现得相当消极，坚守不出，辽军撤退之后也不追击，让一心想要打出气势的宋太宗很是恼火。

无法突破石岭关防线的耶律沙带着几万援军把目光投向了东边的盂县，这里有一条"白马古道"可以通过白马岭绕过石岭关，走阳曲或者寿阳直奔晋阳，跟城里的刘继元一起打宋军一个里应外合。但是，攻打盂县的宋军部队非常幸运地发现了辽军的动向，并且用最快的速度通知了郭进，郭进带领主力部队急速绕过盂县县城，奔赴白马岭而去，两军隔着一条大涧（有资料称在今北木口村附近）对峙。让郭进觉得万分庆幸的是，他比耶律沙先到了一步，事先在岸边布好了阵势。

两军对垒之际，耶律沙作为指挥官，建议等待耶律斜轸的后续部队赶到之后再展开强攻，但是耶律敌烈和耶律抹只表示强烈反对，他们认为现在晋阳军情如火情，本来他们在石岭关走一趟就耽误了时间，要是再在白马岭浪费时间，晋阳就真的守不住了。在他们两人的坚持下，耶律沙只能下令发起进攻，不出意外地遭遇了郭进的半渡而击，辽军大溃，包括耶律敌烈、耶律敌烈之子耶律蛙哥、耶律沙之子耶律德里在内的五名将领战死。郭进正准备乘胜追击，结果耶律斜轸带着大批弓箭手赶到，将宋军射退，这才保证了耶律沙的全身而退。

这一场遭遇战打完之后，辽军在短时间内再也无法组织起有效的进攻，这也彻底断送了他们南下救援晋阳的机会。留在太原盆地的刘继元变成了任由宋太宗拿捏的瓮中之鳖，城破只是时间问题了。

宋军不断地在河东取得战果，相继攻陷了隆州、岚州、盂县、岢岚军等外围州县。宋太宗觉得时机已经成熟，太平兴国四年（979年）四月十四日，他从真定出发走井陉进入河东，于四月二十二日抵达晋阳城下，驻跸于汾水之东，开始亲自指挥作战。

此时的晋阳城外围阵地已经全部被扫空，潘美在城下筑了长围，将晋阳困在中间，四面城墙都布置了"洞屋"，掩护着士兵们来到城墙底下挖墙或者登城，而稍远的宋军则用准备充足的箭雨对城墙上的守军施加远程压力，动辄数百万支，将城楼都射成了刺猬。

宋军攻势凶猛，辽国援兵不至，在宋太宗来之前，刘继元的压力已经非常大了。现在宋军在皇帝眼皮子底下攻城，斗志完全不一样了。

偏偏宋太宗本人又是一个喜欢搞形式主义的人，他曾经选择了几百个身强体壮的士兵，训练他们剑舞，练到最后像杂技一样，把剑都抛到空中，然后士兵们在队列里纵跳换位，再接住掉下来的剑。当初在开封接待辽国使者的时候，宋太宗让这些士兵脱去衣服表演过一次，几百人在堂前挥刃而入，跳掷承接，吓得辽国使者不敢正视。现在宋太宗来晋阳巡城的时候，也带着这几百个士兵，让他们在城下的空地上表演，"北汉人乘城，望之破胆"。

宋太宗本人也深谙鼓舞士气之道，他换上甲胄，亲自来到矢石能及的城下指挥军队作战。面对劝阻声，他豪气干云地回答："将士争效命于锋镝之下，朕岂忍坐观？"[1]在强大的情绪感染之下，他甚至准备亲自进入攻城的洞屋里面慰劳最前线的士兵，被李汉琼以死要挟才拦住，激励得士兵无不奋勇当先、冒死登城。

在宋军的强大攻势下，刚进入五月，北汉就撑不住了。五月初一，宋军攻陷了城西南的外围工事羊马城，吓得北汉宣徽使范超出城投降，结果攻城的士兵杀红了眼，以为他是来应战的，将他绑到宋太宗的大旗前杀了。就在同一天，北汉代州刺史、刘继元的堂兄刘继文（刘赟之子）弃城北去投奔辽国，把代州留给了宋军。五月初三，北汉马步军都指挥使郭万超也出晋阳城投降，城内的士气已经低落到极致。五月初四，宋太宗来到城南，对众将说："明天端午节，应该能到城里吃饭了。"然后给城里写了一封最后通牒，希望刘继元能够在他发起最后攻势之前开门投降。

一方士气高涨，一方胆战心惊，战局很快就开始发生足以引发坍塌的倾斜。五月初五一早，宋太宗来到城南督促众将猛攻，士兵们极其奋勇，这个阵势连宋太宗都被吓

---

[1]　李焘《续资治通鉴长编》卷二十。

坏了，担心城破以后士兵们会屠城，赶紧下令稍稍休整一下。刘继元在城内已经到了崩溃边缘时，一位致仕老臣马穗（亦记作马峰）拖着病体去哭劝刘继元投降，这彻底击垮了他的心理防线。下午，刘继元派人出城给宋太宗上了降表。晚上，宋太宗登上城北高台大宴群臣，兑现了端午到城里吃饭的承诺。

五月初六黎明，刘继元率百官素服待罪，宋太宗命令杀掉了拒不投降的亡命之徒，转头得意扬扬地对刚献土不久的钱俶说："你能主动把土地给我，保一方生灵不被血刃，深可嘉也。"[1]

这一战之后，宋太宗终于解决了困扰北宋王朝近二十年的河东问题，将北汉收入自己的囊中。

与之相应的后果是，北宋和辽国彻底决裂，失去缓冲带的双方变成了短兵相接的敌对状态，从此兵戈不断。直到二十五年之后的景德元年（1004年），宋太宗的儿子宋真宗赵恒御驾亲征，和辽圣宗耶律隆绪缔结"澶渊之盟"以后，双方成为"兄弟之国"，才又进入和平期。当然，在北宋念念不忘燕云、辽国念念不忘北汉故土的大背景下，和平更多体现在军事方面。两国使者之间依然经常互

---

[1]　李焘《续资治通鉴长编》卷二十。

相较劲，两个国家还多次因为领土问题产生纠纷，甚至在宋仁宗赵祯当政时，辽国还想要回太原地区和关南十县，逼得宋仁宗以增加岁币的方式来了结了这一争端。

值得庆幸的是，这些政治纠纷都没有演变成军事冲突，太原就这么在北宋的版图里安稳地成长为河东地区的经济中心、行政中心和军事中心。

3. 白山黑水刮起的旋风

完颜部的兴起

宋辽两国像一对面和心不和，却又不好意思撕破脸皮的兄弟，就这么拉拉扯扯地过了一百年。

这一百年来，两国都在疲于应付另一个对手——西夏。经过旷日持久的战争和谈判，两国都在不自知的情况下不可避免地走向了衰落。尽管官方史书《宋史》和《辽史》都对西夏进行了弱化，将它写得像是一个不听话的藩属，但是在11世纪末12世纪初的这段时间里，西夏和这两个超级大国已经形成了事实上的三足鼎立之势。

相对辽国来说，北宋在西夏这边吃的亏更大一些，所以西夏更尊重（或者叫畏惧）骑兵力量更强大的辽国。不过，辽国并没有办法在北宋面前偷着乐，因为跟着童贯回到开封鼓动宋徽宗起兵的赵良嗣没有说谎，女真人很快就要给辽国带来巨大的麻烦，并且程度远远超过西夏之于北宋。

女真起源于一个叫"靺鞨氏"的古老部族，他们一直生活在如今的中国东北、朝鲜北部一带。耶律阿保机建立辽国之后，其中一支居住在今天黑龙江流域的"黑水靺鞨"归附了辽国，便获得了"女真"这样一个称呼。从此以后，生活在偏南的区域，跟辽国联系相对紧密的这一批人就被称为"熟女真"；而生活在偏北的区域，跟辽国联系相对松散的这一批人就被称为"生女真"。

大约在辽太宗耶律德光在位期间（中原五代十国初期），一个叫函普的靺鞨人在六十多岁的时候从高丽来到生女真的一支名叫"完颜"的部族。因为调和了完颜部和另一个部落的矛盾，函普被完颜部接纳，获准娶了部落中一位年过六旬的"贤女"，从此就改名为"完颜函普"，并开始在完颜部繁衍生息。

这一对老人，就此开启了完颜部落乃至女真人的一段辉煌历史。他们的后人凭借出色的领导能力和勇猛的作战能力，一步一步地坐上了部落首领的位置。到辽兴宗时期（北宋仁宗时期），完颜函普的六世后人完颜乌古乃因为战功，被辽国封为"生女真部族节度使"，算是获得了官方的认可，担负起协助辽国控制周边生女真部落的任务。而完颜乌古乃的后人也开始借着这个职位不断地用武力壮大自己的实力，对完颜部的统治力越来越强大。

历史的进程来到了1068年。这一年是北宋熙宁元年，宋神宗赵顼召王安石入对，准备变法；这一年也是辽国咸雍四年，辽道宗耶律洪基跟往年一样，无所事事地挥霍自己的人生。这一年还发生了一些事情，比如《宋史》和《辽史》里记录了中原、河朔、燕山地区的多次地震。

对于北宋和辽国来说，他们并不知道，真正的地震发生在东北的白山黑水里。这一年的七月初一，完颜乌古乃的孙子完颜阿骨打（以下简称"阿骨打"）出生了，这个孩子会在几十年之后给两大王朝带来灭顶之灾。

作为战斗部落的孩子，阿骨打从小跟着长辈一起打仗。当时他参与的战斗规模都不大，用中原地区的标准来衡量，几乎就是几十人到上百人的村级械斗级别。然而，正是在这种级别的战斗中，他展现出跟年龄不相称的勇猛和智慧，以及在多次械斗中活下来的绝佳运气。在完颜部落"兄终弟及"的继承体系中，他很早就被当成他的哥哥、后来被追封为康宗的完颜乌雅束的接班人。

阿骨打逐渐成熟的同时，完颜部的军队也在不断壮大，到宋哲宗元祐八年（1093年）达到了上千人的规模，虽然跟北宋、辽、西夏这种军队动辄数万人、数十万人的数量级相比依然少得可怜，但是在当地已经算得上一支非常强大的武装力量了。

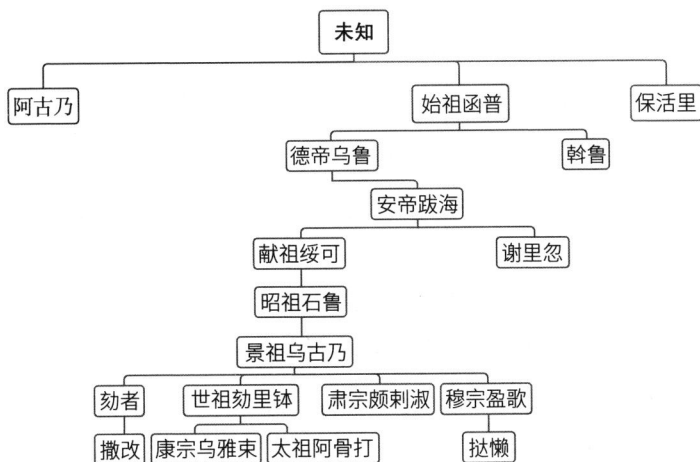

金国早期部分世系

被逼造反

与完颜部的壮大趋势成反比的是，他们部族受辽国的欺压越来越严重了。辽国对生女真的管理方式并不像对待熟女真那么规范，他们没有专门的行政体系来维持统治，如果没有什么特别重要的事务，一般都是要求生女真一年进贡一次包括珍珠、貂皮、珍禽异兽之类的土特产，然后参加辽国官员定期或者临时组织的会见活动。但是随着辽国底层官员的逐渐腐化，他们对生女真的压榨也越来越狠，频频利用打压贡品质量的方式来索贿。到了建中靖国元年（1101年）天祚皇帝登基以后，辽国开始大量索要一种名为"海东青"的猛禽。

　　海东青产于中国东北地区靠近日本海的区域，体型不大，但是飞行速度极快，并且生性凶猛，喜欢捕捉天鹅。辽国索要海东青，说起来还跟北宋有关。河北路都转运使梁子美，也就是《水浒传》中蔡京女婿梁中书的原型，利用职务之便，斥巨资找辽国人购买了一批北珠，也就是北方出产的珍珠，进献给宋徽宗以求升迁。宋徽宗非常喜欢，对梁子美赞赏有加，北宋的官员于是纷纷跟进，辽国的北珠生意突然就火爆了起来。但是生产北珠的河蚌非常难捕捞，辽国人发现天鹅喜欢吃河蚌，未消化的珍珠就储存在天鹅的嗉子里，而海东青正好就是天鹅的天敌。只要有足够的海东青，就能捕捉到足够的天鹅，然后收集到更多的北珠卖给北宋的官员。于是，辽国的官员们对海东青的需求也大大提高了。

　　海东青的数量是有限的，女真人的捕捉能力也是有限的，他们一时之间无法满足突然增加的索取数量。辽国被称为"银牌天使"的底层官员便以此要挟女真人提供其他方面的补偿，甚至要求女真人贡献未出嫁的女子侍寝，最后发展到硬抢美女。[1]女真人的怒火在慢慢积压，他们需

---

[1]　李锡厚、白滨《辽金西夏史》第三章《辽朝衰亡与金朝建立》。

要有一个人带领他们改变这种局面，而这个历史的重担很快就会落到在辽国皇帝面前桀骜不驯的阿骨打肩上。

宋徽宗政和二年（1112年）春，也就是赵良嗣向宋徽宗汇报方案的几个月之后，天祚皇帝去混同江钓鱼，驻跸春州，周边的女真节度使按照规矩都得去觐见，阿骨打作为部落的重点培养对象也跟着哥哥完颜乌雅束一起去了。头鱼宴上，天祚皇帝命令各个部落的与会人员挨个起来跳舞，轮到阿骨打的时候，他怎么也不跳。恼怒的天祚皇帝几天之后对枢密使萧奉先说："这人有点不对劲，你找个由头把他杀了。"但是这个意见被萧奉先否决了，他说："粗人不懂礼数，因为一点小错就杀了他，恐怕今后会影响女真部落对我们的拥戴，还是留着吧。再说，他们这点人即便是造反，又能造出个什么动静来？"[1]

正是萧奉先的这句话，让阿骨打逃过了人生中最大的一次劫难。捡回一命的阿骨打加快了兼并周边部落的步伐，其中有一个部落不服，上诉到咸州（治今辽宁开原东北）的辽国衙门。宋徽宗政和三年（1113年）三月，阿骨打竟然带着五百人冲进咸州城要跟对方当面对质，被州官收押了起来。当天晚上，没有得到预期结果的阿骨打越狱

---

① 《辽史·天祚皇帝本纪》。

而去，辽国失去了杀死阿骨打的最后机会。

当年十月，完颜乌雅束病逝，阿骨打接任了首领之位。政和四年（1114年）六月，得知消息的辽国朝廷按照惯例派人来确认阿骨打的合法性，阿骨打借这个机会打探到辽国宁江州（治今吉林松原北伯都村古城）的虚实，终于决定起兵造反，要杀出自己的一片天地。

阿骨打起兵之后，辽国上下的态度跟当初的萧奉先一样，完全没有把这群叫花子一样的乌合之众放在眼里。当年九月，当阿骨打带领着他所有的部队朝着宁江州进发的时候，总数只有二千五百人。这和号称百万雄兵的大辽比起来，简直就是开玩笑。

宁江州驻扎的辽军并不多，只有辽军和渤海军混编的八百人。但即便是这样的杂牌小部队，也没把阿骨打当成一个值得认真对待的对手。他们觉得，八百人的正规军面对二千五百人的流寇，直接硬冲也能把后者冲散了。然而，辽军没想到的是，阿骨打顶住了他们的第一波攻势之后立刻发起反攻，辽军反而被冲垮了。

取得了第一场胜利之后的阿骨打收获了足够的人心，也有了足够的战利品扩编自己的部队。他非常清楚，一旦正式跟辽国开战，接下来就是持续不断的战斗，所以这一战之后，他将自己的部队扩充到了三千七百多人。

果然，两个月之后，辽国的都统萧糺里、副都统挞不野带着七千多人的军队来到鸭子河（今松花江扶余段）征讨阿骨打的叛军。双方在出河店迎来了正面对垒，七千多对三千七百多，兵力正好成二比一。很遗憾，辽军又遭遇了一场惨败，他们的车马、装甲、兵器、物资全部成了阿骨打的资源，活下来的大部分俘虏也改旗易帜，变成了阿骨打的兵卒。

这一仗是阿骨打从量变到质变的一战，当年辽国说到能征善战的女真人时有一句评价："女真满万不可敌。"此战过后，阿骨打手下的士兵终于有了一万人，到底可敌不可敌，今后的实战会检验他们的。

接下来的一个多月里，女真对辽六战全胜，缴获了大批物资，他们的军队越来越强大，土地也越来越广袤，攻占了辽国的宁江州、宾州（治今吉林农安东北红石垒）、咸州。

辽军之所以在对女真的初期战役中频频失利，原因是多方面的。一是以天祚皇帝为首的辽国从上到下的统治系统已经昏聩到了让女真"惊喜"的地步；二是辽国深度汉化之后，军队的战斗力出现"断崖式下跌"，再也不复当年纵横大漠的契丹铁骑的风采；三是更深层次的原因，辽国的兵力部署存在问题。

辽国执行的是"全民皆兵"的军事制度，有资料显示，辽国日常维持的常规部队大约是三十万人，并且一旦进入大规模的战争状态，可以动员的兵力极其庞大，单从数量上来说，是足以对女真形成碾压之势的。但是辽国防守的重点，并不是女真所在的东北方。他们的防守力量，首先主要布置在燕云一线，针对的目标是总感觉面和心不和的北宋王朝；其次放在辽国的西南面，以对付日益强大、与辽宋几成三足鼎立之势的西夏；再次放在西、北沿线，以应对时不时来骚扰一下的乌古、敌烈、鞑靼等游牧民族；最后将少量防守力量屯于东南面，以东京辽阳为中心，而他们防备的主要对象也不是女真，而是盘踞朝鲜半岛的相对更加听话的高丽。

正是这样的兵力布置，给阿骨打活动的东北片区留出了巨大的活动空间和取胜机会。对辽国来说，非常不幸的是，这些机会全被女真人抓住了。

金国的建立

为了尽快聚集人心，将白山黑水的女真人和饱受辽国压迫的其他民族团结起来，阿骨打接受了兄弟和手下的建议，决定建国。

宋徽宗政和五年（1115年）正月初一，一个名为"大金"的国家在今天的黑龙江省哈尔滨市的阿城区建立起来了。这个国号完全是为了力压辽国而起的，阿骨打觉得辽国以镔铁为号，是因为铁硬，但是镔铁虽然硬，终究要生锈，而金永不生锈，比镔铁高贵多了。[①]并且，金国的年号——"收国"，也充满了战斗气息，意即要将辽国的一切收归己有。

除了这个年号颇具朴素主义色彩之外，阿骨打的登基仪式也同样朴素。跟中原王朝乃至辽国烦琐而华丽的仪式不同，他们的仪式充满了农耕和渔猎的气息。当天，完颜部下属诸路的官民代表聚集在一起，推举阿骨打称帝。阿骨打的叔叔完颜阿离合懑、阿骨打的堂侄完颜宗翰（即粘罕，史书上有时候误写为完颜宗维）作为宗族的代表，献上九副耕具，寓意辟土养民；然后二人又献上八十一匹骏马，分为九队，装饰为不同的颜色，再辅以甲胄、弓箭、长矛、短剑等，寓意摧城拔寨。[②]

从起兵造反到建国称帝，阿骨打只花了三个月时间，听上去非常仓促。事实上的确很仓促，这个刚刚建立的国家不管是在辽人还是宋人的眼中，都相当寒酸。从我们今

---

① 《金史·太祖本纪》。

② 《金史·礼志·国初即位仪》。

天能够见到的史料来看，说它是一个"有国号的部落"恐怕更为恰当。

阿骨打称帝的地方，后来被改名为"会宁府"，成为金国的"上京"。但是这里作为一个首都，此后很长一段时间都没有城池，甚至都没有房屋，只有一个比较大的帐篷，名为"皇帝寨"，也就是阿骨打日常生活、处理政务和举行仪式的地方。

他们的生产方式以渔猎和农耕并行，男人不论年纪大小都擅长骑射，上山下水无所不能，精通追捕各种猎物的技能。他们种植的农作物包括麻、西瓜、豆子、米、一些蔬菜，产量和质量跟中原地区比起来自然不可相提并论。

他们没有楼房，也没有墙壁，房屋基本上都建造在山谷之中，用数尺高的木头并排起来做成栅屋，屋顶上没有瓦片，盖上木板、桦树皮或者干草来遮雨和保暖。房间里没有床，是用土堆砌的火炕。

他们的食物，用中原人的眼光来看极其粗糙。用豆子做酱，春夏喝粥，秋冬吃饭，几乎人人好酒。没有陶瓷器具，也不用筷子，一律用木勺子。喝粥的时候把粥装在一个大木盆里，里面放一个长柄木勺，所有人轮流用勺子喝。吃饭的时候把米做到半熟，然后拌着生狗血、葱、韭菜和其他野菜一起吃。下饭的肉也很简单，生鱼或者生獐子等野味，偶尔烧熟了或者风干了吃，或者将肉和菜放到石臼里捣成酱吃。

他们没有纪年，以"见过几次青草"来计算日子；没有医药，生病之后要么靠巫术要么靠自愈；信佛教，非常虔诚；没有严格的礼仪制度，君臣在一起洗澡，搭着膀子行走；婚姻制度也很不讲礼法，父死子继、兄终弟及；有自己的语言，但是没有文字；法律也很简单粗暴……

上面这些记载，是宋朝的官员和女真人接触之后根据自己的所见所闻再加上一些前朝历史文献记录下来的，可以想象，里面肯定掺杂了一些"天朝上国"对于"化外之地"的偏见心态，毕竟中原文明经过上千年的发展，已经进入一个相当繁华的层次了。不过，我们至少也能够达成这样的共识：虽然当时的金国已经建国，但是他们的生产力水平、经济水平、文化水平都还处于刚刚摆脱部落制的程度，别说跟繁荣璀璨的宋王朝比，就是跟逐渐汉化的辽王朝比，金国都差得太远。

根据现有的资料来看，金国在刚建立的时候，依然沿袭着以前部落的政治体制和人事安排，直到半年之后的七月，阿骨打开始和辽国谈判之后，可能意识到需要一个完整的国家形态跟天祚皇帝谈条件，这才开始建立"勃极烈"制度，用来区分手下的职务高低。

勃极烈，即女真语中"治理众人"的意思，阿骨打担任都勃极烈，也就是皇帝。按照完颜部兄终弟及的传位方式，他的弟弟完颜吴乞买被封为谙班勃极烈，其实就是皇位继承人；从起兵之后就一直担任"国相"的堂兄弟完颜撒改被任命为国论勃极烈，地位相当于中原王朝的宰相，但是负责军事方面更多一些；其他级别稍微低一些的勃极烈，包括他的叔叔完颜辞不失（也作完颜习不失）为阿买勃极烈，负责政务，弟弟完颜斜也（杲）为昃勃极烈，负责礼法和人事。

在金国建国初期，朝廷的政治、军事、人事等重大事务都掌控在阿骨打、完颜吴乞买、完颜撒改、完颜辞不失、完颜斜也五个同宗的手中。到了当年九月，金国攻下黄龙府之后，阿骨打将完颜阿离合懑作为完颜撒改的助手增补进勃极烈，金国的核心决策层变成了六人。

即便如此，我们从这个名单中不难看出，金国这个国家虽然建立了，但是依然充满了浓厚的家族和部落色彩。

强大的硬军

金国经济实力一般，文明程度一般，甚至在制度上都不太像一个国家的样子。但是这样的国家，却往往战斗力超群。他们的军事制度没有复杂的机构，也没有烦琐的流程，所有的设计都极其符合他们现阶段的作战理念。

从女真初期军队的整个建制来说，他们模仿了辽军的体系，但是模仿得有些似是而非：有辽军体系里的官职，但是这些官职在战斗中很少发挥它们头衔上的作用。指挥作战的是皇帝阿骨打本人，他手下的所谓都统、元帅等"高级将领"，无一例外都要冲到战场的第一线跟敌军作战。用我们现在的话来说，这样的军队管理方式更加"扁平化"，没有那么多层层决策、层层命令的等级，从而在规模不大的情况下能有更强的执行力和应变能力。

女真的军队名为"硬军"，最初全是装甲骑兵，后来收编了辽国的不少军队之后，才慢慢有了步兵。装甲骑兵手持长戈，身上挂着刀或者棍棒，背后背着弓箭，一个人要干三个人的活，不像宋军分工那么细，弓箭手甚至都不习练刀剑。为了保证命中率、不浪费武器，女真兵不突进到五十步以内是绝不射箭的。弓的力量也不大，只有七斗，相当于现在的四十五千克左右。根据《宋史·高宗本纪》的记载，宋高宗赵构年轻的时候挽弓能够达到一石五斗，几乎相当于女真弓箭力量的两倍。从这个数据来看，金国弓箭并不以远程攻击为主，而是以精准射击为主。但是女真弓箭的杀伤力很强，箭镞长达六七寸，形状像凿子，有倒钩，插进身体就很难拔出来。

　　女真兵的编制是：五人一小组，长官为"伍长"；十人一小队，长官为"什长"；百人一中队，长官为"百长"；千人为一大队，长官为"千长"。作战的时候，各级长官层层指挥，如臂使指，非常灵活。

　　在决定打仗之前，女真统帅会举行一次战术研讨会，所有参与的将领在野外坐成一圈，用草灰当沙盘演示。职位最低的人先发言，然后大家一起针对他的方案进行取舍，一直到主帅确定最终方案为止。

　　大军出发之前，主帅会举行一次壮行酒会，会上还会征集作战方略，不管是战略方面还是战术方面都行。如果谁的方案获得了主帅的认可，他就会得到临时提拔，所以军队中所有人的积极性都很高。

　　硬军进攻的时候，以五十人为一队。前面二十人是重甲骑兵，他们全身被铁制的头盔和铠甲严密包裹，连战马都披上了装甲。在野外作战的时候，他们担任的是类似于现代战争中坦克的任务，他们手持长兵器，利用严密的防护和巨大的惯性，冲垮对方的阵形，顺便为身后的队友做屏障。后面三十人是轻甲骑兵，他们的防护远不如重甲骑兵严密，身上穿的多是皮甲，有些甚至连头盔都没有配备。他们手持弓箭，作用就类似于隐藏在坦克身后的射手，重甲骑兵冲击敌阵的时候，他们负责远距离杀伤，敌阵被冲破、两军混战的时候，他们就利用自己的机动性杀伤敌人。在发起攻击之前，一般有一两个骑兵脱离阵营出来观察敌情虚实，确定对方的防守薄弱环节之后，再由骑兵队列发起攻击。进入弓箭射程以后，轻骑兵放箭，先射乱对方的阵形，给重骑兵制造直接冲击的机会。一旦两军接战，不论轻重骑兵，全部与敌军展开肉搏，作战效率非常高。获胜之后，则整支队伍成建制地追击对方的溃兵，避免单打独斗陷入对方的包围圈；战败之后也不会溃散，而是各自逃出战圈以后再重新聚到一起继续作战，"分合出入应变若神人"[①]，具有极强的战场纪律性。

硬军的奖惩制度也非常明确。战场上的指挥权归最高指挥官，他通过旗兵的旗语对手下的部队做出指示，战事一开，从主帅到步兵全部投入战斗。如果伍长战死，那么他手下的四人全部砍头；如果什长战死，他手下的两个伍长砍头；如果百长战死，他手下的十个什长砍头。这种"保护强者"的战场策略极其残酷，但是确保了所有参战人员都能投入最大的勇气和战斗力。

作战归来之后，主帅又要开总结大会讨论军功。如果在战场上将战友的尸体背回来，可以获得战友家财的一

---

① 徐梦莘《三朝北盟会编》卷三。

半，其他有军功的将士，根据功劳大小获得相应的金帛以及表彰。

他们甚至没有军饷，士兵的主要收入来源是城破之后长官分配的战利品，以及自己在屠城、抢劫等行动中攫取到的私财。这样的报酬制度，极大程度地激发了士兵的斗志。贫穷促使他们迸发出最大程度的战斗力。

可以说，金国早期的制度并不完善，而且几乎一切都是为了作战而设计的。这一套制度，在一个国家形成足够的规模之后必然无法维持长久的统治，但是在金国刚开始起兵反辽的时候，却体现出跟辽军天差地别的战斗力。金军以精锐而灵活机动的超强战斗力，对抗辽军庞大臃肿、指挥复杂的腐败军队，战果相当卓著。

更重要的问题是，女真军在战场上的表现，极大地震慑了辽军中血统纯正的契丹军以外的其他各族（包括女真、渤海、奚、汉等）士兵，这些士兵每跟金军打完一仗，所有的幸存者几乎都会投降加入金军的阵营，一方面可以避免自己被杀，另一方面也能跟着善战的金国将领获得军功，这非常直接地补充了金国的武装力量。在这样的此消彼长下，金国的实力如同滚雪球一般，以肉眼可见的速度壮大起来。

一股白山黑水刮过来的狂风，就要席卷北方大漠了。

第二章

溃不成军

1. 海上之盟计划启动

辽国漂来的难民

金国在战场上对辽国取得节节胜利的时候，北宋对西夏的战争也取得了非常明显的战果。

童贯在宋徽宗的全力支持下，利用新法带来的丰盈财政，以"步步为营、层层进逼"的作战方式向西夏推进，很快就让财力、人力都远远不如北宋的西夏捉襟见肘。政和六年（1116年），童贯收复了被西夏占领的吐蕃领袖唃厮啰的甘、青故地，进一步压缩西夏本来就不大的生存空间，赢得了自仁宗朝以来最好的局面。因为这样卓越的战功，童贯被赏开府仪同三司，并且在当年的十一月升任签书枢密院事。

开府仪同三司，是北宋文散官的最高官阶，意思是享受跟太师、太傅、太保这三司一样的办公室级别。枢密院，是跟宰相府合称"两府"的北宋核心决策机构，前者负责军事，后者负责行政，只是相权更重一些。童贯能够担任签书枢密院事，也就是枢密院的副职，算是正式进入了北宋朝廷的核心决策圈。

根基尚浅的童贯想要在仕途上更进一步，但是这时候他和自己的老盟友宰相蔡京的关系开始出现裂痕，他当初那条"依靠蔡京提携"的道路已经走不通了。两人最初在杭州结成同盟的时候，不管童贯是否承认，他回朝给宋徽宗说蔡京好话的行为，更多地类似于他向蔡京靠拢的投名状，因为蔡京的关系网络和昔日地位远不是他这个小宦官能比的。因此，在他们的同盟关系里，蔡京一直都认为应该是自己占主导地位。但是这些年来，随着童贯的地位越来越高，蔡京觉得自己对童贯的掌控力越来越弱了。更重要的是，由于童贯多年来深耕军队系统，几乎把持了军队所有中高级官员的人事权，就连任命文件都是通过宋徽宗直接下达的，完全绕开了以蔡京为首的相府。

文臣和武将，外官和内侍，这些绵延上千年的权力矛盾在蔡京和童贯的身上体现得淋漓尽致。

这种日趋对等的关系是蔡京无法接受的，他开始想方设法阻止童贯坐大。所以，有一次宋徽宗有意赏童贯开府仪同三司的时候，蔡京非常直白地站出来反对，表示"使相岂应授宦官"①。

---

① 《宋史·童贯传》。

尽管宋徽宗当初因为蔡京的反对而改变主意，但是几年后还是进童贯为开府仪同三司。在这件事情上，童贯真切地感受到了来自蔡京的巨大威胁，他知道自己现阶段无法跟蔡京硬碰硬，他要做的就是继续强化自己的战功，有机会要上，没有机会创造机会也要上，这是他唯一的办法。

政和七年（1117年）初，童贯利用自己枢密院的身份，勾结北方边境的守将传递了一个"辽国即将入侵"的假情报，然后向宋徽宗申请领兵出征，想要在易州一带先试探一下辽国的实力。宋徽宗留了个心眼，坚持要等到去辽国贺正旦的使者回国汇报之后再做决定。结果使者不给面子，不管童贯怎么引诱，使者一口咬定没有发现辽国有南侵的迹象，这让童贯的这一次北伐计划胎死腹中。

半年之后的七月初四，童贯日思夜想的机会还是出现了。登州守臣王师中向朝廷发来一封急报，称有两艘辽国的民船，载着两百多个辽国人，被海风吹到了登州的驼矶岛（即今天的砣矶岛）。根据领头的辽人高药师的供述，女真造反的声势非常浩大，战火已经蔓延到辽河以西的地区，他们为了躲避战乱乘船出海去高丽，不想在大风中迷失了方向，阴差阳错来到了宋境。

这封急报来到开封之后，一直想要继承父亲宋神宗遗志开疆拓土的宋徽宗看到了证明自己的机会，准备实现收复燕云的伟大梦想；一心想在战场上建功立业的童贯看到了宋徽宗支持自己的可能性，半年前被扼杀的北伐梦重新开始蠢蠢欲动；虽然已经年迈，但是并不愿意在宋徽宗这里失宠的蔡京，同样敏锐地发现了宋徽宗的意图，他非常迅速地做了紧跟上意的决定。

一旦朝廷中最有权势的三个人都动了心思，那么六年前那个被搁置的计划——赵良嗣的方案，看上去就到了可以执行的时候了。宋徽宗把验证可行性的方案交给了蔡京和童贯，让他们去讨论一下，现在辽国是不是真的如同高药师等难民说的那样摇摇欲坠。

在缺乏先进通信设施的情况下，北宋朝廷对辽国的真实情况根本无法做到及时了解。除了童贯把持的军队系统从两国的边境传回来的一些真假难辨的消息之外，他们最准确的信息源可能是一个叫作董才的辽国人。

董才是易州辽水（今河北涞水）的汉人，阿骨打起兵之后，董才被辽国征入军队去东北平叛，吃了一场败仗之后要被砍头，便当了逃兵，回到家乡附近做起了山贼。面对辽国的清剿，董才无路可逃，只好越过灵丘（治今山西灵丘）、飞狐（治今河北涞源）逃到了河东和大同交界的区域，然后在政和七年（1117年）向知岢岚军（治今山西岢岚）解潜投降，随后被送到开封，受到宋徽宗的亲自接见。董才向宋徽宗汇报了不少关于辽国因为女真而发生战乱的情况，获得宋徽宗的高度认可，随后被赐名赵诩，成为宋军阵中的一名武将。

事实上，辽国这时候的情况比北宋朝廷了解到的更加狼狈一些。天祚皇帝在政和五年（1115年）初以居高临下的姿态招降阿骨打失败以后，下诏亲征，开始重视这个风头正劲的对手，举全国之力在正面战场上同人数、疆域、经济完全占劣势的金军作战。

但是此时，曾经不可一世的辽帝国已经到了坍塌的边缘。这些年来，天祚皇帝任用佞幸、纵情游畋，导致朝纲不振、政事不清。更重要的是，四十岁的他还沉迷酒色，毫无处理国事的兴趣和能力，几乎所有史料在说到他的时候都避不开一个"淫"字。他的身上已经集齐了历史上所有亡国之君的特点。

在他的昏庸领导下，辽国对金国的战绩没有丝毫的好转迹象，连续丢失东部的城市。雪上加霜的是，以东京辽阳为中心的渤海地区又开始叛乱，叛军以"渤海国"的名义宣告脱离辽国的统治。天祚皇帝无奈分兵平叛，结果阿骨打趁机钻了空子，将这一片土地尽数收入囊中。

到高药师南逃的政和七年（1117年）七月，阿骨打已经占领了东北平原的绝大部分地区，以及跟山东隔海相望的辽东半岛全境，并且有随时向西边的大兴安岭地区进发，直插辽上京（今内蒙古巴林左旗）、辽中京（今内蒙古宁城），或者向西南进发，进攻辽南京（今北京）的可能性。

然而，并不知晓这些情况的蔡京和童贯无法做出准确的部署，想来想去只好拟定了一个两全之策提交给宋徽宗：派人带着钱，沿着当年宋太宗买马的路线去辽东，遇见辽国人就说是来买马的，遇见金国人就说是来结盟的，尽最大可能不要在辽国人那里留下口实。

宋徽宗对这个老成持重、安全稳妥的方案非常满意，命令王师中派人去执行，顺便让熟悉道路、通晓语言的高药师当了向导，乘船出海，北上辽东。

联盟结成

王师中是从辽国西京大同府（即云州）归降过来的辽国官员，同时也是童贯的心腹，所以接到命令之后就开始效率极高地挑选人手，于政和七年（1117年）八月二十二日跟着高药师一起渡海去辽东，准备去对岸的苏州（辽置，今辽宁大连）登陆。

然而，占领了苏州的女真人对不请自来的北宋使者怀有极大的戒备之心，他们既不知道一百多年前买马的渊源，也不相信这支陌生军队的友善，一度想要对战船发起攻击。高药师等人在岸边徘徊了很久都没能成功登岸，只能于四个多月之后的政和八年（1118年）[①]正月初三返回了青州。

宋徽宗听到这个消息之后非常恼怒，他觉得自己以天朝上国的地位屈尊纡贵主动去跟金国这个新国家结盟，已经很给阿骨打面子了，想不到别说见面，连上岸都被拒绝，手下人办事太不力了。他将怒气发泄到了王师中精心挑选的七个将校身上，将他们全部流放，然后让童贯和王师中重新选择文武搭配的人选，再次出海。

第一次渡海结盟的失败，给了朝廷中以太宰（即首相）郑居中、知枢密院事邓洵武等人为首的反对派很大的勇气，他们开始频频上书请求宋徽宗取消行动。郑居中还在朝堂之上当面责骂蔡京，说他身为宰相、国之元老，竟然被赵良嗣的投机取巧之法迷惑，置宋辽两国一百多年的和平不顾，不守契约辄造事端，非要如此轻率地开启战争。万一打输了，后果不堪设想；即便打赢了，也会使府

[①]　政和八年（1118年）十一月初一，宋徽宗改元"重和"，故政和八年与重和元年为同一年。

库乏于犒赏、编户困于供役，实为劳民伤财之举。蔡京无法反驳，干脆搬出皇帝作为借口，说宋徽宗觉得给辽国的岁币太多了，心意已决，大家只能尽力执行，求一个最好的结果。郑居中毫不留情面地怒斥道："五十万匹两（三十万匹绢、二十万两白银）的岁币跟打仗的花费比起来，孰轻孰重你难道不清楚吗？你口口声声说是陛下的意思，我看就是你的主意。到时候百万生民肝脑涂地，看你是个什么下场！"①

在这种浪潮般扑来的反对意见声中，宋徽宗、蔡京、童贯只能继续等待更好的时机，直到半年多以后的八月初四，等到郑居中请假回家照顾病危的母亲，反对派失去领袖之后，北宋的第二批外交队伍才顺利成行。

这一次领头的人是童贯的亲信、武义大夫马政以及他的儿子马扩，他们将以买马的名义去跟阿骨打接头，然后询问他们愿不愿夹攻辽国，如果愿意，事成之后，大宋只要"五代时期陷入辽国的汉地"即可，辽国的其他人口和土地都归阿骨打所有。

马政一行刚刚上岸，就被严阵以待的金兵团团围住。金兵甚至都没有把他们当成敌人，而是单纯地看上了他们

① 徐梦莘《三朝北盟会编》卷一。

的礼物，想要杀人劫财。后来多亏了高药师的反复交涉，金兵这才答应带着他们去面见阿骨打，只不过他们的身份并不是外交官，而是俘虏。

既然是俘虏，那就没有优厚的待遇了。马政一行被绑着走了三千里，才在会宁府的皇帝寨见到了国相粘罕——他的父亲完颜撒改去世之后，他接替了这个非常重要的职务。

好在阿骨打和粘罕的态度比普通士兵好多了，他们对宋徽宗的意见非常重视，商量几天之后决定答应联合抗辽的提议，还派了能说汉语的李善庆作为大使，带着作为礼物的北珠、生金、貂皮、人参等土特产，跟着马政一起去开封商议夹攻辽国的具体方案。

重和二年（1119年）正月，李善庆见到了天朝上国的皇帝宋徽宗，双方和颜悦色地谈了几个来回。但是，两个国家完全不同的文化背景、行事风格和外交思路，让他们的谈判根本就不在同一个频道上。

金国方面觉得，大家都是国家，而且是你来求我们结盟的，双方至少也应该是平等的兄弟关系。但是宋徽宗就显得有点小气，他觉得大宋立国百余年，金国这么一个刚刚成立的蕞尔小国，怎么着也不可能跟自己平起平坐，要不就按照宗主国和藩镇的关系处理好了，称阿骨打为节度使就行。

本来对礼节问题就不怎么讲究的李善庆都没怎么过多计较这个问题，他开始代表阿骨打直奔主题。既然双方都同意联合攻辽，那就商量什么时候出兵、打完之后怎么分土地这样的具体问题。谁知道，李善庆遇上的是一个态度无比积极、行事却无比保守的宋徽宗。在不确定辽国百分之百失败的情况下，宋徽宗觉得最稳妥的处理方式就是先跟金国建立起一个合作意愿，你来我往地谈个几次，一边摸清楚金国的底牌和脾气，一边等待辽国的败象逐渐显露，然后再寻找最佳时机把事情定下来。

这样巨大的分歧，让双方的第一次正式会面完全没有达成任何实质性的协议。宋徽宗只将一封全是套话的诏书交给李善庆，并且这封诏书还没能送到金国——宋徽宗临时得到消息，辽国封阿骨打为东怀国皇帝，宋徽宗担心自己勾结金国的事情被辽国知道了，于是紧急派人撤回诏书，只让登州出了一份公文，派人跟着李善庆一起去了金国，然后怀着"半推半就"的忐忑心情等待辽国和金国的最新消息，随时准备以一个投机者的身份相机而动。

听完李善庆的汇报，可以想见，阿骨打非常生气，他虽然不怎么懂大宋的外交礼仪，但是懂人情世故。满怀诚意的他，拿到的是一封语焉不详的公文，宋徽宗称呼他为"节度使"而不是"皇帝"，此前想要给他的竟然是"诏书"而不是"国书"。这个当年在天祚皇帝面前都坚决不跳舞助兴的骄傲汉子，一怒之下将北宋的使者扣留了半年，以示惩戒。

在这半年里，阿骨打依然没有单独战胜辽国的绝对信心，所以对北宋的心态逐渐趋于平和。十二月二十五日，他将北宋的使者放回了开封，并让他给宋徽宗带话："联合灭辽是你提议的，不是我求你，现在你的态度让我很不满意。如果真的要联合，那就用正式国书，不要用诏书。辽国的封赏我没有接受，我们还在打仗，我依然在执行我们之间的约定，现在就看你的了。"

宣和二年（1120年）[①]二月十六日，离国近一年的北宋使者终于回到了开封，向宋徽宗汇报了金国最新的军事行动——金国已经开始攻打辽上京。宋徽宗想起当年赵良嗣说的"没有燕云，谁都是强敌"，深知现在已经到了必须要做抉择的时候。三月初六，蛰伏多年的赵良嗣终于获得起用，作为宋徽宗的大使去金国找阿骨打正式结盟，条件依然是届时将燕云等旧汉地复归于宋。[②]

不出意料的是，狡猾的宋徽宗出于安全考虑，依然没

---

① 重和二年（1119年）二月初一，宋徽宗改元"宣和"，故重和二年与宣和元年为同一年。

② 徐梦莘《三朝北盟会编》卷四收录的赵良嗣《燕云奉使录》。

有写国书，而是让自己完全信任的赵良嗣带口信，免得被辽军抓住而落下把柄。

等赵良嗣赶到金国苏州的时候，金军已经兵分三路攻打辽上京去了。赵良嗣紧赶慢赶追上了阿骨打，但是阿骨打并没有立刻跟他谈正事，而是让他一起观看自己摧枯拉朽般的攻城能力以展示自己的武力。攻破辽上京以后，阿骨打在一个叫"龙冈"的地方跟赵良嗣进行了第一次会谈。

相比于宋徽宗此前含糊其词的承诺，双方这一次会谈达成了非常明确的共识：灭辽之后，燕云移交给北宋，北宋把以前给辽国的五十万匹两岁币转给金国；阿骨打八月初九进攻辽中京，宋军也必须于当日起兵响应进攻燕京，如果不来就算毁约；既然决定动手了，那么双方都不得跟辽国单独议和。

拿到这一份既有具体操作规程又有利益分配方案的协议之后，赵良嗣立刻动身回国向宋徽宗汇报。结果他刚走到半路上，阿骨打派人追上来说，金国突然发生了牛疫，运送物资的牲口出现巨大的短缺，原定于八月初九出兵的计划不能按时执行，时间下次再约。尽管时间发生了变化，但是金国并没有改变其他方面的计划，还派人带着国书跟着赵良嗣一起去了开封，把两国之间的协议以书面形式确定了下来。

至此，在宋徽宗心中翻来覆去折腾了九年的海上之盟终于达成，接下来就是执行了。

备战与意外

南京燕京和西京大同，几乎算得上是辽国最繁华的两座城市了，因为这里曾经是汉地。对于契丹这么一个原本的游牧民族来说，只有经过汉化，告别逐水草而居的生活方式之后，才能在一个地方长期定居下来。燕京和大同这种本来就有良好经济基础的大城市，在汉人和辽人以及其他被汉化的游牧民族的共同努力下，已经远超其余三座都城，成为辽国经济和人口的"双子星"。

辽国的国土面积虽然极其广袤，东起库页岛，西至阿尔泰山，但是绝大部分都是沙漠和草原，城市主要集中在东北平原—燕山—阴山这一线。阿骨打在攻下辽上京以后，辽国剩下的大城市就已经不多了。辽中京距离辽上京只有六七百里，对女真铁骑来说，虽然谈不上近在咫尺，但是进攻难度绝对不大。在阿骨打的计划里，中京是很快就要攻下的，剩下的两个超大城市燕京和大同，就是他跟北宋联合进攻的目标。

宋徽宗也意识到，如果金国保持现有的进攻效率的话，辽国应该撑不了多久了。因此，自从跟金国达成正式协议之后，以他为首的北宋朝廷就开始抓紧时间备战。早在重和二年（1119年）正月李善庆第一次来到开封面见宋徽宗时，童贯就心急火燎地去西北解决西夏的问题，尽可能给随时都可能开始的宋辽战争腾出手来。因为他和宋徽宗都知道，北宋的实力是不可能应对两线作战的。

宣和元年（1119年）四月十五日，童贯率领西北大军全线出击，收复了曾经让范仲淹都扼腕叹息的天然牧场横山地区。六月二十四日，西夏国王李乾顺上表臣服，宋徽宗顺理成章地接受了他的请求，命令西北六路收兵，算是阶段性地解决了西北的边患。至此，北宋朝廷再也不需要在西北投入更多的兵力、钱粮和民夫，只需要常规驻军守住两国边境线即可——虽然压力依然不小，但是比起以往随时可能爆发战争的情况来说，轻松了太多。

搞定西夏之后，宋徽宗放心地将作战重心东移。他命令童贯选调大批西北宿将到开封作为人才储备，然后又下令西北的军队和河北的禁军更戍，把那一批长期和西夏作战的精锐抽调一部分到河北来，准备随时响应阿骨打的约定——进攻燕京。然而，这段时间里发生了一件大事，让宋徽宗不得不放缓这个联金灭辽的计划。

因为宠臣朱勔在东南搞花石纲以满足宋徽宗修建艮岳之用，从征集变成摊派和强抢，闹得整个东南地区民不聊生，从宣和元年（1119年）底开始，百姓便时有反抗发生。宣和二年十月，睦州青溪（今浙江淳安）农民方腊率领周边的平民造反，随后迅速称帝，自号"圣公"，建元"永乐"，开始攻城略地。

东南的军队上百年没有打过仗，战斗力非常有限。如果朝廷在方腊刚起势的时候就调集西北军队镇压，是不用花费太长时间的，可是时任宰相王黼为了粉饰太平，硬是拖了一个月不上报，直到方腊率部攻破了六郡，实在是捂不住了，才告诉了宋徽宗。宣和二年十二月（1121年初），童贯接到宋徽宗的命令，率领部分西北精锐南下，先去解决这个燃眉之急。而计划中的西北精兵和河北禁军的更戍也被紧急叫停，绝大部分西北的精兵都没有来到河北，这也给后来的军事行动埋下了巨大的隐患。

童贯在东南平叛的时候，金国的牛疫已经平息，可以继续发动对辽国的进攻了，阿骨打便派了一个叫曷鲁的使者去跟宋徽宗约定新的夹攻日期。曷鲁于宣和三年（1122年）二月十七日抵达登州，当时跟童贯一样主战的蔡京已经被罢相，朝廷的首相是王黼。

王黼是崇宁年间的进士，才华一般，胜在相貌奇特，金发金眼，口可容拳，口才出众。更重要的是，他是一个毫无原则的人。他可以为了个人恩怨废除蔡京当宰相时的所有政策，不管政策是好是坏，也可以为了哄宋徽宗开心将烂醉的皇帝留宿在自己家中引得群臣惊恐。国家的前途、政局的走向、百姓的生存，他统统不关心，他只关心自己能不能得到宋徽宗的宠幸，有没有其他人威胁他的地位。因此，当他发现宋徽宗想要跟辽国开战的时候，立刻紧张了起来，因为他知道自己从来没有军队履历，这一仗即便是打赢了，自己也不会拿到什么战功。与其把这个功劳白白让给童贯，不如阻止宋徽宗开战，他得不到的，童贯也别想得到。

王师中作为童贯的亲信，担心曷鲁去了开封以后，朝廷同意作战的话，功劳没有童贯的份，又担心朝廷不同意作战的话，童贯的努力就前功尽弃。为了保证自己老上级的利益最大化，王师中坚持要等童贯平定了方腊之后再让曷鲁去开封，所以根本就不给他准备车马。等得不耐烦的曷鲁在登州从疑惑不解变成非常不理解再变成极度生气，好几次自己冲出驿馆要徒步去开封见宋徽宗。王师中无奈上报，宋徽宗只好下旨让人领着曷鲁来开封。

五月十三日，曷鲁抵达了开封，但是童贯还在江南，没有回来。这时候，宋徽宗的态度已经发生了一些微妙的变化，他不太想执行原来的方案了。因为辽国已经知道了宋金之间正在紧锣密鼓地联系，宋徽宗觉得瘦死的骆驼比马大，万一辽国绝地反击打赢了金国，会转头来找他的麻烦。而且这次平叛方腊花了很多钱，直接打乱了宋徽宗的财政计划。因此，曷鲁刚到开封没几天，宋徽宗就下旨让人把他送回去，被童贯的亲信劝说之后才改变了主意，决定等童贯回来再说。

这一等就是两个多月，直到七月二十六日，童贯才带着抓获的方腊回到开封。童贯回开封之后，首先要做的事情是争取相府跟自己达成一致。他大张旗鼓地跟王黼吵了一架，然后威胁说准备把蔡京弄回来取代王黼。

王黼知道自己能够拜相，靠的是宋徽宗喜欢，不过皇帝的心情是随时都会变化的，单靠"喜欢"两个字无法长久，必须得为皇帝办成大事才算有了资本。听到童贯的威胁之后，王黼开始摇摆了，而接下来发生的一件事情狠狠地推了他一把。他去开封的相国寺烧香，看见已经被罢相的蔡京依然以"太师、鲁国公"的名头排在大臣的第一位，他站在榜下羡慕不已，感叹说："想不到蔡京有这么大的官职。"这时候，他身边的亲随说："太宰要是能立一大功，拿到蔡京的官职也不难。"这句话让王黼彻底动了心，他决定改变自己的想法，趁着蔡京在赋闲，促成联金灭辽。[1]

---

[1]　周辉《清波杂志》第二卷。

　　在童贯和王黼的双重压力之下，宋徽宗还是同意了继续跟金国合作，但是执行得已经有点敷衍了：他授意写了一封模棱两可的国书交给曷鲁带回去，对可能产生分歧的细节，尤其是地界划分的问题，不加以任何解释，也没有继续派使者去金国。

　　徽宗的意思很明确，再观望观望，没有足够的把握绝不动手，反正现在战火没有蔓延到宋境，他还可以继续当一个坐看鹬蚌相争的渔翁。

2. 有个笑话叫北伐燕京

大军北上

有了上一次李善庆在开封受到冷遇的经验，阿骨打从曷鲁回来复命的时间和规格就明白，宋徽宗对于跟他合作的意愿又开始变得消极了，他决定单干。宣和三年十二月（1122年初），他下令全力进攻辽中京，目标是生擒天祚皇帝。

宣和四年（1122年）正月十四日，阿骨打攻破了中京，但是天祚皇帝已经提前跑了。天祚皇帝先是向西南逃到了南京（也就是燕京），然后觉得这里也并不安全，转头向西北，经西京逃亡去了漠北的夹山（今呼和浩特和包头之间的大青山）。夹山和沙漠之间有一片六十里的沼泽地，据说只有长期出入这里的辽国人才知道其中的道路，阿骨打也无可奈何。

到此为止，辽国的五京已经陷落了三京，只剩燕京和大同。残留在燕京周边的辽国官兵眼看天祚皇帝杳无音信，群龙无首之下必然打不过金军，便将留守在燕京的燕王耶律淳拥立为"天赐皇帝"，希望他来力挽狂澜。而这个政权，在历史上被称为"北辽"。

耶律淳是天祚皇帝的族叔，年事已高，他想到的第一个办法就是向老盟友北宋示好。但是他发给北宋的即位诏书刚过边境，就被雄州的北宋官员直接拦了回来，理由是"天祚皇帝还在夹山活着，燕王属于擅立"①。结盟不成，耶律淳只能守着小小的燕京艰难度日。

三月的某一天，代州（治今山西代县）守臣收到了金国的牒书：天祚皇帝在大金的追击下已经到了山后地区，现在宋辽边境形势复杂，请代州的宋军守住边境，不要让山后的辽国军民逃入宋境。

山后和山前，是当时非常重要的军事地理名词。山，指的是在北京附近交界的太行山和燕山。山后就是太行山、燕山西北的区域，即今天的山西、河北北部、内蒙古一带；与之对应的山前，就是太行山、燕山东南的区域，即今天的北京、天津、河北中南部一带。山后适合游牧民族生存，山前更适合农耕民族生存，而这个"山"，便是阻隔游牧民族大规模进入农耕民族领地的天然屏障。

---

① 徐梦莘《三朝北盟会编》卷五。

根据牒书内容，北宋朝廷不难推断出，金军已经控制了燕京和大同之间的大片区域，现在首要的攻击目标是大同①，以便以此为基地抓捕天祚皇帝，而燕京即将成为辽国境内的一座孤城，金军随时都能出兵攻下。如果北宋再不出兵的话，今后连燕京也收不回来了。更重要的问题是，金军既然已经逼近山后地区，那么现在就已经掌握了进入山前地区的主动权，北宋朝廷如果再不采取一些实质性的军事行动来扭转这个被动局面，那么今后情况只会越来越糟糕。

四月初十，陕西河北河东宣抚使、太师童贯带着行军参谋刘鞈、都统制种师道等西北名将以十万兵马领命出征。出征前，宋徽宗向童贯交代了上、中、下三策：上策是燕京的耶律淳直接献土投降，那就顺便接收燕京；中策是耶律淳纳款称臣，这样在法理上就有了跟金国谈判的筹码；下策是耶律淳根本不屈服，那童贯就以"巡边"的名义撤军。从宋徽宗的这个态度来看，在如此紧急的时刻，他依然没有下定决心跟辽国开战，而是幻想能够和平接收燕京土地，且不用背负背盟的名声。

---

① 据《金史·太祖本纪》，西京于宣和四年（1122年）三月十三日开门向金军投降，三月十六日复叛，四月初三再被金军攻破。

四月二十三日，童贯抵达两国边境附近的高阳关，开始执行宋徽宗交给他的上策，发了一个榜文招降燕京，然后继续朝着边境重镇雄州进发。这里的白沟河，就是宋辽两国的界河，他希望自己的大军能够屯集在距离边境线最近的地方，以便他随时采取军事行动。

当然，童贯的招降并没什么效果。他还没来得及采取下一步行动的时候，留在开封的宋徽宗忍不住了，他担心对军功念念不忘的童贯过于冒进，不能准确执行战略意图，一定要派个人跟在童贯身边分权。在他的安排下，五月十三日，他最宠信的近臣、蔡京的长子蔡攸被任命为河北河东宣抚副使，北上去和童贯会合。

宋徽宗在蔡攸例行的辞免奏折上是这么批复的："朕以童贯宣抚北道，独帅重兵，其统领将佐及四路守臣、监司，并其门人故旧。贯以昏耄，所施为乖谬，故相隐匿，蔽不以闻，致边事机会差失。为朝廷之害，莫大于此。卿朕所倚毗，无出右者，所以辍卿为副，实监军尔。如军旅之事，卿何预焉？只专任民事，及监察贯之所为，可只今受命，择十八日出门进发。"①

由此可见，宋徽宗和蔡攸两个人都非常清楚，蔡攸在

---

① 徐梦莘《三朝北盟会编》卷六收录的蔡绦《北征纪实》。

打仗的问题上完全帮不上忙，此行的目的就是监督和分权，免得童贯胡来而已。而蔡攸也毫不含糊，根本没有想过在宋徽宗面前表现自己的军事才能和打仗欲望，临出发之前还笑嘻嘻地向宋徽宗索要他身边的两个宠妃。

临阵分权，这是兵家大忌，宋徽宗此前部署对西夏作战多年，不可能不明白这个道理。他这么做，只能证明他到目前为止都没有一个成熟而坚定的决策，既怕拿不下燕京丢失主动权，又怕动用武力惹恼了辽国，既怕童贯在前线无法实现既定的战略目标，又怕他擅作主张搞得场面无法收拾。他一直在试图掌握一个根本就不存在，或者说他根本掌握不住的平衡。

就在同一天，立功心切的童贯开始在雄州排兵布阵：他将手下的军队分为东西两路，种师道为东路军统帅，驻扎两国边界白沟，辛兴宗为西路军统帅，驻扎范村，准备随时发起对辽国的进攻。

出师不利

在正式的军事行动开始之前，童贯先让作为谋臣和传令官随军北伐的赵良嗣给耶律淳写了一封劝降信，想利用自己和耶律淳曾经有过一面之缘的交情，最后争取一下不战而胜的可能性。送信的使者进入燕京之后，耶律淳毫不犹豫地将他们斩首。童贯知道宋徽宗给他安排的"招降"上策已经完全没有了实施的可能性，于是准备执行中策，讨论"纳款称臣"的问题。

这一次，他选中的人是外交老手马扩，老下属马政的儿子。马扩于宣和四年（1122年）五月十八日进入辽界，当晚住宿在涿州的时候，如同当年赵良嗣找童贯献计一般，有一个叫刘宗吉的汉人士兵也来找他，说燕京周边都没什么辽国兵马，只有四军大王萧干手下有两百多精锐骑兵，其余六七百骑兵都是一触即溃的富家子弟。白沟北岸驻守的辽军军纪极差，晚上喝酒白天睡觉，战马都是散放，如果宋军连夜发起攻击，辽军必然闻声自溃。[①]

马扩听到这样的消息虽然很兴奋，但是不敢擅作主张，便写了一封信，以童贯赠给自己的一只新鞋为信物，派刘宗吉回去面见童贯，请童贯亲自定夺，然后继续去燕京游说耶律淳。

童贯收到刘宗吉送过来的情报之后，被里面那句"辽军必然闻声自溃"深深地迷惑住了，他决定让种师道率领部下杨可世带兵过去试探一下。出发之前，杨可世问童贯作战部署是什么，童贯信心满满地告诉他，辽国汉人渴望

---

① 徐梦莘《三朝北盟会编》卷六收录的马扩《茆斋自叙》。

回归的愿望极其强烈，必然箪食壶浆来迎王师，根本不需要什么作战部署，直接接收土地即可，而且宋徽宗千叮咛万嘱咐，不能擅杀辽人，别跟辽军动手。①

种师道和杨可世都觉得这样的情况不太可能发生，但是童贯坚持自己的判断，不安排任何应急方案。五月二十六日，宋军渡河，结果辽国的军队根本不像刘宗吉说的那么孱弱和稀少，至少有接近两万人的精锐部队。杨可世刚过河没多久，种师道还在南岸，他们就遭遇辽军西南路都统耶律大石（即后来西辽的开国皇帝）部的半渡而击。杨可世听从童贯的命令不敢还击，只能勉力整军退师。在辽军的冲击下，宋军损失惨重，杨可世和身边不少将领都身受重伤，非常狼狈地撤回了白沟南岸。

随后，辽军隔河质问种师道为何要背盟出兵，两军又发生了冲突。种师道迫于童贯的命令，既不敢全力出击，也不知道怎么回答，只能一边被动防守，一边派人去请示童贯如何处理。

童贯心中牢牢记得宋徽宗交代的三策，始终不敢突破底线跟辽军发生正面冲突，慌乱之下只能让种师道"移兵暂回"。六月初三，种师道撤军，辽军乘胜追击，一直追

———

① 徐梦莘《三朝北盟会编》卷七。

到雄州城下才退回辽境，杀得宋军一路溃逃。当天正赶上大风雨，宋军自相践踏，兵器、仪仗扔得遍地都是，整个雄州之南、莫州之北的一片区域，"死尸相枕藉，不可胜计"。

这两场溃败让身在燕京谈判的马扩非常被动。他刚到燕京的时候，耶律淳虽然并没答应纳款称臣的条件，但是看在马扩是以"正式外交官员"的身份前来，态度还算客气，马扩甚至在和辽国官员的辩论中不断占据上风。但是宋军的败仗一打，他在燕京的待遇就断崖式下滑，身份从座上宾变成了质问对象。好在非常幸运的是，耶律淳并没有杀他，而是将他发还了童贯。

收拾残兵之后的童贯做的第一件事竟然是寻找替罪羊。经过一番权衡，他给朝廷发了一封奏报，把责任全部推给了自己手下的将领："种师道天资好杀，临阵肩舆，助贼为谋，以沮圣意；（雄州知州）和诜不从节制，乞行军法；（高阳关守臣）侯益诇探不实，妄请兴师。"①很快，宋徽宗的处罚诏书下来了，种师道以右卫将军致仕，和诜降为亳州团练副使，筠州安置，侯益知濠州。

六月初六，蔡攸抵达雄州跟童贯会合。根据蔡攸自己

---

① 徐梦莘《三朝北盟会编》卷七。

的记述，河北的百姓非常不愿意打仗，他们以为蔡攸是来处分童贯的，沿路焚香迎接，控诉打仗给他们带来的灾难，希望朝廷早日退兵。

鉴于童贯军事行动的失败，以及蔡攸汇报的河北民心，六月十二日，担心事态扩大到不可收拾的宋徽宗下诏书，命令这一次以"巡边"为名目的军事行动暂告一段落，童贯和蔡攸的宣抚司回河间驻扎。这也代表着第一次气势汹汹的北伐，终究以宋军的惨败而告终。

拿到一手好牌

心有不甘的童贯很快就看到了另一个机会，从燕京谈判回来的马扩透露了一个重要的情报：耶律淳政权的首相是一个叫李处温的人。

听到这个消息，赵良嗣非常兴奋地告诉童贯，他和李处温当年是莫逆之交，而李处温对辽国也并不那么忠贞，他们二人曾经在北极庙中拈香为盟，发誓共灭辽国，南归大宋，只要他写一封信，李处温就一定会答应做大宋的内应。[①]事情的发展果如赵良嗣所料，收到策反信的李处温很快就回信表示同意，并且开始募集亲信，准备随时迎

① 徐梦莘《三朝北盟会编》卷八。

接王师，只待时机一成熟就里应外合，打辽军一个措手不及。

宣和四年（1122年）六月二十四日，童贯和李处温构想的这个"时机"到来了，耶律淳病逝。因为耶律淳的儿子耶律阿撒已亡，所以北辽皇位传给了天祚皇帝的儿子秦王耶律定。由于耶律定此时正在跟天祚皇帝一起逃难，无法即位，所以暂由耶律淳的遗孀萧后摄政。

童贯和蔡攸在河间府听到这个消息之后已经开始蠢蠢欲动了，很快又收到中山（治今河北定州）知府詹度的报告，说辽国无主，人心溃乱，有钱人都开始寻找出路了，燕京的不少百姓都越过白沟来投奔大宋，机不可失，时不再来了。

童贯当机立断让赵良嗣去联络内应李处温，确认燕京城的真实情况，好决定是否立即采取行动。但是让人遗憾的是，李处温已经无法回答了。耶律淳刚死的时候，李处温比童贯期望的还要积极，他计划绑架萧后前来投降童贯，结果消息泄漏，李处温行动不成，全家被杀。

燕京城里的局势传到开封以后，宰相王黼意识到辽国已经变成了俎上鱼肉，担心如果自己再不表态的话，到时候功劳就全是童贯和蔡攸的了，于是立刻鼓动二次北伐。受到鼓励的宋徽宗再次集兵二十九万人，以刘延庆代替种师道，以刘光世代替辛兴宗，计划九月开赴前线，同时命令童贯和蔡攸不要回开封，到时候会同朝廷北伐兵马一起进攻燕京。

童贯还没来得及采取军事行动，九月十三日，金国的外交使团便出乎意料地在赵良嗣的陪同下来了，领头的大使叫乌歇。乌歇先向北宋通报了天祚皇帝逃亡大漠、金国正在追捕的情况，然后表达了本次出使的任务：讨论灭掉辽国之后的汉地归属问题，以及北宋到底什么时候出兵去攻打燕京。言下之意就是北宋如果不出兵的话，他们就准备自己动手了。

这个外交使团的任务看起来很不可思议，因为金国现在在战场上完全占据了主动，他们已经不需要北宋军队的配合就能够很顺利地攻下燕京，根本没必要把燕京让给北宋。不过，这并不代表阿骨打一直想要非常守诺地执行完他和宋徽宗最初的约定，这其实是阿骨打的另一种策略。金国和辽国的战争进行到现阶段，不停在扩大国土面积的阿骨打对于领土的诉求已经没有那么强烈了。辽国领土的绝大部分都是地广人稀，阿骨打征战多年，并没有感受过中原城市超乎他想象的繁华和富庶，他现在一门心思想的都是如何用辽国的领土向宋朝换钱。他有点担心自己真的攻下了燕京之后，金宋两国之间的协议就失效了，他就再也拿不到宋徽宗当初承诺的五十万匹两的岁币。对于他来说，在宋徽宗这里拿钱，远比从百姓手中征税要方便和有保障得多。于是，在兵力和战场形势都占据绝对优势的情况下，他依然希望宋军出兵攻占燕京，然后自己能够从北宋朝廷那里领取稳定的岁币。

阿骨打的这个策略非常准确地打动了宋徽宗。在宋徽宗看来，辽国五京中的其余四京都已经被金军攻下了，如果燕京再被他们攻下，那么北宋就再也没有跟金国谈判的筹码，"收回燕云"这样的战略目标就永远没有实现的可能性了。于是，宋徽宗立刻让赵良嗣跟着乌歇一起去金国，给阿骨打送去一封信，表达了如下几个意思：第一，大宋已经按照夹攻的约定，在金国出兵进攻西京大同时出兵进攻了燕京，只不过在进攻的时候没看见金国的夹攻部队，不好太过深入；第二，宋军攻下燕京、两国联合灭辽之后，燕云和营州（治今河北昌黎）、平州（治今河北卢龙）、滦州（治今河北滦州）三州在内的汉地全部划给大宋，其余的土地归金国；第三，现在辽国的天祚皇帝有勾结西夏反攻的迹象，希望阿骨打抓紧时间捕获天祚皇帝，同时派人警告西夏不要参与。①

---

① 徐梦莘《三朝北盟会编》卷九收录的《朝廷国书》。

营、平、滦三州是"燕云十六州"这个整体概念之外的三个州县，它们所处的位置不像燕云十六州这样险要，但是占据着从燕京进入辽东地区的咽喉要道，是中原地区防止辽东入侵的重要关口。从另一个角度来说，它们是燕云十六州向东的延伸。

鉴于金国的攻势已经很猛了，所以前线的童贯也必须加快节奏。很快，童贯又迎来了另一位内应。九月十五日，辽国易州（治今河北易县）知州高凤给他送来一封密信，说"汉人朝暮延颈颙望，日俟天兵"[1]，希望童贯九月二十日发兵接收易州，然后攻打燕京，杀尽辽人，恢复故土。童贯大喜，随即派遣刘光世带兵越过白沟国界前去接收易州。

然而童贯又犯了跟上次一样的错误，依然没有让部队做好战斗准备，结果刘光世刚到白沟就遭到驻扎在附近古城的上千名辽军的冲杀，顿时被冲杀得七零八落，只能后撤。易州城内的高凤看见城外接战，以为宋军必胜，于是在城内杀尽辽人，准备开门迎接王师，结果听到宋军败退的消息，与手下吓得相顾失色，只能闭门固守。当天晚上，获胜的辽军来到易州城下，知道高凤已经叛变，但是

---

[1] 徐梦莘《三朝北盟会编》卷九收录的《封氏编年》。

考虑到自己人数太少，怀疑宋军是诈败，于是放弃攻城，直接回师北上去了燕京。高凤缓过一口气来，又继续给童贯送信，请求再派兵接收。

童贯还在纠结的时候，又收到了一个好消息：辽国涿州留守郭药师知道辽国已是穷途末路，带着手下的常胜军精兵八千、铁骑五百，以一州四县来降。

郭药师是辽东的汉人，他手下的常胜军是一支战斗力很强的队伍，前身是辽国设立的怨军。渤海的高昌国叛乱以后被金国接收，辽国组织辽东的汉人成立了这支军队对抗金国，教育他们"抱怨于女真"。但是不久以后怨军造反，辽国将其平定之后改名常胜军，一分为四，郭药师便是其中最有战斗力的那支的首领。耶律淳在燕京称帝以后也非常倚重郭药师，命令他驻守涿州对宋作战。

涿州几乎位于北宋边境重镇雄州和辽国的南京燕京之间的中心点上，不管是宋军还是辽军，占据了涿州就拥有了进可攻退可守的上佳局面。更何况，这里还是大宋赵氏皇族的祖籍所在地，对北宋有着非常重要的象征意义。

郭药师的投降无疑是让辽宋军力此消彼长的一件大事，童贯大喜过望，而燕京城里的萧后如坐针毡。此时金军已经进驻奉圣州（治今河北涿鹿），宋军驻扎白沟，已然对燕京形成两面合围之势。九月二十七日，萧后在手下的劝说下，决定向两国都奉表称臣。

现在的情况对于宋军来说，已经是前所未有的大好局面。在接下来的几天里，宋军将领何灌成功接收了易州，辽国叛将郭药师也带着几个亲随越过宋辽的界河白沟，来到雄州面见童贯，以表达投诚的决心。

接踵而至的好消息让童贯开始膨胀起来，他收下了萧后派人送来的降表，然后以对方没有献土地为由拒绝受降，将降表送往开封表功之后决心武力收复燕京。看到降表的宋徽宗表现得极为兴奋，先是接受百官的祝贺，然后提起御笔为涿州、易州和即将回归的燕山府下辖各县赐名，完全是一副胸有成竹的模样——是的，他已经提前把燕京重新命名为燕山府了。

局面已经时不我待，十月十九日，童贯发起了对燕京的攻势，刘延庆、何灌、郭药师率大军从雄州出发去新城县（治今河北高碑店），刘光世、杨可世从易州去涿州，两路军队号称五十万人，来到白沟南岸准备进军燕京。

战场和谈判桌双线溃败

宣和四年（1122年）十月二十三日，宋军和辽国的四军大王萧干率领的两万人军队小规模接触之后，被挡在了良乡。郭药师向童贯建议，说燕京周边的兵力只有两三万人，既然萧干的两万人军队已经在良乡跟宋军对垒了，现在燕京必然空虚，不如派轻骑兵从固安渡过卢沟河然后突袭燕京。童贯同意了这个方案，命令郭药师带领的以常胜军为主力的六千人任前锋，命令刘光世率大军作为后援。

第二天天刚亮，郭药师派出的五十人先头部队就混杂在郊民之中，趁乱夺取了燕京迎春门，随后郭药师率领六千人冲进了城内，驻扎在悯忠寺（今北京法源寺）。轻车熟路的郭药师当即命令手下的七个将官各带二百人控制住燕京的七座城门，随后开始和驻守在城内的辽军展开巷战，并试图攻破萧后所在的内城。

很快，燕京城里的汉人就明白了当前的局势，他们果然非常积极地加入宋军的阵营之中帮着杀戮辽军。而直到此时，萧后才知道燕京遭到了攻击，只能仓促率领残余的辽军死守内城，萧后甚至亲自登上宣和门放箭鼓舞士气。缺少攻城工具的郭药师试图招降萧后，萧后本来想投降，但是当她知道城里正在展开对辽人的屠杀之后，又放弃了投降的想法，决定继续坚守。

双方僵持不下之际，辽军打探到了一个重要的情报：现在作战的敌军大部分都是燕京城里的汉人，而郭药师带过来的军队正在喝酒抢劫、奸淫妇女。萧后看到这种局势，觉得事情可能会有转机，于是派人去良乡通知萧干。

而此时的萧干也已经知道了宋军绕过他去攻打燕京，正带着手下的军队全速回援。

当夜，郭药师正在攻打内城的时候，听手下报告说城外尘起，以为是刘光世的后续部队赶来，正准备鼓足士气大干一场，结果发现来的人是萧干，顿时惊慌失措。萧干趁此机会率军从南暗门入城，从城内攻占了宋军把守的七座城门，内城的辽军开始里应外合对宋军进行夹攻，瞬间就扭转了燕京城里的局势。郭药师很快不敌，只能从城墙上用绳子吊着逃走，六千骑兵只有几百人生还。一场几乎就要成功的突袭，就这么遗憾告负。这一仗打完之后，燕京的汉人追悔莫及，他们对着撤退的宋军大骂："你们让我们跟着一起杀辽人，现在你们退了，我们还怎么活？"[1]

而刘延庆这时候在干什么呢？他因为畏战，一直在卢沟河南岸的良乡按兵不动。十月二十七日，郭药师离开涿州回到雄州复命（可能是去当面控诉刘光世不出兵），前线的指挥官只剩下刘延庆一个人。

敏锐地觉察到宋军局势的萧干给刘延庆设了一个圈套，他将俘虏的两名宋兵蒙上眼睛绑在帐篷里，等半夜的

---

[1]　徐梦莘《三朝北盟会编》卷十一。

时候悄悄地在帐篷外面商量说："汉军十万压境，明天我们有三十万援军赶到，到时候举火为号，分成左右两翼冲击他们的中军，一定能将其全歼。"说完这番话之后，萧干找了一个机会将其中一个宋兵俘虏放走，俘虏回到宋境立刻添油加醋地将"三十万辽军夜袭宋营"的计谋禀报了刘延庆。①

这个类似于《三国演义》中"群英会蒋干中计"的计谋唬住了刘延庆，他立刻给童贯和蔡攸写信，以"孤军深入、粮饷不继"为由申请撤军。童贯和蔡攸的回复也毫无硬度："你自己把握，只要不耽误军事就行。"②

十月二十九日晚，萧干在卢沟河北岸四处放火制造了进攻的假象，刘延庆一看辽军果然"举火为号"，以为辽军大批增援部队赶到，便与两个儿子刘光国、刘光世一起，迅速烧掉了军营南逃。手下的十万大军在毫无准备的情况下抛弃所有军需物资仓皇四散，自相践踏者、奔堕崖涧者不计其数。虚张声势的辽军发现宋军撤退以后，以数千人的队伍追袭，宋军更是吓得失魂落魄，自神宗熙宁、元丰年间储存至今的军饷全部丢失资敌。

① 徐梦莘《三朝北盟会编》卷十一收录的《封氏编年》。
② 徐梦莘《三朝北盟会编》卷十一收录的蔡绦《北征纪实》。

宋军在战场上打得一塌糊涂，童贯已经很沮丧了，他不知道，赵良嗣在谈判桌上也同样没能取得什么进展。

赵良嗣于十月二十六日向阿骨打当面递交了徽宗的国书，金人刚开始的态度还算正常，但是当他们得知宋军在燕京大败之后，突然就强硬了起来。十一月初一，阿骨打再次接见赵良嗣，对宋徽宗提出的要求进行了一些修改：第一，燕云并不能全部交给北宋，只移交燕京和周边的蓟州、景州、檀州、顺州、涿州、易州六州，其余包括西京大同在内的州县为金国所有；第二，徽宗临时提出的营、平、滦三州不是石敬瑭割让给辽国的，而是更早以前的卢龙军节度使刘仁恭割让给辽国的，不在此次交割之列，而且这三州处于辽东和燕京的咽喉要道上，金国要自己用来做关口；第三，既然宋军打不下来燕京，那么就由金国出兵打下来，北宋今后用钱将燕京赎回去，如果北宋不出钱，那么燕京就不移交了；第四，今后地界怎么划分，赎金的金额具体是多少，等打下燕京之后大家再来商量。

对于这样的要求，赵良嗣无法做主，只能带着金国的使者李靖回开封，让宋徽宗亲自来决定。十一月二十一日，宋徽宗接见李靖，对阿骨打的意见表示反对，随后让他们去宰相王黼的家中讨论细节。李靖和王黼争论了许久，谁也无法说服谁，局面就这么僵持了下来。

　　与后方紧锣密鼓谈判相对应的是，在这一个月的时间里，手握重兵、渴望军功的童贯没有对燕京发起过一次进攻。这其实不怪童贯，王黼为了阻止童贯立战功，撺掇宋徽宗给前线下旨，不得轻举妄动。只不过在战场上连续受挫的童贯，再也没有了当年征讨西夏时将宋徽宗禁止进兵的诏书藏到靴筒里的勇气，他就这么在雄州眼睁睁地看着战机在自己面前渐渐消失。

　　坐不住的阿骨打终于决定发起对燕京的进攻。十二月初五，阿骨打率领的金军刚到居庸关，萧后和耶律大石、萧干率领的所有辽军以"出城迎敌"为由连夜出逃，将燕京留给了宰相左企弓等文官看守。十二月初六，阿骨打来到燕京城下，左企弓不发一矢便开门投降，将燕京交给了金军。让童贯一筹莫展、损失惨重的燕京城，就这样以一种非常讽刺的方式落到了金国的手里。

　　到此为止，北宋对辽国的军事行动彻彻底底地以失败告终。从此以后，北宋朝廷只能非常被动地看着金国不断提出要求，然后在金人划定的范围内苦苦周旋。

3. 从此再无话语权

山前地区的耻辱交割

金军收下燕京之后，此前辽国掌控的燕云十四州（燕云十六州中的莫州和瀛州在北宋手里），除了高凤和郭药师主动献纳的易州和涿州之外，剩余的十二州都在金国的手里。北宋不论战局还是战果，都毫无优势可言。

就在金军进入燕京城的前三天，也就是宣和四年（1122年）十二月初三，宋徽宗派了赵良嗣再跟着金国使者李靖一起北上去找阿骨打谈判。因为信息时间差的原因，宋徽宗虽然不知道燕京已经被金国占领，但是他能够判断出来，童贯是指望不上了，凭宋军的能力无法抢在金国的前面攻下这座他念念不忘的城池。所以，他决定退让一步，能用钱解决的问题，尽量不去消耗军队。反正这些年来，他已经在蔡京的辅佐下掌握了从百姓手中攫取钱财的办法，钱是花不完的，只是需要时间来筹措而已。

赵良嗣出发之前，宋徽宗向他交代了谈判的诉求。

第一，营、平、滦三州是要尽全力要回来的，现在阿骨打既然不愿意白给，那就用支付租税的方式来赎买。宋徽宗觉得，这三州没什么物产，近年来又经常遭遇天灾，租税肯定不会太多。金国提到这三州的租税时说有十万银帛，这很明显已经夸大了。赵良嗣去谈判的时候，就以十万银帛为底线跟阿骨打慢慢商量，争取在这个价码之内把三州收回来。

第二，虽然阿骨打已经明确表示了不移交西京大同，但是可以慢慢磨，告诉金国，他们的兵力不足以全面防守山后州县。现在天祚皇帝依然在夹山地区躲藏，金军一旦回师，天祚皇帝就会到山后来纠集残部作乱。与其让天祚皇帝牵制太多的金军，不如把这一片地方让给宋军来防守，可以解决金国的后顾之忧。

第三，如果上面两条都能在阿骨打这里通过，那么宋金之间就可以达成一个这样的协议：燕云加上营、平、滦三州的土地全部归北宋所有，北宋将此前每年给辽国的二十万两白银、三十万匹绢的岁币转交给金国，然后每年再增加银五万两和绢五万匹，作为营、平、滦三州的补偿。

除了这三点意见，宋徽宗还给阿骨打写了一封声情并茂的国书，回忆了海上之盟的美好开端，展望了两国和好的和谐未来，希望阿骨打能够念及当初的友谊，减少一些要求。

其实宋徽宗自己也知道，他的目标实现的可能性不大，这只不过是一个漫天要价的谈判技巧，在等待阿骨打坐地还价而已。他要的价越狠，留的空间就越足，说不定阿骨打心一软，这事就谈成了呢？

在这张谈判桌上，赵良嗣并非孤军奋战，阿骨打的身边还有另一个北宋的使者马扩，他甚至是在身边看着阿骨打不发一矢占领燕京城的。进城之后，阿骨打还耀武扬威地羞辱了马扩："辽国的国土我已经拿下了十分之九了，就剩燕京这么十分之一的地方，我的人马三面帮你围着，留一面给你们攻打，谁知道你们都打不下来，这不赖我了吧？"不过，在嘴上占完了便宜的阿骨打也表示自己会继续履约，还邀请马扩跟他一起去接收燕京城，允许他自行去招降城里的汉人。[①]

赵良嗣抵达燕京之后，立刻接替马扩开始主导谈判。这让阿骨打的态度开始变得恶劣起来，因为他更喜欢看上去"豪迈耿直"的马扩，很讨厌跟他"斤斤计较"的赵良嗣。不过，对于北宋朝廷来说，斤斤计较的赵良嗣才是真正用心办事的人。阿骨打见到赵良嗣以后，首先就金军攻

---

① 徐梦莘《三朝北盟会编》卷十二收录的马扩《茆斋自叙》。

打西京的时候宋军没有按约定时间出兵进攻燕京的问题发难，然后非常强硬地告诉赵良嗣，如果北宋坚持要营、平、滦三州，那么燕京也别想要了。

战果不对等，再加上北宋的确因为平定方腊导致违约在先，赵良嗣无言以对，谈判就此告一段落。经过了压抑的四天之后，赵良嗣再次获得接见。阿骨打态度生硬地给了赵良嗣一封国书，让他回开封复命。国书里除了用很大的篇幅责备宋军违约之外，还重申并且细化了金国的条件：北宋此前要求的燕云十四州中，只有燕京、蓟州、景州、檀州、顺州、涿州、易州等六州（其中景州、易州是后来所置的新州，不属于燕云十六州范畴）和属县移交给宋方，其余以大同为首的全部山后州县以及部分山前州县全部归金国所有；北宋方面临时提出的营、平、滦三州不属于石敬瑭割让给辽国的区域，所以不在交割范围之内，给租税也不行；宋方除了将以前支付给辽国的五十万匹两岁币转移给金国之外，还需要每年向金国支付燕京的租税作为赎金。

赵良嗣不用请示宋徽宗都知道，这个方案的接受度实在太低，他当即就提出了抗议，说从古到今都是租税跟着土地走，哪有土地归大宋租税给大金的道理。一旁的粘罕同样态度生硬地表示，燕京是金国打下来的，能移交给大宋已经很不错了，不想给租税的话，燕京也别要了。赵良嗣既无法做主，也无法讨价还价，只能将国书带回开封让宋徽宗亲自定夺。

宣和五年（1123年）正月初三，赵良嗣带着这个噩耗回到了开封。面对金国强硬的态度，宋徽宗天真地认为，支付给金国的岁币也不过五十万匹两而已，燕京和六州最多不过一二十万匹两，这个金额北宋朝廷是能够承担的。于是，宋徽宗答应了这个条件，并再次派了赵良嗣去问价。结果阿骨打一开口就让赵良嗣惊呆了，他说燕京和六州去年的租税是六百万贯，他宽宏大量打个折扣，每年只收大宋一百万贯（也就是一百万两）就行。如果宋徽宗不答应，不但拿不到燕京，连易州和涿州也得移交给金国。

赵良嗣还想据理力争，但是阿骨打根本就不跟他对话了。阿骨打的堂侄兀室（完颜希尹）在一旁笑嘻嘻地告诉赵良嗣，情势如此，不同意也没办法，一副有恃无恐并且胜券在握的样子。①

如果说此前给辽国的岁币五十万匹两还能通过两国边境上的榷场挣回来，那么现在榷场未明的情况下，一百五十万匹两的岁币的确已经超过了赵良嗣的认知和决策限度

---

① 徐梦莘《三朝北盟会编》卷十三收录的赵良嗣《燕云奉使录》。

了。赵良嗣无奈，只能回到雄州再派人去向宋徽宗请示。二月初六，宋徽宗的指示来了：同意。

"本朝缘与贵朝通好，天下所知，前后计议，每务曲从贵朝所欲，以成交契。诚意之厚，谅能深察。"①几百年之后，当我们再次阅读宋徽宗写给阿骨打的这一封国书之时，我们完全能够从这些温文尔雅的用词里察觉出宋徽宗看似礼貌但是充满了无奈和不甘的心情。但是彼时他已经没有了任何别的选择。"先拿回燕山府再说"，这是当时的局面下必须做出的一个艰难的选择。

大宋不甘心

宣和五年（1123年）三月初二，赵良嗣带着宋徽宗同意缴纳一百万贯燕京租税的国书再次抵达燕京。他趁着阿骨打高兴的时候，对负责接待他的兀室提出，既然大宋如此爽快，一分不少地答应了岁币，营、平、滦三州也不要了，大金是不是也应该适当让一让，把西京路的交割时间确定下来呢？

从谈判技巧来说，赵良嗣的这个提法是相当聪明而冒险的。在此之前，金国已经明确表态不再交割以西京大同

①   佚名《大金吊伐录校补》十六《宋国书》。

为首的山后地区。按照常理来说，赵良嗣要跟金国索要西京路，应该先重新提出这个要求，然后在对方认可的前提下再讨论交割的具体时间。但是赵良嗣跳过了第一步，直接开始询问交割的细节问题，仿佛双方已经在"交割西京路"这件事情上达成了共识。这种谈判技巧，如果碰上金人心情好，也许就能取得很好的效果；如果金人心情不好，就会给对方落下一个"出尔反尔"的口实，被认为是在恶意纠缠，反而会导致谈判破裂。

赵良嗣提出这个要求之后，兀室三天没来，也没有派人来反馈任何意见。北宋使团的所有人都有点害怕了，担心索要西京的问题惹恼了金国，到时候连已经达成的燕京协议都要作废。结果第四天，兀室来回复他们了，说西京本来不在交割范围之内，并且如果大金把这一片土地给西夏和鞑靼的话，收益更高，但是阿骨打考虑到宋徽宗的爽快和大度，以及双方多年的交情，同意把西京路移交给大宋，条件是大宋再出一笔犒师费。[1]

既然钱能够解决，赵良嗣心里就踏实多了，他兴冲冲地把金国的使者带回了开封。宋徽宗听到这个巨大进展的时候也非常兴奋，因为山前和山后虽然被划分成了两个地

---

[1] 徐梦莘《三朝北盟会编》卷十四收录的赵良嗣《燕云奉使录》。

理概念，但是它们在军事上的作用是融为一体的，只收回山前地区并不能确保中原乃至开封的安全。山后地区如果一直被金国掌控在手中，依然会对北宋形成巨大的威胁。

宋徽宗接见金国使者之后，将谈判任务交给了他当时最信任的宰相王黼。在宰相府上，金国使者亲口承诺了移交西京路，要求是每年二十筐碌矾[1]，以及一笔一次性的犒师费。以大同为首的山后地区是碌矾的产地，金国的这个条件可以说既不离谱也不苛刻，这比收回燕山府的代价小多了。宋徽宗很快就承诺了二十万贯钱的犒师费，以及不痛不痒的碌矾。

站在北宋的角度来看，这一份协议是他们在战场上惨败之后能够争取到的最大利益了。尽管朝廷为此要每年支付约一百五十万匹两银子的巨额岁币，但是考虑到宋军在"联金灭辽"这个军事行动上做出的几乎为零的贡献，拿回燕云已经算是完成了一个不可能完成的任务。

达成协议之后，阿骨打非常爽快地确定了交接燕京的时间。四月十七日，在雄州无所事事的童贯终于迎来了自己的任务：和蔡攸一起去接收燕京城，也就是大宋的燕山府。当天，童贯为了向燕山百姓展示大宋的威武，带上了

---

[1] 有学者称，碌矾即绿矾，金人尚黑色，绿矾是黑色颜料的原料。

自己的全部三十五万兵马，队伍绵延二百里。童贯和蔡攸进城以后才发现，他们接收到手的几乎是一座残破的空城了。金国在这里盘踞近半年的时间里，将富户全部迁走，将值钱的东西掠夺一空。城里除了衙门之外，几乎连完整的宅子都找不到，留在这里的只是些贫苦汉民而已。

童贯接收到这样一座燕山府，自己也觉得面上无光，五天之后的四月二十二日，他给徽宗上了一篇《复燕奏》，把自己从去年五月开始的军事行动全部陈述了一遍。不过，跟真实情况不同的是，他把所有的败仗都改成了胜仗，宋军的尸横遍野改成了辽军的尸横遍野，把金军不战而胜收复燕山改成了宋金联军联手攻下了燕山，然后将宋徽宗狠狠地吹捧了一番。

宋徽宗当然知道前线的具体战况，否则他也不会同意斥巨资赎回燕山。但是在这种局面下，他也只能打肿脸充胖子，大赦河东路、河北路、燕山府、云中府（即大同府）的百姓，以表示自己对战区百姓的关爱。五月初二，童贯和蔡攸让詹度留守燕山，童贯带着他最得力的干将郭药师踏上了"凯旋"的道路。

回朝以后，宋徽宗开始闷闷不乐地按照惯例大肆封赏，王黼、童贯、蔡攸，甚至包括从没参战的朱勔也因为"传递消息"有功都榜上有名。但是童贯很快就发现自己被弃用了。六月初一，他班师回到开封，虽然例行的封赏都有他的份，但是七月初十，宋徽宗就下诏书让他致仕，让另一个宦官谭稹接替了他河北河东燕山府路宣抚使的职位。

宋徽宗处分童贯之后，希望现在已经跟金国接壤的燕山、河北、河东能够有一个全新的气象，至少能够跟金国保持一段时间的和平。但是很快，他这颗从海上之盟就开始蠢蠢欲动的投机之心，因为一件大事的发生又开始剧烈地跳动了起来，引爆点就是宋徽宗念念不忘的平州。

平州地处燕山和辽东之间的咽喉要道，连文艺中年宋徽宗都能意识到它的重要性，一生征战无数的阿骨打更能意识到。金国拿下平州之后，将这里升为南京，以守将张觉为南京留守，替金国扼守要塞。张觉是辽国降将，对金国的归属感并不太强。他在看到燕京的贵族和富人都被阿骨打迁去上京之后，担心自己今后也要走上此路，便在童贯离开燕山之后不到半个月的五月十四日，杀了金国的文官，独自占领了平州，然后于六月初五给留守燕京的詹度写信，要求归顺北宋。

本来就不甘心的宋徽宗正觉得自己吃了很大的亏，一看张觉要带着平州归顺，再加上听说张觉在平州还杀退了金军的进攻，觉得他应该是一个跟郭药师一样来之能战的人才。经过一番权衡，宋徽宗最终没能抵挡住诱惑，给张觉写了一道表示接纳的诏书，让新任命的燕山知府王安中带人去接收。王安中的手下来到平州城外，张觉出城迎接，结果回城的路被闻讯赶来的阿骨打次子斡离不（完颜宗望）率兵堵死，走投无路的张觉只能逃往燕山郭药师的军中，化名"赵秀才"藏了起来。

到此为止，燕山虽然已经收回，但是宋徽宗因为张觉事件，在山前埋下了一颗巨大的定时炸弹。而相比山前地区，山后地区埋下的炸弹要更猛一些。

宋金双方在商议山后州县交接的时候，有一个双方都认可的口头协定：抓到天祚皇帝以后就交接。这种没有具体日期、只有事件节点的承诺，是最让人捉摸不定的，因为一切都掌握在对方的手里。

为了抓捕逃到夹山地区的天祚皇帝，粘罕带着人马进驻了辽国西部最大的城市大同，把这里作为自己的军事据点，等待抓捕天祚皇帝的最佳时机。但是现在的问题是，天祚皇帝躲藏的地方金军去不了，他要是不主动出来，粘罕就只能在大同等待。而粘罕在大同等待的时间越长，金国在山后的统治根基就越牢固，到时候移交的难度就会越大。

辽国最繁华的两座城市中，燕京已经移交给北宋，现在只剩下了大同。粘罕和手下的将领在大同感受到前所未有的繁华和富庶之后，开始慢慢地将自己的家人和财富都搬到这里，俨然有了在这里长期扎根的迹象。

山前地区的交割虽然比较屈辱，但好歹算是完成了，北宋的文武官员都已经进驻了燕京，缓个三五年，山前地区的经济就会恢复元气，民心也会渐渐稳固，这一片土地也就会在真正意义上融入北宋的版图和政坛。而整个山后地区不但没有交割的时间表，而且宋徽宗还只能眼睁睁地看着如狼似虎的金军占据了当初辽军占据的天险，仿佛将要发生什么，但谁都不敢想。

宋徽宗很清楚宋军和金军的战斗力对比，他并没有做好现在就跟金国撕破脸的打算。当粘罕对待大同的态度从"暂住"变成"经营"的时候，他也只能隐忍不发，希望金国能够尽可能早地抓到天祚皇帝，既能够解决他在辽国那边背信弃义的隐患，也能够促使金国交割山后地区，尽早将燕云十六州全境都纳入自己的国土，然后抓紧时间经营北方防线。

现在的局面一如政和八年（1118年）他派遣马政渡海去和阿骨打结盟时，知枢密院事邓洵武在奏折里说的那样，北宋的邻居已经从虚弱的辽国变成凶猛的金国。现在宋军的战斗力孱弱至此，如果再不好好利用燕云十六州的地理优势做好防守，一旦金国起了杀心，那麻烦就大了。

第三章

昏招迭出

1. 第一次武力冲突

守约的阿骨打驾崩了

虽然郭药师把张觉藏了起来，但是北宋方面却犯下了一个无法弥补的严重错误：宋徽宗赐给张觉的诏书落到了斡离不的手里，在这份诏书里，宋徽宗将平州升为泰宁军，并且封张觉为泰宁军节度使，证据非常确凿。

两国刚刚结盟，北宋就犯了"接纳叛亡"的大忌，并且还将原本属于金国的土地划到了自己国土里，连名字都给人改了。对于金国来说，这简直就是一种赤裸裸的挑衅，是可忍，孰不可忍。

宣和五年（1123年）九月初六，斡离不武力攻破了张觉的弟弟和侄儿固守的平州。特别讽刺的是，斡离不在攻城的时候，北宋军队不但不敢救援自己的"泰宁军"，反而应斡离不的要求给攻城的金军送粮食。

彻底摆平了营、平、滦三州之后，斡离不开始气定神闲地找北宋算账，给燕山知府王安中写信索要张觉。王安中不敢做主，只能汇报朝廷。已经意识到问题严重性的宋徽宗觉得物证已经被人拿到了，人证无论如何也不能给，于是指示王安中把张觉藏起来，试图蒙混过关。但是斡离不根本不吃这一套，并且态度越来越强硬。王安中只能杀了一个长得像张觉的人，把头送了过去。

接下来发生的一幕，让王安中为首的北宋官员胆寒。斡离不给王安中回信说："你给我的这个人头不是张觉的，是另外一个叫某某的人。张觉现在藏在你的甲仗库里，你要是再不给我，我就自己带兵来取了。"①很明显，燕山府里有斡离不的细作，而且是非常接近核心层的细作，连张觉隐藏的具体位置都一清二楚。但是王安中已经顾不上去查找这个细作了，他只能再次向开封汇报燕山府的紧急情况。

宋徽宗陷入了非常激烈的思想斗争之中。他当初同意接纳张觉，一是看上了他的军队，二是看上了平州。现在张觉逃到燕山之后，宋徽宗既没得到军队也没得到平州，反而落下一个"接纳叛亡"的罪名，很明显张觉已经完全失去了应有的意义。但是现在交出张觉的负面效应也是非常明显的，山后还有大批州县没有移交，放弃张觉很有可

---

① 徐梦莘《三朝北盟会编》卷十八收录的蔡绦《北征纪实》。

能会让山后州县的汉官、汉将、汉兵、汉民产生非常大的情绪波动，让他们认为北宋朝廷随时都能出卖他们，到时候即便是收回来了，也会人心不稳。

当了这么多年皇帝，宋徽宗也是一个分得清轻重缓急的人。山后的事情还远，但是斡离不的大军就在燕山府周边驻扎着，那里随时都可能燃起战火。十一月，拖无可拖的宋徽宗给王安中送去密旨：杀掉张觉，将他的头送到斡离不营中。

王安中一丝不苟地执行了这个命令，虽然算是暂时解除了斡离不的威胁，但是果然引起了以郭药师为首的降将的极度不满。他们对着张觉的尸骸兔死狐悲，皆为之哭泣，郭药师甚至公开抱怨说："倘若金人来要我郭药师的头，你们给不给？"[1]

关于张觉的危机算是过去了，但是对于北宋朝廷来说，一个更大的危机又接着出现了：金国内部出现了非常重大的人事变动，此前虽然磕磕绊绊，但金国还是一直执行下来的"联宋"策略，开始慢慢松动了。

在此之前，宋金双方谈妥了山后州县的归属以后，曾经达成过一个附加协议：山后州县中的朔州、武州（治今

---

[1] 黄以周等《续资治通鉴长编拾补》卷四十七。

山西神池）、蔚州（治今河北蔚县）可以提前移交给北宋；大同等其他州县因为有金国的驻军，等抓到天祚皇帝以后再移交。当年十二月，宋金双方正准备正式交割这三州的时候，金国方面突然单方面中止了移交行动。北宋方面非常诧异，但是此时赵良嗣已经猜到了金国这种反常举动的原因：完颜阿骨打驾崩了。

早在四月份，赵良嗣和阿骨打谈判的时候，他就已经发现了阿骨打身患重病，可能时日无多。果然，宣和六年（1124年）正月初六，金人送来了正式的讣书，称阿骨打驾崩[1]，其弟谙班勃极烈吴乞买即位，即金太宗。

北宋方面的代表这些年来跟金国方面谈判过很多次，但是每次都是面对阿骨打、粘罕、斡离不、兀室等人，极少和作为皇位继承人的吴乞买联络，根本摸不清吴乞买的性格，以及他对北宋的态度。

武力上不占优势，道义上也不完美，北宋朝廷此时已经完全陷入一个被动的局面，只能等待新登基的吴乞买来确定全新的两国关系。

---

[1] 关于阿骨打病逝的时间一直有争议，《金史·太祖本纪》记载为天辅七年（1123年）八月二十八日，《金国太祖实录》记载为天辅七年八月十五日，《宋史·徽宗本纪》和《续资治通鉴长编拾补》记载为宣和五年（1123年）五月。

　　事实上，北宋面对的新局面，比阿骨打在世的时候凶险多了。阿骨打虽然一生好战，但是他考虑到自己从政和八年（1118年）起就开始和宋徽宗联络，虽然对北宋忽冷忽热的态度颇有不满，也看不上宋军的战斗力，但是毕竟跟宋徽宗算得上有交情，所以在宋军惨败之后依然愿意将燕云十四州一起移交给北宋。不过阿骨打对待北宋过分宽容的态度已经让金国朝廷颇有些不满，尤其是金国上上下下目睹了童贯大军在燕京城外荒唐而滑稽的惨败之后，"利"字当先的金国群臣更是觉得完全没必要跟北宋那么友好地协商，而应该利用强大的军事实力向宋徽宗施压。在燕京投降的辽国旧臣左企弓就曾经建议阿骨打不要把燕京交给北宋，"君王莫听捐燕议，一寸山河一寸金"[①]。只不过阿骨打觉得自己已经在盟书上签字，不方便毁约，所以只能用增加岁币的方式来堵住手下的嘴。

　　很快，宋徽宗就知道吴乞买这个新对手的态度了。

　　尽管阿骨打在临行之前对吴乞买等人留下了遗言："我与大宋海上信誓已定，不可失也。我待死后，由汝辈终如约交割。"[②]但是吴乞买登基之后对北宋做出的第一

①　徐梦莘《三朝北盟会编》卷十四收录的马扩《茆斋自叙》。

②　黄以周等《续资治通鉴长编拾补》卷四十六。

个决定，就是出于战略的考虑扣下了更靠近燕山府的蔚州，只移交了位于雁门关外的朔州和武州。

这个消息，顿时让北宋朝廷上上下下开始惴惴不安起来。收回朔州和武州固然能够将雁门关一并收归囊中，但是两州孤悬关外，无法与其他州郡形成互补之势，随时可能被金兵围而取之。而金国扣留蔚州的行为，则更像是对燕山府的武力威胁。

对金国来说，局势越来越明朗；对北宋来说，局势却越来越迷茫了。

谭稹把事办砸了

此时，北宋朝廷面对这个复杂局面的前线最高指挥官，已经从童贯变成了谭稹。

谭稹也是一个宦官，跟着宋徽宗宠信的另一个宦官梁师成上位。他此前办得最"漂亮"的一件事，就是政和二年（1112年）在河东晋州（治今山西临汾）民间收集到了一个石不像石、铜不像铜、一尺多长、一寸多宽、两三分厚的东西，中间刻着篆文，经蔡京鉴定为"尧帝赐给大禹的玄圭"，于是非常兴奋地敬献给了宋徽宗。[1]这种顶

---

① 黄以周等《续资治通鉴长编拾补》卷三十一。

级至尊大祥瑞非常符合"丰亨豫大"的主题，让宋徽宗满意得不得了，从此开始对谭稹另眼相看，并且让他带兵剿匪，慢慢熟悉童贯曾经走过的路，后来还跟着童贯一起去平定了方腊。

显然，宋徽宗想把谭稹培养成另一个童贯。

童贯把攻取燕京的事情办砸了以后，谭稹在王黼和梁师成的推荐下担任河东宣抚使，去太原驻扎，随时等待接收山后州县。等童贯回到开封被宋徽宗勒令致仕，谭稹更是又加任了燕山府路、河北路宣抚使的职务，实际上已经开始全面负责对金国的事务。

初担大任的谭稹在开封就知道宋徽宗非常不满童贯在对金战略上的软弱无能导致北宋在谈判中节节败退，所以他决定吸取教训，对金国的态度强势一点。宣和六年（1124年）四月，斡离不觉得营、平、滦三州的租税和粮草无法供养他手下数万人的军队，于是就给谭稹写了一封信，说当初移交燕京的时候赵良嗣曾经答应借给金国二十万斛军粮，现在他要派部队来运粮了。谭稹根本就不去核实赵良嗣有没有答应过这个条件，以"赵良嗣口说无凭"为理由，拒不认账，将斡离不的使者赶回去了。[①]

---

① 黄以周等《续资治通鉴长编拾补》卷四十八。

　　这样的态度，让一贯在北宋这边予取予求的斡离不非常不适应。但是他没想到的是，谭稹的强硬远远不止这些。

　　当初金军追逐天祚皇帝的时候占领了大同，周边的辽属州县一看情势不对，纷纷投降了金国。等金国把重兵移到燕京和营、平、滦三州地区之后，这些州县听说了可能即将发生的交接，然后又觉得跟着大宋可能比跟着大金的日子要好过一些，于是开始动了提前回归北宋的念头，这样会比到时候统一交割时再归顺的人占据一个忠诚度的先手。于是，以前属于辽国的朔州节度使韩正、应州节度使苏京、蔚州土豪陈翊等人开始悄悄跟谭稹联络谋求先期回归。谭稹也毫不含糊，将他们全部接纳，请宋徽宗将这一片土地改名为"朔宁军"，并派了河东将领李嗣本担任守将，开始大规模运粮运钱，摆出了一副长期占领的姿态。

　　到此时为止，虽然吴乞买只移交了武州和朔州，但是山后州县中，朔州、武州、蔚州、应州，以及此前宋军私自招纳的灵丘、飞狐两县，已经提前回归北宋。

　　金国对此已经非常不满了。其实早在宣和四年（1122年）底，赵良嗣去奉圣州跟阿骨打谈判山后土地交割的时候，金人就拿出了宋将何灌悄悄招降灵丘和飞狐的文牒质问他，为什么要在双方还没有商定的情况下提前招诱暂时还属于金国的土地。赵良嗣看到物证也没办法抵赖，只能把这件事情归结为何灌搞不清地界的私人行为，说他误把本来属于山后的两县当成了山前的土地。[1]

金国对赵良嗣的说辞当然不满意，而现在所有的矛盾叠加在一起，双方的冲突终于爆发了。宣和六年（1124年）八月，粘罕回到大同准备继续观望天祚皇帝的动向。眼看金国的势力在山后地区又重新开始占据上风，有些刚刚叛逃过来的辽军开始摇摆，成群结队地奔向粘罕投降。粘罕和斡离不听说了这几个州的情况之后，决定给不识好歹的谭稹一点颜色看看。粘罕派兵直奔这几个州，准备武力收回。

这是史书上记录的北宋和金国的军队第一次在正面战场上发生冲突，战斗的过程并没有太多的描述，但是战斗的结果非常清晰：李嗣本、苏京及北宋派出去的孙姓团练大败逃走，陈翊被杀，应州、蔚州连同灵丘和飞狐两县重新回到金国的手中，只给北宋留下了此前应该交割的朔州和武州。

这时候，作为前线总指挥的谭稹在做什么呢？他在太原除了搜刮金银珠宝以外，什么事都没有做，只是眼睁睁

---

[1] 黄以周等《续资治通鉴长编拾补》卷四十五。

地看着这些领土得而复失，以及宋金两国的关系以肉眼可见的速度下滑。

这次两军的直接冲突，对于谭稹来说，也许只是工作中的一点小冒进、小失误，但这也让早就对富庶而孱弱的北宋垂涎欲滴的金国更加坚定了"继续向南扩大胜利"的想法。从这个时候起，他们在没有通知北宋的情况下单方面做出了决定：不再向北宋移交大同为首的山后地区。

后来，当北宋的官员们得知这一个消息之后，并没有从根源上思考这个约定为什么失效了，而是把责任推给了一直往返于两国之间为北宋争取利益的赵良嗣，认为"金国要移交山后"的承诺只是赵良嗣为了表功撒的一个谎，当初金国使者来到开封的当面承诺，也是他和赵良嗣两个人串通好的一次表演而已。

这样的局面让宋徽宗对谭稹的所作所为极为恼火，他又想起了被自己罢职的童贯，虽然童贯办事不怎么得力，但是至少不会得罪金人，不会惹火上身。于是，宋徽宗在八月十一日干脆利落地将谭稹罢职，重新提拔童贯为河北河东燕山府路宣抚使，全面主持对金的所有事务，以及收拾谭稹留下的烂摊子。

2. 先要防备自己人

用义胜军防备常胜军

到任之后的童贯，除了要赶紧修复跟金国的关系之外，还接管了河东的一支全新的军队：谭稹措置的义胜军。

事情的根源还是张觉事件之后，郭药师说的那句话："倘若金人来要我郭药师的头，你们给不给？"也许这只是郭药师失望之下的一句没有太多心思的抱怨，但是在朝廷看来，其中的信息量不容忽视。

郭药师本来就是从辽国投降过来的，要说对大宋有多高的忠诚度肯定谈不上，要么是觉得这边安全，要么是觉得这边钱多。一旦这两个条件中的某一个无法满足，他便会心怀怨恨，是很有可能滋生事端的。而郭药师本人也非常桀骜不驯，投降过来以后一直不更换此前辽国的左衽服饰，一切都显得跟宋人格格不入。

北宋朝廷对待心怀怨恨的武将本来是有自己的处理方

式的，或贬，或杀，或转文职，但是这些招数都不方便用在郭药师的身上。原因非常简单，他太能打了，甚至可以说是燕山府所有武将里唯一能打仗的。

当初阿骨打率兵逼近燕京之前，萧后带着耶律大石和萧干出城逃走，结果两员大将发生了路线性的分歧——耶律大石要带着萧后向西去找天祚皇帝，而萧干觉得自己在燕京拥立了耶律淳，担心被天祚皇帝处分，于是带兵向东去了奚族故地（今河北青龙满族自治县一带）建立了奚国，自称神圣皇帝，并且频频骚扰燕山府。

萧干虽然在金军这里占不到丝毫便宜，但是对宋军作战可说是得心应手，很快便攻破了景州、蓟州，大败北宋收编的常胜军张令徽和刘舜臣部，多次冲杀到燕山城下劫掠，其势头锐不可当，甚至有传言说他要越过黄河直奔开封而来。在萧干的强势攻击下，朝廷有人提出干脆放弃燕山府，逼得那时候还没被宋徽宗罢职的童贯从开封写信给王安中，让他们抓紧时间解决萧干的问题。

这种情况，果然还是得郭药师出手。宣和五年（1123年）八月十五日，郭药师领兵出战，在峰山大破萧干的队伍，乘胜追击，过卢龙岭，将萧干的士兵杀伤过半，招降两万多人。随后，萧干被哗变的部下所杀，首级被送到了北宋。

正因为郭药师如此能打，北宋朝廷给予常胜军的待遇也是优于燕山府其他部队的。郭药师和其他将领手里的常胜军一共五万人，加上燕山府的其他宋军九千人，这近六万人的部队每个月要消耗朝廷十余万石粮食。燕山一路早就被金军搬空了，所以宋军只能从河北、河东、山东用民夫给燕山府运粮，结果成本大大提高，往往需要花十石至二十石粮食才能运送一石粮食到燕山府，导致三路俱困。

宋徽宗听说这个成本数据之后，非常不开心，一度想要罢免王黼，换一个能解决问题的宰相上来。王黼吓坏了，赶紧想了一个办法——在全国广征民夫，其中京西八万人、淮南四万人、两浙六万五千人、江南九万七千人、福建三万五千人、荆湖八万八千人、广南八万三千人、四川十万八千人，共计近六十万人。但是，王黼非常奸猾地没有让这些民夫来燕山府送粮，因为他知道这些人一上路又要增加一笔成本，于是他按照这个名额向各路征收"免夫钱"，也就是只出钱不出人。每人二十贯，算下来又收入近两千万缗来补贴燕山府的亏空。[1]这一招虽然解决了河北、河东、山东的困难，但是把更大的困难转嫁到全国其他所有地区，其效果无异于饮鸩止渴。

即便郭药师和他的常胜军已经成了一个很大的负担和

---

[1] 黄以周等《续资治通鉴长编拾补》卷四十八。

隐患，北宋朝廷也不敢轻易动摇这个燕山防线的头号人物，只能采取其他手段来限制和防备。

宣和六年（1124年）三月，马扩受命去燕山与王安中密谈，让他在辖区内多招纳一些流民补充军队，降低郭药师常胜军的比例，然后给常胜军发田地、耕牛、种子，促使他们在燕山扎根，从内部减少他们起异心的可能性。

与此同时，谭稹采取的办法是从外部着手：他在河东招募了五万人组建了一支名叫"义胜军"的队伍，其中有很大一部分是辽金战争开始以后从大同归朝的辽国汉人，以李嗣本和耿守中为帅，在河东各个州府分散进行训练和驻防。义胜军的任务，一是负责在山后地区收复之前固守北方防线，二是一旦郭药师的常胜军有什么异动，立刻从井陉出河东直奔真定，挡住他们南下去开封的道路。

为了保证这支队伍的战斗力和忠诚度，谭稹给予义胜军的待遇相当丰厚，每月的粮食和服装都超出其他部队一倍以上。[①]这样固然能够让义胜军维持稳定的军心，同时使军队规模不断扩大，但是也引起了北宋其他军队的羡慕。尤其是郭药师的常胜军，不少士兵逃离燕山，来到河东加入义胜军的队伍。

---

① 徐梦莘《三朝北盟会编》卷十九。

　　郭药师很愤怒，但是对谭稹的行为毫无办法。他只能约束自己的部队，在手下所有人的脸上刺上常胜军的记号，防止他们逃跑。这让本来就心怀不满的常胜军情绪越发消极，不安定的种子开始慢慢在队伍中发芽了。

　　与此同时，义胜军的数量开始迅速膨胀起来。此前谭稹计划的义胜军编制是五万人，但是随着义胜军超高待遇的声名远播，此前在雁门关外的精壮汉人也纷纷来投，义胜军的人数很快就突破了计划，达到了十万人。[①]他们被谭稹分散安排在河东的各个州县，享受着比北宋其他部队更高的供给。在谭稹的计划里，这支精锐中的精锐，既能够在常胜军异动的时候承担起平叛和保卫开封的作用，也能在河东地区遭到攻击时守土御敌。

　　虽然钱花得多点，但是值得。

童贯的试探

　　不仅是谭稹意识到了郭药师的危险性，连童贯也同样认为郭药师是必须防备的。童贯在宋徽宗的命令下致仕以后，只有待遇没有实权。担心被人加害的他并没有选择住在开封，而是回到了他的老根据地太原。这里驻扎着他的

---

① 徐梦莘《三朝北盟会编》卷二十三。

亲兵部队胜捷军，胜捷军对他忠心耿耿，基本可以确保他的安全。

宣和六年（1124年）三月，马扩在燕山见了王安中以后，特地于五月绕路去了太原见自己的老领导童贯，将自己在燕山的所见所闻向童贯进行了详细汇报。童贯听说常胜军的现状之后，也颇为惊讶。他跟马扩商量，想要取消常胜军的番号，将他们混编到其他部队中去，免得今后出乱子。

马扩从对外防御的角度分析说，常胜军虽然不宜久留，但是现阶段万万不能撤编，这是金人唯一忌惮的部队，必须留着用来震慑金人。如果贸然撤编，既要防备常胜军哗变，又要防备金人坐收渔利，到时得不偿失，麻烦会更大。紧接着，马扩提出自己的策略：常胜军目前战斗力最强的精锐只有三万多人，童贯可以在陕西、河东、河北三地精选马步兵十万人，分为三部，选择跟郭药师能力差不多的三位将领统辖，一部在燕山跟郭药师并列驻扎，一部在广信军（治今河北保定徐水区）或者中山府（治今河北定州）驻扎，一部在雄州或者河间府驻扎，让这三支部队形成犬牙交错之势，既能够防备郭药师哗变，也能够阻挡金人可能的进攻，可以说一举两得。①

---

① 徐梦莘《三朝北盟会编》卷十九收录的马扩《茆斋自叙》。

这个看上去非常完美的计划在童贯这里没能获得通过，倒不是因为童贯觉得计划有什么方向性的错误，而是筹措十万人的精兵要牵扯到无数的实际问题以及大批的钱粮，成本实在是太高。宋军在对辽惨败的过程中经济损失极为惨重，再加上因为他的无能导致朝廷每年要向金国支付一百五十万匹两的岁币，现在为了一个只是可能出现的问题，继续开口找宋徽宗要数额巨大的军费，恐怕已经不那么方便了。因此，复职以后的童贯觉得现阶段还是以观望为主。

然而，燕山府和常胜军的情况还在持续恶化。可能是因为连续打仗，再加上金国撤走的时候将粮食、富户都迁走了，当年底，燕山府出现了非常严重的饥荒，普通百姓已经到了父母吃儿女、当街卖死尸的境地。而燕山府的粮食供应全部往常胜军倾斜，其他的士兵已经饿死十之七八，[1]活着的都已经瘦得皮包骨头，战斗力锐减。这些强烈的对比，让常胜军和其他军队之间的矛盾越来越深。

很快，北方的局势就发生了变化。宣和七年（1125年）正月三十日，粘罕派人来太原宣抚司献捷，说已经抓

---

[1] 徐梦莘《三朝北盟会编》卷二十收录的许亢宗《宣和乙巳奉使行程录》。

到了天祚皇帝。三月，童贯非常勤勉地受命去燕山布置河北防线。到了燕山，童贯首先让蔡靖接替了完全无法掌控郭药师的燕山知府王安中，然后在河北中山府、真定府、河间府、大名府四座重镇设置了四个总管，既能监督郭药师的所作所为，又能在河北平原构建层层阻击的梯次防线。

在最关键的"郭药师是否忠心"这个问题上，童贯也得到了满意的答案。他在去燕山之前，宋徽宗给他交代了一个任务：如果郭药师有造反迹象，就将他抓回开封。结果郭药师对待童贯相当恭谨，早早来到易州等候，见面之后还给童贯下跪行礼。童贯故作谦逊地说："现在你我都是太尉，大家平级，没必要行此大礼。"郭药师回答说："太师为父，我这是拜父亲，其他的道理我不懂。"①童贯听到这样的表态，以为自己的人格魅力已经彻底征服了郭药师，一颗悬着的心终于放下了。

---

① 黄以周等《续资治通鉴长编拾补》卷四十九。

第四章

山雨欲来

1. 犯了大错而不自知

辽帝国的覆灭

天祚皇帝的被俘，本来意味着金国要兑现承诺，向北宋交割以大同为首的山后州县。但是，这里出了一个巨大的问题。

童贯接替谭稹重新执掌河东、河北之后，除了要解决好郭药师的问题之外，还要执行一项由宋徽宗亲自交代的绝密任务——招降天祚皇帝来开封。由于天祚皇帝比宋徽宗大七岁，宋徽宗给他许诺皇兄的身份，在朝廷中的排位在自己的两个弟弟燕王赵俣、越王赵偲之上，同时承诺在开封给他新建一所拥有千个房间的大宅子，以及三百名侍女，以满足他对女色的需求。[①]

宋徽宗开出的这个条件，打破了他当初跟阿骨打约定联合攻辽时一个非常重要的条约：谁都不能单独和辽国结

---

① 徐梦莘《三朝北盟会编》卷二十一收录的蔡绦《北征纪实》。

盟。而他招降天祚皇帝的做法，毫无疑问会在金国这里落下"率先毁约"的口实，这对已经处于绝对被动的北宋来说，后果非常严重。关于宋徽宗非要在这个关键时刻走这么一步险棋的原因，历史上有两种说法。

一种说法是结交天祚皇帝来对抗金国。宋徽宗在这段时间的谈判过程中已经明显感受到来自金国的压力，非常担心金国强大之后自己无法与之抗衡。他听说天祚皇帝在西北游牧民族那里还有很好的声望基础，于是希望能够团结天祚皇帝来跟有可能成为敌人的金国对抗。虽然他无法确保天祚皇帝能够东山再起打败金国，但是也许能够尽量拖一拖，给北宋留出足够的时间来稳定边防、措置钱粮，免得在元气还未恢复的时候就同金军直接作战，再次出现一触即溃的大败局。

另一种说法就显得宋徽宗更加阴险一些。因为金国承诺了抓到天祚皇帝就移交山后州县，所以宋徽宗在包括童贯在内的不少宠臣的建议下，想用这种方式把天祚皇帝骗到大宋境内，然后将其抓捕，以此来督促或者要挟金国赶紧移交土地，免得夜长梦多，竹篮打水一场空。

不管哪一种说法是正确的，总之童贯把宋徽宗的任务执行得相当好，费了九牛二虎之力找到一个番僧，托他把宋徽宗的御笔绢书送到了天祚皇帝的手中。天祚皇帝没想到宋徽宗在自己走投无路的情况下还能提出这么诚恳的邀约，顿觉患难见真情，加上他对开封奢侈繁华的生活和三百名侍女的兴趣非常浓厚，便非常爽快地跟童贯约定了南归的日期。

宣和六年（1124年）底，宋辽约定时间快到的时候，天祚皇帝恰好收到情报，粘罕回金京都（会宁府，治今黑龙江哈尔滨阿城区南白城）述职，他的手下兀室暂时代理大同元帅。天祚皇帝认为粘罕不在，金兵的指挥能力、防守强度、反应速度都会下降一个级别，南下的时机已经出现，于是带着后妃、儿子和近五万人的残余部队，想趁着这个间隙越过大同直奔太原。结果刚刚走到大同附近，他最害怕的粘罕出现了。

原来，粘罕手下的密探早已将宋徽宗和天祚皇帝的联络打听得一清二楚。他此次是故意在宋辽约定时间快到之际放出回京述职的风声，然后埋伏在天祚皇帝南下的必经之路上，等着天祚皇帝往自己设下的圈套里钻，随后立刻扎紧口袋，将天祚皇帝回夹山的退路堵死。

天祚皇帝和他的五万人马在慌乱之下根本无法形成有效的战斗力，跟粘罕短兵相接之后立刻作鸟兽散。天祚皇帝收拾好为数不多的残兵准备抓紧时间南逃进入宋境，但是随行的僧侣劝他说，宋弱金强，他们即便顺利抵达了开封，一旦金太宗吴乞买找宋徽宗要人，宋徽宗必然不敢拒绝，到时候一众君臣必然受尽屈辱，追悔莫及。不如继续向西寻找大辽旧部，即便被金国所擒，好歹也能封个王，安享余生。

天祚皇帝采纳了这个意见，越过大同向西来到天德军（今内蒙古乌拉特前旗北）附近，被驻扎在这里的党项族小斛禄部收留。小斛禄此前曾经多次跟粘罕的部下有过交锋，双方互有胜负。现在粘罕亲自带兵来冲杀，小斛禄毫无招架之力，他自己被杀，部落被全歼，天祚皇帝的后妃、皇子、宗族也尽数被俘，只有天祚皇帝独自逃走。

天祚皇帝近在咫尺，粘罕已经嗅到了彻底灭亡辽国的战机，他决定组织一个更大的包围圈，毕其功于一役，绝不能再让天祚皇帝逃到一个无法抓捕的地方去。他迅速从朔武一带调兵过来，布置了三百里的防线，每三十里派一百名骑兵来回驰骋巡逻。宣和七年（1125年）正月二十四日，骑兵果然发现有一人骑着一匹马、手里牵着两匹马往北狂奔。骑兵们一拥而上将此人围住，他眼看无法逃脱，便下马自陈身份，说自己是天祚皇帝。金兵闻听大喜，准备将他绑起来送到粘罕处请功，天祚皇帝余威尚存，大声呵斥士兵："你们敢绑天子吗？"

金兵气势顿消，赶紧派人去通知将领完颜娄室，娄室

来了之后也对自己曾经的皇帝非常礼貌，规规矩矩地给天
祚皇帝下跪、敬酒、致歉，然后将他带回大同交给了粘
罕。[①]八月初四，天祚皇帝被押送到京都会宁，降封为海
滨王。

尽管天祚皇帝在执政期间宠信奸佞、沉迷女色、荒废
朝政，但是立国二百一十八年的庞大的辽帝国，号称坐拥
百万大军、曾经横扫天下的契丹铁骑，在短短的十一年间
就被金国这一朵最初看上去毫不起眼的小火苗吞噬，这着
实是谁都没能预料到的结果。

北宋还在享受快乐

金国在抓获天祚皇帝之后，按照正常的外交流程向北
宋方面通报了消息，这些举动让宋徽宗产生了一个错觉，
以为金国至少在接下来的几年内会跟北宋和平相处。但是
宋徽宗并不知道，粘罕缴获了他招降天祚皇帝的绢书，将
其作为北宋私下结盟辽国的证据交给了金太宗吴乞买。宋
金之间的合作热情，正在以一种非常迅猛，但是北宋并未
发觉的速度发生着变化。

即便是从阿骨打时期算起，两国之间的关系也从来没

---

① 徐梦莘《三朝北盟会编》卷二十一收录的洪皓《松漠纪闻》。

有牢固到无条件信任的地步，而近年来北宋招降张觉、抢占蔚州、结盟辽国的行为，一直不停地消耗自己在金国这边的信誉度，虽然还没到金国上上下下的忍耐极限，但已经是逼近极限了。

对金国来说，北宋的"信誉"远不如他们的"诱惑"来得更直接一些，尤其是一直在前线参与作战和谈判的两位统领粘罕和斡离不，他们对于北宋战斗力方面的孱弱、经济方面的富庶、谈判方面的大方，印象极为深刻。攻灭辽国给他们带来的土地远远大于实际财富，而他们在北宋这里拿到财富的数量和顺利程度，则是完全出乎他们预料的。

北宋王朝就像一大盘散发着浓香的佳肴。吃，是正常思维；不吃，才需要努力克制。很显然，粘罕和斡离不都不想克制。粘罕不断在吴乞买这边吹风，说北宋现在一直在招徕本来应该属于金国的辽国遗民，他多次给童贯开名单索要这些叛亡人口，但是童贯从来不理。"盟未期年，今已如此，万世守约，其可望乎？"①意思是，两国之间的盟约签订还不到一年，北宋就毁约至此，你还希望他们如同誓书上说的那样万世守约吗？

---

① 《金史·宗翰传》(宗翰即粘罕)。

斡离不的态度，比粘罕的旁敲侧击更加直接。他发现童贯把郭药师的常胜军驻扎在燕山府之后，向吴乞买提出先下手为强："苟不先之，恐为后患。"①

吴乞买心动了，尤其是现在他们已经抓获天祚皇帝，彻底灭亡了辽国，完全可以腾出手来发动对宋战争。而他要做的事情，就是利用这个夏天抓紧时间准备部队和军需，等天气转凉之后就可以立即南侵。

古代士兵作战，铠甲是最重要的一个装备。没有铠甲的士兵上了战场，几乎就是敌军的活靶子。阿骨打还没当上女真首领的时候，他的叔父穆宗完颜盈歌曾经招募了一千多名全甲的士兵，阿骨打的反应是"勇气自倍"，非常激动地说："有此甲兵，何事不可图也。"②

全甲虽然可以为士兵提供非常严密的防护，但是有一个非常大的缺点——包裹严实不透气，夏天穿着非常热，所以古代的将领都尽可能避免在夏季发动战争。三国时期，刘备为了给关羽报仇发动了夷陵之战，双方相持一年之后，到章武二年（222年）六月，士兵们实在忍受不了酷暑，坚持要去阴凉的树林里扎营，这才给了陆逊火烧连

---

① 《金史·宗望传》（宗望即斡离不）。

② 《金史·太祖本纪》。

营的机会。

相对于汉兵来说，女真兵和投降的辽兵都是北方人，从小生活在寒冷的地方，更不适应夏季作战。再加上河北多河道、塘泺，一到雨季便会变成一片沼泽，极不利于骑兵前进。而一旦进入冬天，雨水减少，大部分水道会结冰，对骑兵来说堪称"天堑变通途"。

与金国上下一心、专心备战相对应的是，北宋上下一心开始了疯狂的庆祝。童贯收到了金国传过来的捷报之后，似乎根本没有意识到问题的严重性，欢天喜地地上了一封《贺耶律氏灭亡表》，将金国抓获天祚皇帝的军事行动变成了宋金双方夹攻的成果，狠狠吹捧了宋徽宗让他陈兵边境以逸待劳的运筹帷幄，表示辽国的灭亡算是报了真宗皇帝城下之盟和仁宗皇帝庆历增币的大仇，实现了从宋太祖时期就存在的梦想。

宣和七年（1125年）六月初六，从燕山府巡边结束以后回到开封的童贯迎来了自己人生的顶峰，宋徽宗遵照自己父亲宋神宗生前的承诺，将收回燕山的童贯封为广阳郡王，让他成了北宋历史上唯一封王的宦官。

功成名就的童贯总算是实现了自己的人生目标，他在狂欢之后自以为清醒地认为，天祚皇帝已经被俘，现在金国应该兑现承诺将山后州县移交过来了。

并不是只有他一个人保持这种乐观的态度，已是童贯亲信的马扩早在宣和五年（1123年）就跟领枢密院事郑居中商量过大同的接收、驻防、人事问题。

郑居中告诉马扩，朝廷最早的思路是让大同等山后州县的土豪来守土，既看重他们对这片土地的熟悉程度，也看重他们在当地的号召力。为了让他们保持忠诚，朝廷甚至准备让一步，让这些土豪采用"藩镇"的模式，允许世袭。

马扩对这个思路表示了明确反对。他用汉文帝命令魏尚守山后逼得匈奴不敢犯边的例子告诉郑居中，山前山后这一片区域，土豪势力哪怕在最强的时候也守不住，更何况这些年被金军蹂躏之后烧掠殆尽，当地土豪死的死，逃的逃，留下来的也毫无斗志，苟延残喘，完全没什么战斗力了。辽军来了他们就归顺辽军，金军来了他们就归顺金军，宋军来了他们就归顺宋军，只不过是求个保命而已，怎么能把守边的希望寄托在他们身上？

郑居中也觉得马扩说得有道理，就问需要多少兵马。马扩的这一次回答比上一次童贯问他如何防备郭药师的时候保守和理性了许多，他虽然认为兵马多多益善，但是考虑到当前的军费情况，提出了三万人的规划，其中一万人驻扎大同，其余的分散驻扎在各个要害之地，然后选择一位贤能将帅来统领。朝廷只需要先扶持他们三五年，等到人心归顺、百姓安居乐业，租税一正常，守军便能自给自足，山后的局面就算稳定下来了。

两人在讨论的最后，连大同守臣的人选都定了下来，那就是太原知府张孝纯。马扩对其评价是："张孝纯在太原颇有些时日了，通晓山后血脉，只要给他安排两个得力的统兵官，他就能完成好这个任务。"①

在宋徽宗的心里，西夏已服，燕山已复，大同也即将回归，尽管在金钱上损失惨重，但是大宋王朝在他的治下，疆域已经达到前所未有的广阔，让祖宗们苦不堪言的辽国也灰飞烟灭，这是何等的盛世！功绩至此，看谁还敢说他轻佻，不足以君天下？

---

① 徐梦莘《三朝北盟会编》卷十五收录的马扩《茆斋自叙》。

2. 终于撕破脸皮了

金国和西夏合作

就在北宋朝廷充满期待的时候，随着时间的推移，他们发现金国的态度越来越暧昧，对于山后地区的交接越来越拖延。

这种苗头其实早在天祚皇帝被俘之前的宣和六年（1124年）底就出现了。十一月三十日，马扩专程去大同找粘罕询问交割事宜，但是并没有找到粘罕。接待马扩的人是粘罕的副手兀室。

根据兀室的说法，粘罕回京都会宁府了。其实这时候粘罕正在假装离开，设局等待天祚皇帝南下。金国已经非常清楚宋徽宗和天祚皇帝之间的约定，对北宋使者也采取了严格的保密措施。

兀室的态度非常不好，以"马扩不行参拜之礼"这样细枝末节的问题拒绝见面，只安排手下高庆裔来和马扩沟通。高庆裔一来就直奔主题，说现在国相（粘罕）不在，他们不敢做主，不过站在他这个级别的角度来看，北宋方面在张觉的问题上违反了两国誓书里面"不得收纳叛亡"的条款，所以当初答应的山后土地，现在恐怕不太方便交割了。

这个在北宋方面看来突如其来的大转弯让马扩有些不安，他赶紧把"收纳叛亡"这个责任归结到已被斩首的张觉头上，并非常诚恳地表示，回国以后会立刻清理一下逃到北宋的原辽国官员和富民，尽快送到金国。与此同时，他还主动提到上次导致两国闹纠纷的蔚州事件的处理结果，说宋徽宗已经罢免了谭稹，重新派童太师来处理两国事务，希望金国看在北宋的诚意下，不要听信底下的人挑拨，尽快履行承诺，把土地交割了。

高庆裔听完马扩的辩解，已经懒得跟他做口舌之争了，便顺着马扩的话安慰了他一番，表示北宋方面只要能把逃亡人口送回金国，金国也会照章执行，交割山后地区。[①]

以为自己在谈判桌上争取到了利益的马扩回朝以后立即汇报了这个情况，当时北宋朝廷对此的判断还相对乐观，认为这不过是大和谐下面的一点小杂音而已。两国土地交割这么大的事情，怎么可能一点波折都没有呢？到时候说点软话，给金国的权臣和使者备一份厚礼，大不了再

---

① 徐梦莘《三朝北盟会编》卷十九收录的马扩《茆斋自叙》。

增加一点犒师费，问题就能迎刃而解了。

然而，问题并不像北宋方面想的那么简单，因为此时金国跟北宋之间的各种谈判，其实都只是做做样子而已。就在半年多以前的宣和六年（1124年）闰三月二十九日，因为粘罕的建议，吴乞买已经决定不再把山后土地交割给北宋了。[①]

排除了与北宋在山后地区合作的可能性之后，他们把目光投向了另一个政权——西夏。

当初宋金两国在讨论燕京交割事宜时，兀室曾经说过他们若是把这一片土地给西夏和鞑靼，必然获利极丰，大家都以为这是金国跟北宋漫天要价时的说辞，实际上，金国一直在和西夏进行深度的合作。

天会元年（1123年），吴乞买刚刚登基，金国就派人去跟西夏议和，[②]并且将大同以西包括天德军、云内州（治今内蒙古托克托东北白塔村）在内的一大片区域都"分配"给了西夏。

---

① 《金史·太宗本纪》。

② 关于议和的人员，《金史·表·交聘》中记载为完颜宗望，即斡离不；《三朝北盟会编》卷二十五收录的《封氏编年》记载为粘罕派遣的撒卢拇。考虑到粘罕和斡离不的驻防区域，本书作者倾向于认同《封氏编年》的记载。

金国的这一举动仔细分析起来其实并不算过分，因为北宋提出的需求是割让"五代以来陷入辽国的汉地"，双方都认可这指的是石敬瑭献给辽国的燕云十六州，而金国分配给西夏的土地，并不在这个范围之内。并且，他们做出这一决定的时候，天祚皇帝还没有被俘，他们很大一部分目的就是避免西夏倒向天祚皇帝这一边，以此遏断天祚皇帝继续西逃的路线。但是，这样的操作给北宋带来了非常大的麻烦。

彼时的国界线，除了宋辽之间白沟河这种明确标识之外，并没有细化到今天国境线的那种明晰的程度。金国分配给西夏的土地，有很大一部分是跟北宋的朔州和武州接壤的。因为国界线的模糊不清，边境上极易形成摩擦事端。而西夏虽然在童贯的攻势下向北宋上表臣服，但是并没有温顺到口服心服的地步。

北宋朝廷其实是意识到了这个问题的，所以宣和五年（1123年）金国使者宁芰割来开封谈判的时候，王黼曾经专门提出了担忧，说金国如果只割让大同，那么大同到黄河中间的这一大片土地一定会成为西夏人出没的区域，到时候北宋边境将难得安宁，不如把黄河以东的这片土地全部交给北宋，永绝后患。但是宁芰割根本没有理会这个完全站在北宋立场上的意见，只淡淡地表示自己不清楚这件事，随后便转移了话题。①

西夏拿到他们的土地之后，一方面觉得有了金国的撑腰，另一方面看到北宋在燕京战场上的拙劣表现，心中不安分的情结又开始涌动起来。宣和六年（1124年）八月，他们就举兵侵犯武州和朔州地界，只不过被谭稹击退了而已。②

这仅仅是一个开端，至少证明表面上已经臣服的西夏有了重新跟北宋开战的意愿和勇气。即便西夏和金国不会结成非常牢固的军事同盟来对付北宋，但是今后北宋跟金国开战的时候西夏若在背后捅刀子，也能极大限度地牵制北宋在西北的兵力，让宋徽宗面临他最不想看到的双线作战的被动局面。

然而，北宋朝廷现在已经没有什么精力去处理西夏问题了，因为从宣和七年（1125年）九月开始，宋金之间的关系就突然肉眼可见地变得紧张了起来。

南侵的迹象

应该说，阿骨打临死之前让吴乞买继续跟北宋合作的

---

① 徐梦莘《三朝北盟会编》卷四十六收录的赵良嗣《燕云奉使录》。
② 陈邦瞻《宋史纪事本末》卷五十三《复燕云》。

遗言还是起到了一定作用的。吴乞买登基之后，天会二年（1124年）正月二十五日，已经成为金国二号人物的西南路都统粘罕和三号人物西北路都统斡离不同时提出，为了金国的利益，不要割让山后土地给北宋。但是吴乞买非常坚持，认为这样违背了阿骨打的遗命，要求还是尽快移交。①

但是随着北宋开始大规模接纳以张觉为代表的辽国叛亡人口，以及宋徽宗私下联络天祚皇帝等事情的曝光，加上粘罕和斡离不不断在吴乞买耳边吹风，见证了北宋军队战斗力之荒唐的吴乞买开始动摇了，开始慢慢对这个富有的国家产生了一种全新的想法。

态度最坚决的人是阿骨打的二儿子斡离不，他为了说服吴乞买，专门编造了一场并不存在的军事冲突，说有三千人的宋军从海上而来，攻破了属于金国的九座寨子，并且杀死了平州马城县（今河北滦南马城镇）守将。②斡离不还告诉吴乞买，现在童贯和郭药师正在燕山大规模治军，如果金国不先下手的话，燕山必定会成为心腹大患。

①　《金史·太宗本纪》。

②　这一场战斗只记载于金国的史料之中，被收录进《金史·完颜宗望传》，但是宋方的史料中没有任何记载。根据当时的实际情况，北宋方面无力渡海攻击金国，故本书作者认为这是斡离不编造的。

斡离不的说法得到了粘罕的支持，他也表示北宋渝盟的行径已经非常明显，现在到了必须做出决断的时候了。

吴乞买终于被说动了，金国开始了紧锣密鼓的备战。天会三年（1125年）十月初七，吴乞买正式下令伐宋，要让北宋答应割地赔款的条件。至于割哪些地、赔多少款，吴乞买心里并没有计划，一切都得等战场上打了之后再相机而定。

北宋朝廷在宋徽宗的领导下即便已经如此腐败和昏聩，也依然探听到了金国在边境线附近的异动：九月二十四日，河东奏报粘罕在做战前准备；十月初五，中山府奏报粘罕在蔚州柳甸点兵；十月十八日，中山府奏报金国增兵两万，分别驻扎在平州和大同；十月二十一日，中山府奏报，金国继续增兵，并且在蔚州、飞狐县等地囤积兵马粮草；十一月初三，中山府奏报，粘罕在大同府下辖所有县征集军需；十一月十七日，中山府奏报，平州已经将下属所有县的丁口充军，并运送到奉圣州驻扎……

消息汇总过来已经非常让人恐惧了，但是童贯依然抱有最后的幻想。当河东的奏报到来之后，马扩认为粘罕必然会采取行动，再次给童贯献上了一个两全之策，建议他赶紧从西北调十万人的军队过来巡边，即便打不起来，也

能给粘罕施压。①但是童贯把这个建议否决了。一个原因
是调动十万人的军队需要很大一笔经费。童贯对马扩动不
动就提议增派数万人以上的军队的建议已经有些厌烦了，
认为马扩只是一个纸上谈兵的角色，根本不知道行军打仗
的成本，只知道掰着手指头数人。另一个原因是他觉得金
国不会那么快动手，因为九月二十四日，金国的使者还来
了开封，一切言谈举止都显得非常正常，两国的邦交看上
去并没有崩塌。因此，当金国在大张旗鼓备战的时候，
十月二十四日，童贯做出了一个至今都让人觉得荒唐的
举动。

　　宋真宗景德年间为了更好地防备辽军，将河北边境地
区的很多城寨升级为半军事化的行政单位"军"。按理
说，现在边境出了隐患，更应利用好这些堡垒加强防御才
对。但是童贯可能是为了打消金国的疑虑，也可能是对自
己布置的梯次防守非常有信心，竟以枢密院的名义给宋徽
宗上奏折，称燕山已经抚定，此前的边境地区已经成为内
地，这些军镇也就失去了应有的价值，申请将安肃军（治
今河北保定徐水区）改为安肃县，永宁军改成博野县，
保定军改成保定县，莫州所有边境上的寨子，除了信安

---

① 徐梦莘《三朝北盟会编》卷二十二。

军①（治今河北霸州信安镇）以东的保留之外，其余全部废弃。

跟童贯的行为一样荒唐的是，宋徽宗同意了，整个河北几乎把所有的边防希望寄托在了燕山府的郭药师身上。

北宋朝廷的故意不作为既没有让金国觉得心安，也没有让童贯觉得心安。作为一个常年带兵打仗的人，他不是看不懂金国的举措，只是心中不愿意相信金国这么快就要动手而已。随着压力越来越大，他终于有点绷不住了。十一月十九日，童贯派马扩和辛兴宗去大同见粘罕，以商议移交蔚州、应州、飞狐县、灵丘县为由，探察金军是不是真的要南侵。

马扩见到粘罕以后，对方直接拒绝了他的要求，理由依然是宋朝结盟辽国、接纳张觉。粘罕不但不讨论蔚州、应州、飞狐县、灵丘县的问题，甚至直接告诉马扩，山后的土地也不会再给了。

马扩还想争辩几句，粘罕有恃无恐地笑着回答说："现在已经不是我们交割土地给你们，而是你们应该罚一些土地给我们了。"马扩无法应对，只能回太原去找童贯

---

① 《三朝北盟会编》卷二十二记载为"信要军"，但是查《宋史·地理志》，河北并无信要军，符合条件的只有信安军，故本书作者认为是信安军。

复命，临走之前，粘罕的手下撒卢拇也笑着对他说："这是我最后一次接待你了。"

马扩从这些话里已经听出来金人明目张胆的南侵之意，于是赶紧回太原向童贯通报所见所闻。但是童贯依然不相信，他认为金国刚刚进行了皇位更迭，在两国交界处囤积的兵马并不多，并不敢开展如此大规模的军事行动。加上他已经在河北布置了梯次防守，郭药师忠心耿耿、办事得力，太原府周边也有数万兵马，金国即便入侵也没那么容易，不如看看事态发展再做决定。

3. 梯次防守策略

在河东地区驻扎的军队，除了原有的禁军和乡兵之外，还有两支比较特殊的队伍：一支是童贯的亲兵胜捷军，另一支是谭稹新创用来牵制郭药师的义胜军。

胜捷军的数量并不多，只有五千多人，但全是童贯这些年来在军队中收集的精锐。当初童贯挑选的都是身材魁梧、武艺超绝者，几乎每一指挥[①]只能挑选一两人，最多三四人，大约千分之五的比例。用现在的标准来看，这已经近似于特种部队的级别。

在童贯的命令下，胜捷军几乎全部驻扎在太原。这里是童贯日常办公的场所，这支队伍与其说是用来守土的，不如说是用来保护童贯的。而义胜军自从招募起来之后就没有统一驻扎过，直接被谭稹和童贯拆分安排到了河东的各个州驻防。

———————————

[①] 根据徐连达主编的《中国历代官制大辞典》，"指挥"是唐中叶以后的军队职务，正常情况下一个指挥统领五百人，所以"指挥"也用于描述军事单位。

　　谭稹得势的时候，他的义胜军非常受宠，压过了胜捷军的风头。因此童贯重新上位之后，立刻开始按照宋徽宗的意思对义胜军进行非常严格的整肃。一来二去，骄横惯了的义胜军就开始闹情绪。这帮人本来就是燕云招募过来的辽国汉人或者降卒，全靠谭稹给的高军饷来维持忠诚度，如今一开始整肃，不少人就军心思动了。

　　宣和七年（1125年）七月初一，驻扎在隆德府（治今山西长治）的义胜军三千人在积怨之下哗变，占领了黎城县，率军平叛的宋军守将战死。童贯随即派人增援，哗变的义胜军向北奔逃，官兵因追击不及而堵截失败，这三千人成建制地逃过国界线，投降了粘罕。

　　这个数量的士兵，即便算上此消彼长，对于北宋数十万人的禁军数量来说，根本谈不上任何威胁。但是这一支部队干了一件让童贯无比被动的事情：他们把北宋军队在河东以太原为核心的梯次防守的布置向粘罕和盘托出了。

　　河东的梯次防守策略，是宋太宗创立并且开始实行的。

　　宋太宗打下北汉政权的晋阳城之后，将此前让他们两兄弟吃尽苦头的老晋阳城摧毁，重新在原址的北面修建了一座新城。这座新城比起晋阳城来说规模小了很多，所以太原作为河东地区的核心，其防御功能就比宋代以前削弱了很多。

　　宋太宗很明白跟辽国接壤的河东地区的防守作用，所以他为了弥补太原防守能力的不足，为太原营造了梯次防守的格局，尽量把防线外移，给太原留下足够的反应时间和防守纵深。

　　向北的纵深，就是代州。代州是宋辽的边境州，北面四十里就是号称"中华第一关"的雁门关。两国一旦发生战争，这里就是首当其冲的前线。

　　宋太宗收复河东之后，将防守代州的任务交给了他新收服的北汉猛将杨无敌杨业，任命他为代州刺史兼三交驻泊兵马部署。杨业是太原本地人，刚成年就跟着北汉的开国皇帝刘崇征战四方，屡立战功，在河东创下了非常响亮的名号——杨无敌。而在宋太宗攻取太原的战役中，杨业的表现也甚是骁勇，刘继元投降之后他依然据城苦战，给宋太宗留下了很深刻的印象。宋太宗觉得，他这样一个既有经验也有斗志，还熟悉河东基本情况的骁将，一定能够跟驻守太原的潘美有效配合，经营好太原—代州防线。

　　潘美算是一个非常务实并且敬业的人，虽然他的办公地点在太原，但他经常去代州巡察。太平兴国五年（980年）三月，他在去代州巡视工作时正巧碰见十万辽军（数据可能有夸大）进攻雁门关。他命令杨业带领数百精锐骑兵从西陉出，自小陉绕到雁门关以北，然后自己指挥主力部队同时发起进攻，两面夹击大败辽军，击毙辽国节度使、驸马侍中萧咄李，俘虏马步军都指挥使李重诲。

由此可见，尽管太原和代州之间距离有三百多里，但是两地之间的联系颇为紧密，太原也能对代州进行有效指挥，双方足以形成良好的互补。

向西的纵深虽然有黄河作为天然屏障，但是河套的"三不管"地区很容易被西北的辽军和党项军利用，绕过黄河对太原进行攻击。尤其是太原西北三百里一个名叫"固军"（今山西宁武县境内）的险峻之地，已经成为敌军入侵的必经之路。针对这样的情况，潘美决定尽可能向西北方向拓展防线，把战场摆到远离太原的地方去。太平兴国六年（981年）一月，他派奇兵突袭固军，敌军弃城而逃，宋军随即占据固军城。随后，敌军（疑为党项）首领安庆带着全族来降。此后，太原的西北面因为有了这么一个远程防御据点，在很长一段时间都没有敌军入侵，边民遂安。

接下来就是向东的纵深。河东路的东边是太行山，从河南、河北进入河东地区，主要是通过"太行八陉"，也就是太行山中的八条峡谷，其中最著名也是最方便的，就是位于今河北井陉县的井陉。宋太宗亲征太原的时候，就是从开封出发，渡河北上澶渊，然后去真定，再从真定走井陉进入河东。因此，保证河北，尤其是真定的安全，也是确保太原安全的重要手段之一。

鉴于这是宋太宗亲自走过的路，潘美深知"河北和河东相辅相成"的道理。雍熙三年（986年）正月，宋军北伐，潘美以太原为根据地，率领杨业等将组成西路军，从雁门关攻云州，再配合曹彬的东路军、田重进的中路军进攻燕京，并且顺利攻下了寰州（治今山西朔州马邑）、朔州、应州（治今山西应县）、云州，取得了非常了不起的战绩。北伐失败以后，因为西路军撤退时指挥失误，杨业在陈家谷战死，但也算成功实现了宋太宗布置的战略任务。

当年十一月十一日，形势反过来了，辽圣宗耶律隆绪和萧太后主动亲征。东线的刘廷让遭遇君子馆大败之后，十二月二十一日，西线的代州也遭遇辽军攻击。此时接替杨业代州知州的是前签书枢密院事张齐贤。张齐贤第一时间就派人去太原找潘美求援，但是使者被辽军抓了，送信失败。张齐贤正焦急，潘美的使者主动来了，但是带来了一个更坏的消息。潘美预感到张齐贤要遭受攻击，所以主动带兵前来增援，但是刚刚走到柏井（今山西阳曲境内）的时候接到宋太宗的密诏，因为东路刘廷让惨败，他命令太原固守，不许出战，所以潘美只好原路返回，让张齐贤自己想办法解决危机。[①]

好在张齐贤用计吓退了辽军，代州并没有沦陷，宋太宗对于代州屏障的放心程度以及对太原防守的重视程度，由此可见一斑。他深知，如果代州失守，还能依托河东的地形对敌军层层阻击，一旦太原失守，整个河东就全线告急了。

正是在这种"预想加实战"的多次检验和调整之下，整个河东地区已经通过地理位置的选择和梯次防守的布局，形成了以太原为中心，依托周边云中山、句注山、恒山等山脉，以岢岚军、固军、代州、雁门关等要城和要塞构成的综合防御体系。

外围防御体系搭建完成以后，再利用忻州和阳曲之间的石岭关这个天然屏障，对太原的北方咽喉要道进行加固，即便外围阵地失陷，石岭关也能为太原争取到足够的布置防御、等待救援的时间。

在此后的一百多年里，没有任何一支军队能突破这道防线，河东地区真正变成了北宋王朝统治下的一块铁板。即便是雍熙北伐时导致一代名将杨业战死的惨败，也没能让辽军乘胜突入大宋境内。

---

① 《宋史·张齐贤传》。

　　到了澶渊之盟以后，河东地区虽然没有和辽国直接作战的需求，但是基本的防御功能以及西夏军队给予的巨大压力，让北宋朝廷从来没有放松过对河东的武备。根据《宋史·兵志》的记载，到北宋末年，整个河东地区的驻防队伍包括骑兵（广锐）三十一指挥，步兵（神锐、神虎、保捷、宣毅、建安）九十一指挥，步骑混合（雄猛、崇武）约七十指挥，清边弩手九指挥，宣毅床子弩炮手一指挥，弓箭手七千五百人，乡兵七万七千零七十九人。

　　按照这个数据推算，在满编制的情况下，河东地区一共有十二支番号的常规队伍，总兵力约为十七万五千人。但考虑到对辽战事的抽调，根据其中有明确番号、编制、人数和部队的比例推算，这时候的部队并没达到满员状态，应该只有六七成的人员。这个常规部队的数量再加上谭稹的义胜军五万人，以及童贯的胜捷军五千余人，驻守在河东的部队大约有十六七万人。但是在这些部队中，有接近一半，也就是七万七千多人是乡兵。

　　乡兵与正规军不同，主要是来自民间的丁壮，既有朝廷强行征募的，也有为了免除一部分赋税而主动参军的，另外还有在灾荒年间政府主动吸纳的。北宋朝廷的思路是，与其让这帮无路可走的灾民走上造反的道路，不如将他们吸纳进军队。这样既能够把他们有效地管束起来，也能在一定程度上补充国防力量。

然而，乡兵的训练水平和作战能力远远无法和正规军相比，他们能起到的作用更多只是维持地方秩序，辅助官府参与一些缉盗工作。要让他们和如狼似虎的金兵正面作战是不现实的，基本上只能让他们充当后勤部队。因此，河东真正的作战部队只有十万人左右。一旦战事开打，这十万人就要面对最近十来年来横扫辽帝国的女真铁骑的第一波猛烈冲击。

更重要的是，这些防御体系、兵力部署、重要关隘，甚至包括各个防区的指挥官，都已经被人全盘告诉了粘罕。

这十万人的正规军，分散驻扎在河东广袤土地上的各个府、州、军，论总数并不低于金兵。但是战争从来不是看双方军队的人数对比，按照北宋朝廷自宋太宗朝以来的军事策略，河东地区需要做的是利用其纵横交错的地形特点层层阻击敌军，而不是集中优势兵力寻找敌军决战。因此，分驻在各地的宋军在数量上并不能在金兵这里形成优势，再加上双方战斗力的巨大差距，宋军唯一能做的就是依托多年来形成的防御体系和防御工事，避免与金兵进行野战，而是将金国骑兵拖入他们相对并不擅长的攻坚战中。

而现在，防御体系已经全盘暴露，剩下的，就只有那些看上去固若金汤的防御工事了。

4. 该来的还是来了

金国的计划

金太宗吴乞买任命的南征总指挥是完颜杲，女真名斜也，是阿骨打和吴乞买的同母弟。按照女真兄终弟及的传位方式，他是吴乞买之后的第一皇位继承人，所以他也接任了谙班勃极烈的职务。根据金国一贯的传统，他被吴乞买任命为都元帅，但是并不直接参与作战，而是留在上京总揽南侵事务。他主要的职能就是平衡粘罕和斡离不两路元帅的关系，一旦前线发生分歧，由他来做最终决定。

金军将进攻方向分为东西两路。从金国的国土进入中原地区，有三条线路最便利：西边是从雁门关进入河东，北边是从居庸关进入河北，东边是从营、平、滦三州进入河北。西边绕不开的重镇是太原，北边和东边绕不开的重镇是燕山，所以金兵要想威胁到开封，太原和燕山就是必须拿下的目标。

非常凑巧的是，当初为了解决天祚皇帝和张觉的问题，金国的两路大军正好驻扎在雁门关外的大同府和燕山府东边的营、平、滦三州，根本不需要花费时间和金钱大规模调动部队，就能直接从西路和东路对北宋王朝发起进攻。

驻扎在营、平、滦三州一带的斡离不被封为南京路都统，统领六部路、南京路、汉军三支部队，组建了东路军。他们的进攻路线是从平州进入燕山。

驻扎在大同一带的粘罕被封为左副元帅先锋，组建了西路军。他们的进攻路线是从大同进攻太原。

至于两路大军的人数，金国的史料中一直没有具体数据。后来斡离不攻到开封城下，派人来跟宋钦宗谈判时曾经说过，东路军二十万人，西路军三十万人，[1]这样算起来两路一共五十万人。但是这个数据是斡离不的使者在索要犒师费的时候说的，考虑到金人是按照人头来算费用，以及孤军深入开封城下需要壮胆，所以这个数字很明显是经过夸大的。

战事开打以后，有从金营回到开封的宋人说过金军的具体数字，可以用作参考。第一个是燕山沦陷时被斡离不

---

① 徐梦莘《三朝北盟会编》卷二十九收录的郑望之《靖康城下奉使录》。

俘虏的文官沈琯，他后来跟随斡离不来到开封之后向当时负责开封防守的尚书右丞（副相）李纲说了东路军的人数："总数不到五万人，斡离不亲兵两千……其他部队三万多。"[1]第二个是怀州（治今河南沁阳）城破以后被粘罕俘虏的官员范仲熊，他说他亲眼看见西路军粘罕有五万人，娄室有一万人，加起来六万人左右。[2]

沈琯和范仲熊并无串通，他们两人都说金军人数有五六万人，这个数字应该是可信的。再加上随行负责后勤的民夫，两路军的人数各在十万人左右，总人数二十万人左右，这是比较符合金国的动员力量的。

当然，金国此次南侵的战略目标也是一个值得探讨的话题。左副元帅粘罕在发给北宋朝廷的檄文里面说得非常明白："当初你们接纳张觉和平州，是要我们的土地；现在我们伐宋，是要你们的土地。如果赵佶（即宋徽宗）能够深悔前非，听命不违，那么我们两国就以黄河为界。"[3]

不过，《金史·太宗本纪》中的表述跟这个有很大的

---

[1]　徐梦莘《三朝北盟会编》卷三十收录的沈琯《南归录》。

[2]　徐梦莘《三朝北盟会编》卷九十九收录的范仲熊《北记》。

[3]　佚名《大金吊伐录校补》三十一《元帅府左副元帅右监军右都监下所部事迹檄书》。

区别，吴乞买要求粘罕"自西京入太原"，斡离不"自南京（平州）入燕山"，然后就没有更具体的要求了。

从这些记载，我们可以推断出，金国此次南侵的最初构想并不是要打到开封城下，而是攻占燕山和太原，给宋徽宗一个教训的同时，以此为筹码要求经济和土地的补偿。剩下的事情，就是根据前线的攻击情况，走一步看一步，在保证安全的前提下寻求利益最大化。

毕竟，宋军虽然在攻打燕山的战役中表现极其孱弱，但是他们的人数和经济都占据绝对优势。他们攻城也许不行，但是守城的能力还不清楚。金军以十万人左右的作战部队，攻下距离边境很近的燕山和太原是一个非常现实的目标，但是如果要继续南下进攻开封，孤军深入、粮草不继，要是再遇上北宋大军合围，情况就无法预料了。

童贯逃走了

宣和七年十二月初三（1126年初），一直抱有侥幸心理的童贯在太原收到一则来自代州的好消息：粘罕派了使者撒卢拇等人来太原面见他。

听到这个消息，童贯心中一块石头落了地，认为金国既然主动上门来谈，那就说明事态并没有马扩说的那么严重。五日，撒卢拇一行抵达了太原，童贯还非常热情地接待了他们。谁知道，撒卢拇一开口就是数落北宋背盟的罪过，然后告诉童贯金国已经宣战，并且金军已经和他们这批使者一起出发了。童贯大惊失色，但是依然抱有最后一丝幻想，小心翼翼地问撒卢拇："这么大的事情，为什么事先没有跟北宋方面商量一下就不宣而战？"撒卢拇非常强硬地回答："军马已起，还商量什么？现在国相（粘罕）的兵马从河东来，二太子（斡离不）的兵马从燕山来，不杀人，只是传檄抚定而已。"①

童贯知道事情已无法挽回，大惊之下一边让马扩赶紧给朝廷写奏折，一边召集手下商量下一步行动计划。他开宗明义地表示，自己当前最重要的任务是回开封向宋徽宗汇报，然后请陛下做出决断。

此话一出，大家都知道童贯想逃离危险的河东战场。马扩担心童贯一走，整个河东、河北立刻军心涣散，再也无法阻挡金军的进攻，便想方设法说服童贯留下来。马扩知道童贯不想留在太原的原因，是担心井陉被金军堵死以后他不方便撤退，于是马扩就换了一个思路，让童贯去四通八达的真定。

马扩劝童贯说，河东地形复杂、关隘众多，加上人人

---

① 徐梦莘《三朝北盟会编》卷二十三。

都谙习战斗，金军必定无法顺利通过河东地区长驱而入。反倒是河北路，除了雄州和霸州至顺安军（治今河北高阳东）这一段路有一些塘泺可以延缓骑兵进攻速度之外，其他地界全是坦途。倘若郭药师的常胜军起了二心导致燕山失守，整个河北就直接暴露在金军的攻击范围之内了。因此，童贯的最佳选择应该是去城坚粮多的真定，扼守住井陉通道，和太原形成掎角之势，这样即便金人突破了代州防线和燕山防线，也无法轻易南下。一旦金军在太原和真定被宋军拖住，等各地的援军一到，他们就只能退兵了。

虽然童贯依然没有丝毫要留下来的想法，但是马扩这一番话说得他无法辩驳，只好暂时表示同意。

到了十二月初七，马扩见童贯没有出发的迹象，便上门去催促。童贯实在找不到理由推脱，转而大骂马扩以权谋私，说马扩撺掇自己去真定的原因，是他全家老小都在保州，需要童贯去真定帮他保护家人。

马扩跟随童贯多年，了解他的脾气，知道他这么骂人并不是真的动怒，而是不想去前线，便动之以情地劝他，说他要是就这样回京城，今后必然名节扫地，会被众人唾骂至死。

童贯在心动和害怕之间权衡了很久，继续推脱说自己身边没什么军队，无法抵御强大的金兵。马扩安慰他说，以他的威望，只要去了真定，一声令下，北路民兵全都可以上战场。被逼到墙角的童贯只好点点头表示同意，然后派马扩先去河北抓紧时间招募军队，他随后就到。[①]

马扩以为童贯已经被自己说动，便雷厉风行地去收拾东西了。但是童贯欺骗了他，马扩走后，童贯立刻将太原知府张孝纯及其儿子张浃叫来面谈，告诉他们事态紧急，他必须回开封面见宋徽宗汇报军情，次日一早就出发。

张孝纯的反应是"愕然"，也就是完全没有预料到会是这种情况。他还试图给童贯讲道理，说童贯是整个河东、河北的主心骨，现在正是他站出来召集各路军马全力抗敌的时候。他要是一走，人心势必不稳，这是将整个河东路拱手送给金人。一旦河东失守，河北也将不保，黄河以北就将再无屏障。他请童贯看在太原地险城坚、人人习战的份上，留下来率领大家死守，未必就挡不住金兵的进攻。

童贯想不到张孝纯的态度也跟马扩一样坚决，只好怒目相向地玩了一个文字游戏，说他的职务是宣抚使，又不是帅臣，守土的事情理所当然地应该交给张孝纯这样的帅臣来处理。现在张孝纯非要把他留下来守太原，既不能巩

---

① 徐梦莘《三朝北盟会编》卷二十三收录的马扩《茆斋自叙》。

固城防，也不能召集援军，毫无意义，不如让他立刻回开封请朝廷派兵来策应增援，这才是万全之策。

张孝纯听完童贯的话，愤然起身站到儿子身边，一边拍手一边大呼："平常看见童太师如此豪迈，不料事到临头畏缩至此，身为大臣不想着为国家分忧解难，反而一心只想逃窜，哪里还有一点节操可言！"说完，他转身对着儿子说："算了，我们自家父子来死守太原吧！"①

十二月初八，马扩出发向东去真定招募军队，童贯带着三千人左右的胜捷军向南逃回开封，哪管身后的洪水滔天。被粘罕重兵压境的太原城，就这样留给了文人出身的太原知府张孝纯。

鉴于太原府在河东地区的重要地位，太原知府不单要负责太原府的事务，还需要兼顾整个河东路。如果朝廷任命了河东路的长官，那么太原知府就是他的副手；如果朝廷没有任命，那么太原知府就在实际层面上行使这个权力。

此前，谭稹和童贯不在的时候，张孝纯都是在自己的职权范围内代为处理河东的事务。而现在，因为童贯临阵脱逃，张孝纯在河东路风雨飘摇之际，成了这里的一号长官。

---

① 徐梦莘《三朝北盟会编》卷二十三。

第五章

兵临城下

1. 梯次防守不堪一击

宣和七年十二月初三（1126年初），在金国使者撒卢拇跟童贯摊牌的当天，驻守大同的粘罕派出自己的先头部队，越过两国最新划定的国界线，在朔州城外的马邑（今山西朔州东北）下寨，并于十二月初八童贯南逃的那一天亲自来到朔州城下，开始指挥攻城。

朔州是宋国新从金国那里接收过来的朔、武两州之一，位于雁门关之外，以前并不是北宋的领土，自然也没有来得及被纳入太原的梯次防守体系之中，甚至都没有进行过什么特别的防御布置，连跟武州的策应都没设计过。它唯一能够拿得出手的布置，可能就是守将孙翊，一个极其忠勇的将领。金军到来之后，孙翊知道凭借朔州的城防很难固守，于是将守城的任务交给汉军部下，自己带着精锐骑兵出城与敌军决战，试图通过野战来歼灭金兵的有生力量。

这一批守城汉军都是北宋朝廷在山后地区新招募的原辽国汉人，其中也包括一部分义胜军在内。在孙翊的设想里，他们既然都是本地人，肯定能够全心全意地守护家乡。但是没想到，粘罕也充分利用了这帮汉军是本地人的特点，并没有直接攻城，而是在城外抓了一大批朔州百姓送到城下。城内的汉军本来就对宋国没什么特别深厚的感情，见到自己的亲人被当成人质，也觉得没有带着全家为宋国尽忠的必要，便非常干脆地开门投降了。

如此一来，不但朔州丢了，正在出城迎战的孙翊也变得腹背受敌。孙翊从金兵的数量和指挥官的级别判断出，金军攻击的目标绝不仅仅是他镇守的朔州，而是太原甚至更南边的地方。因此，他当机立断带着自己残余的军队南下去太原，既是增援，也是抱团。①

粘罕拿下朔州之后，立刻兵分两路，一路向东南占据了此前宋辽边界上的咽喉要道雁门关，一路向西南进攻武州，准备尽数扫荡雁门关以外的北宋阵地，解决南下进攻的后顾之忧。

武州的情况比朔州更糟糕，因为这里的军队已经分成

---

① 关于朔州的失陷，历史上有两种说法。一种是《三朝北盟会编》卷二十三记载的，称孙翊提前离开了朔州去支援太原，粘罕围城十多天之后，城内汉军开门投降。这种说法与朔州沦陷、太原被围的时间线不符，所以本书采用了《续资治通鉴长编拾补》卷五十记载的说法。

了两大阵营。一个阵营是以义胜军为主的燕云汉人，另一个阵营是朝廷调拨过来的官军。武州的官员极度缺乏管理艺术，为了避免燕云汉人叛逃和作乱，无条件地满足他们的需求。在整个河东地区都缺粮的时候，官方专门给他们拨款买米，即便是宋徽宗的诏书明确规定了不许支用的专用款项，也毫不吝啬地拿出来提供给他们。而对于官军，官方则严格按照朝廷的要求来对待，没有就是没有，有时候连官军的口粮都无法正常申请下来，军中一度出现了饥荒。

孔子曾经说过："不患寡而患不均。"要是大家都挨饿，还稍微好一些，但是这样的区别对待让官军非常不满，更何况自己的资格比对方老，功劳比对方大。他们不敢对上司发火，只好把怒气撒向了燕云汉人。两拨士兵狭路相逢的时候，官军愤怒地当街威胁燕云汉人说："你们这些番人吃新米，我们这些官军反而落得吃陈米，难道我们还不如番人吗？信不信我们宰了你们？"

矛盾越来越激化的时候，金军终于抵达了武州城下。燕云汉人既担心自己被官府派去当替死鬼，又担心一直对他们心怀不满的官军从背后捅刀子，一合计之后干脆联合起来哗变，开门投降。金军长驱直入，武州沦陷。到此为止，北宋从金军手中接收过来的朔州和武州全部丢失，雁门关以外全部落入金军手中。金军的下一个目标就是雁门关内的重镇，太原梯次防守的最前沿阵地——代州。

而对粘罕来说，接下来要面临的真正考验就是中华第一关——雁门关。

按照粘罕事先的情报汇总，雁门关没有智取的可能，只能强攻。他也深知，只有拿下雁门关，才能进入真正意义上的河东腹地。雁门关并不是一座孤立的关隘，它周边有不少辅助防御工事，粘罕从此前投降的义胜军那里得知，其中最难攻取的一座辅助工事叫家计寨。

粘罕经过深思熟虑，为了避免伤亡过重，制定了"两路突击"的战术：以主力部队攻打家计寨，另外分出一部分兵马同时攻打附近的胡谷寨，以期两路兵马能够同时向宋军施压，等他们顾此失彼、方寸大乱之时寻机打开缺口。做完这一切部署之后，粘罕召集兀室和耶律余睹进行了一次战前动员。他非常严肃地分析说，此行攻打雁门关必然会有几场血战，希望大家能够齐心协力突破这座天险，今后便轻松多了。

在粘罕的鼓动下，金军带着严密的部署和旺盛的斗志出发了。让他们意想不到的是，他们的严密部署和旺盛斗志全都落了空——家计寨和胡谷寨的宋军还未接战就闻风而逃，不发一箭就将这些天险拱手相让。就这样，粘罕一仗没打，就从朔州来到了代州城下。①

代州的守臣是李嗣本，一个被北宋朝廷寄予厚望的武将，此前一直在河东带兵，熟悉河东地形，在部队中非常有声望，还曾参与攻打燕京的战役。童贯和蔡攸去接收燕京的时候，就是他以先锋的身份第一个带兵入城，可见童贯对他的器重。当初朔州、应州、蔚州等地跟北宋朝廷暗通款曲提前回归之后，宋徽宗将这里改为朔宁军，李嗣本就是整个朔宁军的一号守将。谭稹创立义胜军用来牵制郭药师，更是将李嗣本任命为指挥官，安排从辽国回归的武将耿守忠为他的副手。谭稹被罢职，童贯重新接掌北方防务之后，也没有调整李嗣本和耿守忠这对搭档。可以这么说，童贯和谭稹对李嗣本的期望，并不亚于对燕山府的郭药师。

代州是河东地区梯次防守的第一个重镇，金军来到代州城下之后，李嗣本的态度倒也对得起朝廷对他的期望，责无旁贷地率领部下准备死守。但是没想到后院起火，他刚刚布置好城防，身后的义胜军便一拥而上将他绑了，然后打开城门投降了粘罕。被俘之后的李嗣本为了活命，干脆利落地改换门庭，加入了金军的行列。从这个角度来

---

① 徐梦莘《三朝北盟会编》卷二十三收录的《金国节要》。

说，他和郭药师倒也算得上是殊途同归。

与李嗣本形成鲜明对比的是，留在城内的安抚使史抗父子二人带领拒不投降的宋军与金军展开了激烈的巷战，最后双双殉国。十二月十一日，代州沦陷，粘罕的战略目标正在一步一步地实现，金军朝着太原迅猛推进。

接下来面对粘罕冲击波的是崞县（治今山西原平），一个小得快要被人忽略的县城。守城的是都巡检李翼，一个七品小官。他虽然算得上是武将，但是其日常职责只是维持治安、缉捕盗贼，极少参与到这种正规军的作战之中。即便如此，他依然决定死守。

金军将已经归顺的李嗣本带到城下来叫门。面对昔日的上级，李翼不为所动，亲自放箭射退了李嗣本，随后双方就进入了惨烈的城墙争夺战阶段。打着打着，负责协防的义胜军统领崔忠有了异心，李翼发现之后，准备诛杀崔忠，但是未能成功。十二月十七日晚上，崔忠打开城门放金军入城，李翼带着手下与金军展开了通宵的巷战，最终寡不敌众被俘。

粘罕和兀室被李翼的英勇折服，劝说他和李嗣本一样为金国所用。但是李翼不为所动，怒骂不已。粘罕失望兼愤怒之下，将他在县城示众之后处决。游街之时，李翼在路上遇见了崔忠，当即对他破口大骂，惭愧不已的崔忠只能掩面而逃。临刑之前，李翼面向南方，高呼数声"官家"，然后哀叹说："臣力弱，不能剿灭此贼以报国恩。"随即慷慨赴死，极其悲壮。①

金军继续南下进攻忻州，忻州守臣贺权自觉无法抵挡，干脆大开城门，鼓乐献花迎接金军。粘罕对这样的态度非常满意，下令不要入城抢劫，作为对满城百姓的奖赏，随后绕过忻州直奔太原北面的最后一道关口——石岭关。

张孝纯非常清楚，一旦石岭关失守，他驻防的太原就将直接面对金军的攻击，所以他对这里的防守异常重视，早早就开始寻找石岭关的守将。有人给他推荐了刘光世的手下冀景，冀景告诉他自己麾下的兵不够，守不住。张孝纯于是给他增派了官军和在民间征募的敢勇，还让义胜军的副帅耿守忠带领八千名义胜军去协助他。

鉴于此前的了解，冀景对耿守忠"归朝人"的身份非常担心，也很清楚义胜军和官军之间的矛盾，担心耿守忠从背后偷袭他，便非常直接地跟张孝纯申请，如果一定要跟耿守忠打配合，希望能把耿守忠安排在自己前方。

张孝纯非常理解冀景的顾虑，同意了这个请求。开赴

---

① 徐梦莘《三朝北盟会编》卷二十五。

前线之后，耿守忠以先锋的身份，带着八千名义胜军越过石岭关向前去布置外围防线，结果走到忻口就折返了。他回来向冀景提出了一个看上去合情合理的要求，说自己手里的人全是步兵，没办法跟金国的骑兵对抗，希望冀景能够把麾下强壮的战马借给他，有了这批战马，他一定能够把金军阻挡在石岭关以北。

大战在即，冀景心中虽有防备但是也无法拒绝，决定打个折扣，把敢勇一半的战马借给耿守忠，自己留了一半。结果八千名义胜军一哄而上，根本不管这个"一半"的数量，将敢勇手中的战马全部牵走，扬长而去。敢勇稍有不满，义胜军便对他们非打即骂，而耿守忠却没有丝毫的约束。冀景觉察到情况不对，但是他发现自己已经没有能力来约束和制止耿守忠了。为了保命，他当机立断带着亲随弃关逃走，把石岭关的防守任务拱手让给了耿守忠。

事情果然如他们最初担心的那样，金军一来，耿守忠立刻开门投降。张孝纯寄予厚望的石岭关没有进行任何抵抗便落入粘罕手中，太原顿时门户洞开。冀景听说之后，也不敢回到太原找张孝纯复命，只好逃去了汾州（今山西汾阳一带）。

十二月十八日，金军以超乎粘罕想象的顺利来到了太原城下。这座百余年不见兵戈的河东重镇，迎来了一场巨大的考验。

从十二月初三粘罕起兵，到十八日兵临城下，北宋王朝苦心经营的梯次防守战略只支撑了短短十五天便宣告全线崩溃，这的确是一个非常糟糕的成绩。但是如果仔细看沿途城关的沦陷过程，我们就会发现，其中都有着义胜军的影子。

朔州、武州、代州、崞县、石岭关，至少这五处要塞都是因为义胜军的投降而失守，梯次防线的暴露也是因为隆德府的义胜军叛逃。谭稹用心良苦、花大钱从燕云招募的义胜军，不但没起到防备郭药师、抵抗金军的作用，反而成了为北宋埋下的一颗又一颗地雷，着实让人觉得唏嘘不已。

其实仔细分析起来，义胜军的临阵倒戈并非无迹可寻。这是北宋朝廷一次大规模的雇佣兵制度的尝试。这一支部队不管是从人员构成还是从指挥建制来看，几乎都是完全游离于北宋的整个军队体系之外的。

他们虽然都是汉人，但是几乎全部来自以前辽国控制的燕云地区，已经脱离中原的汉人政权近两百年，对北宋朝廷根本谈不上任何忠诚度。他们愿意加入北宋的军队体系，一是为了在乱世中保命，免得丧生于金军之手，二是因为谭稹在政策方面给予他们的巨大倾斜，让他们能够享受高出在金国军队服役的薪水和待遇。也正是这样的巨大倾斜，导致他们和北宋原有军队体系的分歧和矛盾越来越大。这种"在战场上无法在同一口锅里吃饭"的状况，让他们也"无法在同一条战壕里战斗"。

谭稹和童贯不是没有看到其中的问题，所以他们并没有让义胜军集中驻扎，而是将他们分散到各个部队之中去。但是这种分散做得并不彻底，义胜军在各自驻地依然成建制地单独聚集在一起，既没有让他们和其他友军融合，也没能达到分割他们战斗力的效果，反倒让他们成了各个州县最大的不稳定因素。

这样的局面即便在平常也已经非常凶险了，等金兵来了以后，各种因素叠加在一起，就导致了义胜军的大面积反叛，给粘罕的进攻带来了极大的便利。虽然历史不接受假设，但是我们完全可以心有不甘地思考一下，假如没有这一支义胜军，或者假如从燕云招募过来的这些雇佣兵被分散补充到宋军原有的战斗序列里，凭借孙翊、李嗣本、史抗、李翼、冀景等人的努力，粘罕绝不可能如此轻易而快速地突进到太原城下，河东地区以雁门关—代州—石岭关为核心的梯次防守布置也不会坍塌得如此迅速而彻底。

2. 太宗时期的遗产

张孝纯和他的搭档

自从童贯逃走之后，张孝纯就已经做好了死守太原的准备，只是他没想到，横扫白山黑水和草原大漠的粘罕会来得那么快。

张孝纯，徐州人，元祐年间进士[1]，写诗写得很不错，颇有文武才略。由于他在《宋史》和《金史》中都没有传记，所以关于他的记载，只能从史料中的只言片语里去寻找。

他在政和三年（1113年）担任河北路转运判官，宣和四年（1122年）担任太原知府[2]，其余时间并没有特别突出的贡献，但从这个履历来看，仕途还算顺利。他在宋金关系崩

---

[1] 徐梦莘《三朝北盟会编》卷一百九十三收录的《林泉野记》称他是元祐四年（1089年）进士，但是元祐四年北宋朝廷并未举行科考。查龚延明、祖慧编著的《中国历代登科总录·宋代登科总录》，元祐年间收录的进士名单中也没有他的名字，存疑。

[2] 赵乐《北宋太原府（并州）研究》，山西大学 2014 届硕士学位论文。

塌之前并没有什么特别的事迹，不过有宋人在私人笔记上记录了他的婚姻故事，可以让我们从侧面了解一下他的性格。

张孝纯年轻的时候寄居在徐州滕县（今山东滕州）一个姓吉的人家里，吉家主人见他性格淳厚，非常喜欢他，便让自己的女儿和他订下了婚约。两人还没成亲的时候，张孝纯进士甲科登第，京城的权贵纷纷找他结亲，但是张孝纯全部拒绝了，坚持回到滕县娶了吉氏为妻。没过几年，吉氏病故，张孝纯在仕途上也越走越顺，大家又开始给他张罗娶亲。

吉氏有个双目失明的妹妹，一直没有嫁出去，张孝纯便对老丈人说希望娶她。老丈人知道他是可怜这个小姨子，非常坚决地拒绝了。张孝纯说："当初多亏你老人家照顾，我才有今天，如果我不娶她，她就嫁不出去了，就算是我报恩吧。"老丈人被他说动，于是将次女嫁给了他。

张孝纯待这个盲妻相当好，跟她生了两个儿子，不料后来这个盲妻也病故了。老丈人看家里还有一个小女儿，觉得张孝纯是一个值得托付的人，干脆又把她嫁给了张孝纯。这三姐妹先后跟张孝纯生下了四个儿子，四个儿子都进入了仕途，①其中就包括跟他一起坚守太原的张浃。

---

① 范公偁《过庭录》。

重情义，对有恩于自己的人绝不辜负；一根筋，承诺过的事情就一定要做到：这就是张孝纯在人生的前半段展示给大家的性格。这种性格将支撑他在接下来的岁月里，以太原这一座孤城对抗横扫北疆的粘罕。

当初郑居中和马扩讨论让张孝纯去大同当知府时，马扩是这么评价张孝纯的："只要给他安排两个得力的统兵官，他就能完成好这个任务。"马扩的意思是，张孝纯在全局的把控、民心的鼓动、资源的调动等各方面的能力都是足够的，只不过他是文官出身，对于打仗的很多细枝末节和随机应变的东西有所欠缺，需要给他配备熟悉一线指挥作战的得力武将。

现在，张孝纯身边正好有一名得力武将，他的名字叫王禀。

王禀岁数不详，行伍出身，此前一直在西北军中效力，在宣和三年（1121年）左右就成了种师道的副手，也算是跻身宋军中高级武将的行列了。

童贯作为西北军的一把手，也非常欣赏王禀，带着他参与了几乎所有的军事行动，除了在西北对西夏作战之外，还包括宣和三年（1121年）平定方腊、宣和四年进攻燕京等。尤其是在平定方腊的过程中，王禀有勇有谋，立下不少功劳，连杭州都是他打下来的，他也因此一跃成为童贯的爱将。

谭稹和童贯先后经营河东期间，王禀一直以张孝纯副手的身份坐镇太原，协助张孝纯处理整个河东地区的军事事务。此前隆德府的义胜军叛逃，就是他带着耿守忠去追击的。童贯南逃之后带走了三千人的胜捷军，但是把他留在了太原。对于张孝纯和太原来说，这是不幸中的万幸，因为在接下来的时间里，王禀会把自己的军事才华发挥得淋漓尽致。

张孝纯和王禀这对搭档要准备开始守城了。

自古以来，常规的守城不外乎有三种方式：其一，在城外适合列阵的地方驻扎军队，利用工事或者阵形让敌军远离城墙，把战线前移，避免城池遭受敌军的直接攻击；其二，在城外设置伏兵，寻求野战歼敌的机会，以优势兵力或者战斗力，尽可能消耗敌军的有生力量和斗志，让敌军知难而退；其三，利用坚固的城防工事与敌军展开近距离的城墙争夺战，消耗敌军的战斗人员和战斗资源，为援军赶来争取时间，然后里应外合对敌军进行反包围。

而这三种方式的选择，都要建立在主帅对自己手中的军队、城里的人口、可以调动的资源的综合评判的基础之上。所以，张孝纯守城的第一步，就是要盘点太原城内的军队、人口。

太原是河东第一大城，崇宁年间太原府的人口统计数据为155263户，1241768口。按照《宋史·食货志》的记载，北宋的"口"是指"二十岁到六十岁的男子"。虽然这一数据包含了太原府下辖的十县二监，并不仅仅是太原城里的数据，但是如果我们把这个数据和其他同级别的城市相比较的话，就会发现它是相当恐怖的。

鉴于宣和年间并没有非常精准的人口统计数据，所以我们只能用时间距离最近的二十年前的崇宁数据作为参考。北宋的北京大名府于崇宁年间的人口数据是155253户，但是只有568976口；京兆府（治今陕西西安）于崇宁年间有234699户，也只有537288口；临安府（治今浙江杭州）于崇宁年间有203574户，只有296615口。[①]

也就是说，其他同等级别的城市，户、口比例都在1：3.7以内。换言之，平均每一户家中的成年男子大概是两三个人，这是符合我们对于一个家庭人口组成的基本认知的。但是如果太原的数据没有记载错误的话，它的人口组成非常奇怪——户数很正常，但是丁口相当庞大，比例达到了恐怖的1：8，这意味着平均每家有8个成年男子。

这是一个非常不符合我们日常认知的数据，要么就是当地的大家族特别多，要么就是从外地征调过来的临时人

------

① 《宋史·地理志》。

口特别多，并不能作为一个长期而准确的指标。基于这个有悖常理的数据，以及北宋时期各大城市基本人口状况的平均数据，对于太原城内的百姓数量，我们只能根据比例估算判断，约三十万至四十万人。[①]再考虑到正是战乱时期，有北方逃到太原城寻求庇护的难民加入，也有害怕战乱的太原人南下避祸造成的人口流失，这个数据实在是没有办法更精确了。

而太原的驻军数量，相对来说更好计算一些。在满编制的情况下，太原城内有骑兵广锐一千五百人，步兵神锐三千人、神虎五百人、宣毅三千人，步骑混合兵雄猛、崇武约六七千人，弓箭手约一千人，乡兵约两万人，童贯留下的胜捷军两千人，以及数量不详的谭稹义胜军。[②]

按照数据显示，太原城里的士兵能够达到四万人以上，再加上临战状态下收拢的前线溃兵、从下辖各县调集的部队，总数应该能到六七万左右，[③]也就是跟粘罕的军

---

① 太原城中究竟多少军民，史料中无记载，唯有徐梦莘《三朝北盟会编》卷五十三收录的《封氏编年》中称"（太原城军民）数十万坐守危城"，可以稍作佐证。

② 《宋史·兵志》。

③ 徐梦莘《三朝北盟会编》卷二十三收录的马扩《茆斋自叙》中说："今合太原府路军、民兵、义勇、胆勇、义胜等军须有数万人。"马扩作为童贯的谋臣，长期出入太原，这个数据应该是比较可靠的。

队人数大致持平。

三四十万百姓，六七万人的军队，出城设伏的话，石岭关丢失以后，太原前沿阵地已经没有任何适合设伏的地点。城外野战的话，尽管这样的军队人数与粘罕的金兵数量大致相当，但考虑到两军野战能力的差异，宋军依旧完全没有任何胜算。

因此，张孝纯和王禀决定，所有军民都不出城扎营，据城墙死守待援。守城跟攻坚和野战不一样，城里所有能扛得动砖石的人都是战士，所有能搬得动粮食的人都是后勤，人人都能动员起来，每个成年人都能发挥作用。只要粮食有保证，民心不散，这三四十万军民就能坚守到最后一刻。

童贯虽然已经提前跑了，但是他回到开封之后肯定会向朝廷汇报太原的情况。张孝纯坚信，拥有近百万人军队、疆域辽阔、财富丰盈的朝廷，绝不会对太原这座河东重镇和京师屏障坐视不管的。

太原城的地理位置

太原城时隔一百四十七年之后，再一次面对战火的直接攻击。而这时的太原城，已经跟当年的完全不一样了。

将时间回溯到太平兴国四年（979年），宋太宗御驾亲征平定北汉政权以后，对这座困扰了宋太祖、宋太宗两兄弟十多年的晋阳城非常怨恨。北宋立国以来，对于新收的土地都是以安抚为主，以收拢民心防止叛乱。但是宋太宗对晋阳城的态度却出乎所有人的意料：五月初十，也就是他进入晋阳城之后的第五天，他就宣布将汾河东岸三十多千米以外的榆次县升级为并州州治，取代了此前晋阳城并州州治的地位。

太原百姓看不懂这个做法，把一个小小的县升级为州治，那么晋阳城用来做什么呢？再说，榆次在五代之后虽然因为是后汉高祖刘知远的老家而稍微修缮了一下，但是无论如何，作为一个县城，别说容纳这么多人口了，容纳一个州治的衙门也困难啊。

就在太原百姓观望的时候，宋太宗又连续下达了两条命令：五月十七日，他下令在榆次筑新的并州城；五月十八日，他又下令晋阳城所有的百姓，当天之内全部搬迁到新的并州城，一个不留。①

晋阳城几十万百姓对这个命令并没有特别当真，他们这么多年来并不是没见识过兵火，也并不是没迎接过新皇，但是从来没有哪一个占领者会下令一天之内让百姓全部迁走的，这不管是从情理还是从操作上看都不太合理。

---

① 《宋史·太宗本纪》。

另外，新城在头一天才开始修筑，现在搬家过去，生活物资缺乏就不说了，还有极大的可能要过去当劳役。

然而宋太宗不是一个喜欢给人留时间观望的人，他需要的是在这片新征服的土地上立威。他唯一能拿出来的耐心就是派人在大街上下达最后通牒，然后挨家挨户地放火。在冲天的火光之下，晋阳百姓终于明白宋太宗是要玩真的，赶紧带上行李扶老携幼直奔东门而去。当天，由于火势太大、居民太多，晋阳城内有很多行动不便的老幼死于大火之中。

这么一座千年古城被烧成废墟之后，宋太宗还不满意，第二年四月，他在都城开封再次下令：引汾河和晋祠的水淹没晋阳城废墟。在水火夹攻之下，让宋太祖和宋太宗两兄弟都吃尽苦头的晋阳城再也不复存在。从此以后，汾河西岸的晋阳西城至今只剩一片考古遗迹，而汾河东岸的晋阳东城北面新筑了一个小小的城池，名为"平晋县"，作为宋太宗剿灭北汉的功绩和火烧晋阳的罪证的双重见证，存留到了北宋灭亡之时。

不过，新的并州城在榆次也没有存续多久，宋太宗很快就选择在榆次北面五十里的三交城（即唐明镇[①]）修筑"太原城"，并于太平兴国七年（982年）将并州的州治

①　唐明镇也叫三交寨，位于今天的太原市迎泽区和杏花岭区交界处，核心区域在今天的太原大关帝庙一带。

搬到了这里。在并州都部署潘美的主持下，一座全新的但是比此前的晋阳城小得多的太原城拔地而起。

宋太宗这样做并不是单纯地为了泄愤。毁掉晋阳城，重建太原城，是他出于战略意图做出的一项重大决定。

太原盆地是西南—东北走向的一片狭长区域，盆地有两个缺口，一个是北方的系舟山和云中山之间的山谷，一个是南方的太岳山和吕梁山之间的山谷。尤其是北方的这个山谷，为一个北窄南宽的喇叭口。

城池最主要的军事功能就是防御，晋阳城位于这个喇叭口的西南角，它的防御重点当然就是从南方进攻过来的中原王朝。而榆次的位置，是喇叭口的东南角，它的防御重心依然是中原王朝。因此，《太原市志》里说到宋太宗选择将"太原城"从榆次搬迁到三交城的时候，是这么评价榆次的："榆次地非要会。"

想让全新的太原城真正承担好防御北方的功能，就只能将其往北移，在适合建城的位置，越靠近喇叭口最窄处越好。反正都是修建新城，所以现在有两个选择：西北角和东北角。

打开太原地图就可以看到，西北角有个很大的问题——汾河是从西北方向流过来的，把西北角逼成了一片狭长的区域，在这里建城的设计难度很大，并且把宽阔的汾河以东区域拱手让给敌军的做法也很不明智，他们很可能就直接南下了，汾河反而会成为他们最好的保护措施。

排除了这个方案以后，最后的选择只能是位于喇叭口东北角的三交城，它的防御重点就是北方进攻过来的游牧民族。

宋太宗作为一个纸上谈兵非常厉害的人，也能意识到这一点。太平兴国四年（979年）六月，宋太宗平定北汉之后继续北上进攻幽州，遭遇高梁河大败之后全线退还。为了防止辽军趁势从大同南下，他专门派了自己最信任的潘美在三交城屯兵防守，而不是固守他选中的过渡方案榆次。

因此，宋太宗将太原城在榆次过渡之后主动北移，是因为他意识到收复河东以后，这里的防守方向已经发生了根本性的变化。以前的晋阳城是亲大同防开封的，所以在喇叭口的西南角防御。而现在的太原城是亲开封防大同的，所以必须北移，把从大同盆地和忻定盆地南侵的辽军堵在喇叭口的东北方向，不能让他们轻易地突进到太原盆地，然后顺路南下。

宋太宗是何时下令在三交城的位置开始大规模修筑新城的记录已经查不到了，但是我们可以查到正式搬迁过去的时间：太平兴国七年（982年）二月。①根据当时的官员任命记录来看，负责新的太原城修筑工作的人是潘美和符昭愿。

符昭愿是一代名将符彦卿的儿子，其家世非常显赫。他有两个姐姐，一个是周世宗柴荣的皇后，一个是宋太宗的皇后，所以符昭愿算是宋太宗的小舅子。

潘美和符昭愿最多三年就建好了一座府城，从防守北敌入侵的战略位置方面来说，这里虽然比旧的太原城好很多，但是这里的地形并不太适合修建大型城市。

第一，它位于汾河东岸，汾河在流经三交城的时候拐了一个弯，形成了一个凹面。这里地处太原盆地，汾河两岸并不是坚硬耐冲刷的山谷，而是泥沙堆积而成的河道。河水年复一年地冲刷，会严重侵蚀东岸的土壤，一旦遇到洪水，极有可能给城市带来水灾影响。

第二，这里位于太行山支脉系舟山和吕梁山支脉云中山形成的谷口要冲，季节性的山风和山洪对城市的影响也是显而易见的。

第三，这里的土地贫瘠、水质咸苦，对不管是农业生

---

① 李焘《续资治通鉴长编》卷二十三："是月，复徙并州于三交寨，即以潘美为并州都部署。"

产还是城市生活而言，都相当不利。这也是这么多年来，三交城始终只是一个军事要塞，而没有变成一个综合城市的原因。①

我们不知道在三交城新建太原城的决定是宋太宗提出的，还是潘美提出以后宋太宗批准的，但是我们可以推断，不管是建议者还是决策者都认识到了这个问题，之所以依然决定在这里筑城，实在是因为这里的军事地位太重要了。

太原城的结构

新建的太原城虽然比老的晋阳城小，但功能还是很齐全的。

最核心的区域是以重耳庙为基础修建的子城。重耳，即春秋五霸之一的晋文公。子城是太原知州（或知府）的官衙所在地，位于太原城稍偏西的位置。子城四面筑墙，东西长500米左右，南北长500余米，围成一个周长2000米左右的方形区域。子城的南门为正门，有"河东军"的匾额，其余三门分别为子东门、子西门、子北门。

子城的外围是一个相当于将子城等比例扩大的外城，

---

① 本段内容参考李娜娜《宋代太原城市形态研究》和彭娟英《宋代太原府城考》。

东西长1.3千米左右，南北长1.5千米左右，周长5.6千米左右。外城一共有四个门，东门为朝曦门，南门为开远门，西门为金肃门，北门为怀德门。

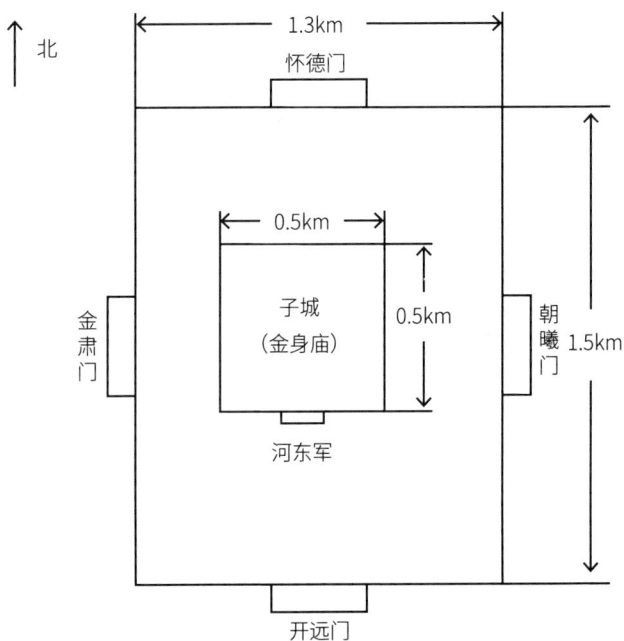

太原城示意图

子城和外城之间的区域，密密麻麻地挤满了由二十四个"坊"组成的住宅区、商业区、宗教建筑，城外也因地制宜地挖掘了护城河。其中，北护城河是民国时期尚存的后小河，东护城河演变成了现在的文瀛湖，南护城河演变成了今天的迎泽湖，西护城河演变成了今天的饮马河、西海子、南海子水系。①

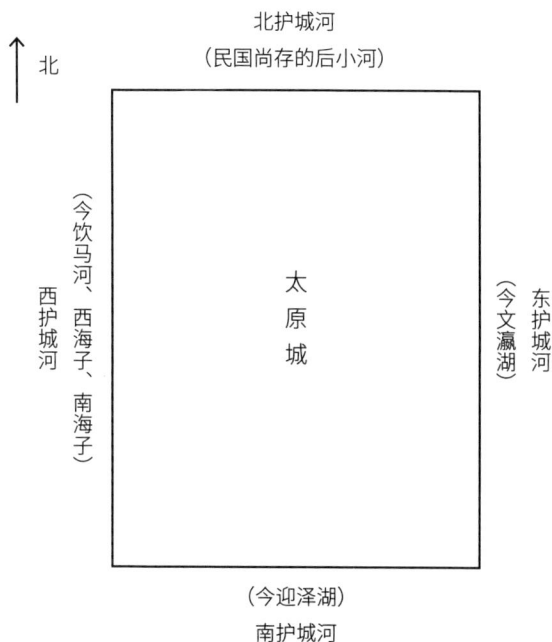

太原城护城河示意图

新建的太原城虽然也算功能齐全，经过后来和平时期的慢慢发展，也逐渐繁华起来，成为北方的一座重镇，但是跟老晋阳城横跨汾河两岸、周长20千米的规模相比，面积只有以前的十二分之一。即便是只跟汾河西岸的晋阳西城相比，也只有以前的九分之一左右。

---

① 本段内容参考彭娟英《宋代太原府城考》。

后来到了淳化年间，太原城的北、东、南三个城门之外又各修筑了一座并不太大的关城，其中南关城专门作屯兵之用①，算是稍稍将太原城的规模扩大了一些，防御能力也提高了一些。

这么一看，这座全新的太原城，实在是太寒酸了一点，哪怕是跟当时较大的州府城墙横向比较，也并不突出。在当时北宋和辽国的关系还势同水火的情况下，以这样的规格来修筑一个全新的太原城，是非常冒险的行为。因此，至今关于太原城还有一则传说：为了防止敌人的骑兵在太原城里轻易突进，太原城内的街道都是"丁"字形。

尽管考古学家已经证明了这仅仅只是一个传说，但它也从另一个角度证明，太原城作为一个政治、经济、军事的要塞，真的是过于简陋了，以至于民间都要想方设法主动为它增加防御技能，担心它挡不住敌军的进攻。

当然，这也是张孝纯和王禀担心的问题。

---

① 安捷《太原府志集全》。

3. 无济于事的自救

两支援军的惨败

宣和七年十二月十八日（1126年初），粘罕来到太原城下。他发现太原并没有像其他城市一样有义胜军开门献城，于是选择以北陈村作为大本营，命令军队在城外安营扎寨，开始做攻城的各种准备。

攻击还没开始的时候，太原城的第一支援军来了，就是十天之前在朔州城外带着手下撤退的孙翊。雁门关被金军占领之后，他只能从宁化县（今山西宁武）、宪州（治今山西静乐）绕了一大圈，出太原西北面云中山的天门关来到城下，所以落在了粘罕的后面。这时，他手里的人马已经不足两千人了。

来到城下的孙翊看着金军连绵不绝的大营，没有丝毫犹豫，率领手下不足两千的风尘仆仆的将士，向以逸待劳的金军发起了猛烈攻击。孙翊攻到城下的时候，张孝纯在城楼上对他大喊道："贼已在近前，我不敢开门，观察

（官名，指孙翊）你尽忠报国吧。"

　　张孝纯这么做并不是他无情无义。太原城里的作战部队固然有六七万人，数量跟粘罕的金军基本持平，但是两军的野战战斗力无法相提并论，尤其是太原守军中还有很大一部分是军事素养最低的乡兵。新建的太原城外的空间并不宽阔，没有足够的纵深用于两军对垒、布置阵势，一旦双方接战，战火势必会蔓延到城墙之下。张孝纯如果要派兵出城援救，没有十足的把握是绝对不敢打开城门的，只能采用让士兵顺着绳子滑下城墙的办法。

　　这样的做法一般用于敢死队突击，主要是它存在两个很大的弊端：第一，士兵们顺着城墙滑下来的时候，很容易成为对方弓箭手的活靶子，所以白天在城墙上没有配备同样的弓箭手作为反击压制的情况下，不敢贸然采用；第二，打赢了还好说，要是打输了，这些士兵是没有机会撤回城里的，因为一旦开门，裹挟在一起的敌军就会趁势而入，所以他们要么战死要么逃走，没有生还的可能性。

　　敢死队，这个名字岂是白叫的？

　　如今，张孝纯已经做好了长期坚守的准备。既然是长期坚守，那就必须合理分配城内的人力、物力、武器、粮草。如果为了某一场小战役的得失而意气用事，从而造成大规模的战斗减员，甚至导致敌兵冲门成功，那就真的是追悔莫及了。

孙翊作为一个征战多年的骁将，自然明白其中的道理。他听到这句话之后，并没有对张孝纯表示不满，而是回复了一句："我只恨手里的兵太少了！"说完之后，转身冲入敌阵，将金军杀退。

眼看着场面即将好转，孙翊等人有可能进城的时候，粘罕增兵反扑，又与孙翊及其部下杀成一团。奇迹并没有发生，孙翊及其部下寡不敌众，全军覆没在太原城下，没有一人投降。[①]

孙翊战死之后，粘罕发现太原西北方向的天门关是一个缺口，于是派兵去夺取了这个要塞，然后重新整顿兵马准备攻城。但是他没想到的是，太原的第二支援军又来了。

这一次来的是西北猛将折可求。

折可求姓折，北宋开国猛将折德扆的"折"。折家是世居大同的大族，折德扆的父亲折从阮在五代时期就独据府州（今陕西府谷）。到了后周时期，折从阮和折德扆都被周世宗封为节度使，父子俱领节镇，跟赵弘殷、赵匡胤父子同领禁军一样，"时人荣之"。

---

① 徐梦莘《三朝北盟会编》卷二十五收录的《封氏编年》。

赵匡胤陈桥兵变当皇帝之后的第二年，折德扆来到开封表示臣服。赵匡胤对这个老同事非常放心，让他回去继续镇守府州。从此以后，折家就在西北扎下根来，一代接一代地替北宋王朝守土征战，打北汉，打辽国，打西夏，立下了不少战功。到了折可求的时候，折家为大宋效力已经到了第六代了。[①]

折可求这时的职务还是世袭的府州知府，他听说金军进攻河东之后，立刻集结了麟州（治今陕西神木北）和府州的西北精兵二万人，其中包括晋宁军的韩权、延安路的罗称，以及在宋辽燕京之战中望风溃逃的刘光世。

按照宋代的军制，在没有枢密院命令的情况下，折可求是没有资格擅自调动军队过河救援太原的。但是府州虽然在黄河西岸，行政区划上却属于河东路，再加上童贯又曾经领枢密院事，此前长期在西北征战，折可求也算是他非常信任的下属，所以不管是从职权归属还是从人事关系上来说，折可求主动救援河东路的首府太原，都是一个可以接受的行为。

从府州渡过黄河之后，折可求计划从岢岚县走天门关

[①] 据《宋史·折德扆传》，折可求的家族世系为：折德扆—折御卿—折惟忠—折继世—折克行—折可求。折克行并不是折继世的亲儿子，而是折继闵的儿子，后来过继给了折继世。

来到太原城下，但是走到岢岚县的时候斥候回报，说天门关已被金军占领，易守难攻，不如另择道路。折可求于是下令部队翻过芦芽山，从岢岚县和兴县接壤处的松子岭去交城，然后从太原城的西南面对粘罕的金军发起进攻。

折可求的斥候能够探听到天门关已经被粘罕占领的消息，粘罕的斥候也能探听到折可求率兵来援的消息。粘罕分出一部分军队南下攻占了防守本就薄弱的交城，然后在这里布置了一个陷阱，静静等待折可求的军队到来。

宋军赶到之后，正好跟埋伏在这里的金军迎头撞上。远来新至、疲惫不堪的宋军跟金军从早上一直战到中午，势均力敌，杀得难解难分。这时候，突然有一队埋伏好的金军从折可求大营背后的山上冲进宋营，折可求正准备分兵抵挡的时候，刘光世又采用了他最擅长的招数——望风而逃。

两军对垒，讲的是一个整体、一股士气。相持阶段，不管哪边的军队都如同一座水坝，目的是拦住对方洪水一般的进攻。这时候，一旦有一支部队因为恐惧而撤出战斗，即便这支部队再小，也会导致士气大挫、整体失衡。如果不能抓紧时间补上这个漏洞，那么随之产生的连锁反应必然会导致大坝崩溃。

刘光世撤得如此突然，让折可求完全来不及补上他的漏洞，于是宋军彻底崩盘，罗称、韩权战死，折可求只得整理残兵南逃，退守汾州。

现在，粘罕终于可以腾出手来，慢慢地对付太原了。

这一场惨败，除了并没能对太原的战事有所缓解之外，还造成了另外一个严重的后果：因为折可求带走了府州和麟州的绝大部分兵马，这让一直虎视眈眈的西夏有了可乘之机。他们立刻响应和粘罕的约定，出兵进犯府州和麟州地界，不但巩固了他们从金国那里分配到的土地，还侵占了一部分北宋的领土。而西夏的入侵又大大牵制了永兴军路（今陕甘东部及山西西南部一带）的宋军支援太原的力量，让这里的宋军不得不把大部分精力放到防止西夏入侵上。

孙翊和折可求跋山涉水救太原的行为固然悲壮而率直，但是都没能对张孝纯的守城起到有效的缓解作用。后来从金国回归南宋的官员张汇在自己的著作《金国节要》[①]中分析说，孙翊和折可求的做法并不是上佳的选择，只能说是"有援太原之心，而无援太原之术"。

张汇认为，当时粘罕倾西路军之力进攻太原，而他的

① 《金国节要》原名《金虏节要》，收录于徐梦莘《三朝北盟会编》中。张汇本人是北宋保定的官员，靖康之变时被金国俘虏，在宋金绍兴和议之前回到了南宋。

大本营大同只有极少的老弱士兵把守。如果孙翊和折可求能够想到这一点，就不应该历经千难万险去太原，而是应该从朔州和府州直接攻击大同。这两条路正好都是金军防守薄弱的坦途，攻到大同城下的成功率极高。而粘罕等人的家人和财宝都在大同，这种"攻其必救"的招数必然能让他不得不收兵北归，太原之围自然就解了。一旦粘罕的西路军回师，那么东路的斡离不也不敢轻易南下。就是孙翊和折可求的第一步棋走错了，才导致后来的步步走错，最终导致了亡国惨剧的发生。

进展顺利的东路军

张汇的说法的确很有道理，但是对没有统一指挥、没有准确情报的孙翊和折可求来说，实在太过苛刻了一点。别说他们，就连金国的两路军统帅都对战事发展没有一个非常清晰的预测和判断。

金国两路大军出发之前得到的命令是"攻取太原和燕京"，西路的粘罕围住太原准备攻城的时候，东路的斡离不早已顺利地拿下了燕京。

斡离不是从宣和七年（1125年）十一月二十日从平州起兵进攻燕山府的，他们势如破竹地攻破了清州（治今河北青县）、清化县（今河北香河）、檀州（治今北京密云）、蓟州，直奔燕山而来。

燕山宋军中唯一能打的郭药师早早就看出了边情紧急，出于对自己手下常胜军战斗力的信任，他采取了跟张孝纯不一样的守城思路：他提前二十多天就开始屯兵于燕山府东郊，构筑外围阵地，希望能在远离城墙的地方跟金兵进行野战。十二月初六，郭药师出兵去三河县（今河北三河）与斡离不隔着白河对峙。当晚，郭药师率军渡河，以自己为主力，命手下部将张令徽和刘舜仁各率一支部队为策应，主动向金军发起了进攻。双方杀得难解难分之时，怯战畏敌的张令徽和刘舜仁先后撤出战斗，只留下郭药师孤军奋战。

失去侧翼保护的郭药师损失过半，率军拼死战斗，直到第二天傍晚才狼狈不堪地冲出金军的包围圈撤回大营，随后跟张令徽和刘舜仁发生了激烈的争执。当晚，郭药师听到消息，张令徽和刘舜仁准备投降金国，还派人去问斡离不"要活的郭药师还是死的郭药师"。郭药师联想到此前的张觉事件，再想到孤军作战的凶险，觉得反正都打不过金国，与其让人割了脑袋当成投降的礼物，不如自己投降，还能留一条命。

十二月初八傍晚，郭药师回到城里召集文官议事。知府蔡靖等人到了之后，郭药师立刻将他们软禁起来，然后明确表达了自己要投降的想法，蔡靖自杀未遂之后也放弃了抵抗。当晚，郭药师的军队开始大肆抢劫燕山府，事情再也无法逆转。控制了燕山府的郭药师随即派人去三河联络斡离不，十二月初十，金军入城，在城头插上了金国旗帜，燕山府宣告陷落。这座宋徽宗花了极大代价才夺回来的北方最大的城市，自宣和五年（1123年）四月十七日正式被童贯和蔡攸接收以来，只在徽宗手中掌控了两年半的时间。

斡离不在燕山府休整了五天。在这五天里，他在心里进行了非常激烈的心理斗争。到目前为止，他的战略目标已经实现，现阶段超级顺利的战况让他有了继续南下，以争取更大战果的想法。但是，从来没有去过中原地区的斡离不，对这一片区域的地形地貌、宋军驻防情况、黄河水文状况、城池坚固程度完全不了解，因而不敢轻易做出决定。

这些是一个成熟的武将必须考虑的问题，但是这些问题很快就被另一个成熟的武将解决了，这个人就是刚刚投降的郭药师。他告诉斡离不，他曾经跟随童贯去过开封，对道路和开封的城防都非常熟悉，而且"河北全无兵，城壁皆不可守，可以直趋汴京"[1]。郭药师说动了斡离不，

---

[1] 徐梦莘《三朝北盟会编》卷二十六收录的沈琯《南归录》。

十二月十五日，斡离不决定率领大军继续南下，争取打到黄河边上，如果可能的话打到开封城下，以此要挟宋徽宗割地赔款。

无独有偶，几乎就在斡离不决定继续南下的时候，西路军的粘罕也在前期无比顺利的攻势中做出了同样的决定：拿下太原，然后顺势南下，渡过黄河，直奔开封。①

然而现在粘罕的西路军面前出现了一个问题：他们在短时间内拿不下太原。张孝纯和王禀在金军到来之前，已经非常高效地把周边县份的粮食和兵马都转移到城内进行统一规划，然后利用太原并不庞大但是足够坚固的城墙死守。鉴于此前粘罕进攻北宋的时候，所有城池要么是不战而降，要么是义胜军哗变作为内应开门，太原成了粘罕南侵以来第一座正儿八经需要攻取的城池。

经过试探性地攻城之后，粘罕很快就发现，这里比他以前攻取的任何一座辽国城市都要坚固而难以攻取，他非常明智地放弃了"速战速决"的战斗思想，决定筑长围，慢慢来跟张孝纯斗。

张孝纯也并不慌张，在他的计划里，只要他在这里死

---

① 徐梦莘《三朝北盟会编》卷二十三收录的《金国节要》："敌众如入无人之境，直至太原，尼堪（粘罕）始有易中国之心矣。"

死拖住粘罕，那么东路的斡离不即便是攻下了燕山府，也要在继续南下的过程中陷入北宋数量庞大的禁军包围之中，再辅以黄河天险，斡离不断然会中途收兵撤回燕山或者平州。到时候，朝廷就会腾出足够的人手回救太原。东边真定、南边河南、西边永兴和鄜延，几路大军一包抄过来，粘罕要是能逃回大同，就算是祖上烧高香了。

因此，在孙翊战死城下之后，张孝纯面对全城军民发表了一次演讲，用来打消大家对他"见死不救"的质疑："太原城自古就是雄藩一座，现在城坚、粮足、兵勇，金军在城下强攻根本不可能攻破。我并不是不想出兵，只是想等金军粮草耗尽、锐气消磨之后，朝廷援军一到便可内外夹击，全歼金军，既能报答朝廷之恩，也能保护尔等亲属，大家相信我吗？"①

这个时间，短则一两个月，长则三四个月，他的资源和信心，都是足够的。

张孝纯有信心，太原的军民也有了信心。

---

① 徐梦莘《三朝北盟会编》卷五十三收录的《封氏编年》。

4. 无路可走才想起退位

宋徽宗撂挑子了

张孝纯高估了以宋徽宗为首的北宋朝廷，这时的宋徽宗已经焦头烂额到不想当皇帝了。

童贯是宣和七年十二月十六日（1126年初）从太原逃回开封，并把金军两路入侵的消息告诉宋徽宗的。在此之前的两个月里，尽管金军备战的战报纷至沓来，但宰相白时中和李邦彦及枢密院一直将这些消息压着不报，导致宋徽宗对即将到来的危机毫无意识，从十一月十七日开始举行了一系列漫长而奢华的祭祀和庆典活动，一直搞到十二月初九才结束。在此期间，燕山知府蔡靖甚至发过一百七十多封密奏汇报情况紧急①，但是都被枢密院以"不要破坏庆典"为由压了下来。

就在庆典结束的当天，白时中和李邦彦收到了中山知

---

① 黄以周等《续资治通鉴长编拾补》卷五十。

府詹度传来的确切军情：金国分东西两路入侵。但是他们依然没有把这个消息汇报给宋徽宗，只是紧急组织官员们在宋徽宗缺席的情况下开会商议应对之策，"外人但见都堂叙议，每抵暮而归"[1]，根本不知道发生了什么事情。

因此，当童贯将这个消息汇报给宋徽宗之后，宋徽宗立刻陷入慌乱之中，并且终于意识到他的"丰亨豫大"梦已经到头了。紧急磋商两天之后，宋徽宗开始实施自己的补救措施。

十二月十九日，宋徽宗下诏征集人才以应对燕山的局势，允许文武臣僚诸色人等到尚书省自荐，一旦通过可以越次任命。

十二月二十二日，宋徽宗下了一封"罪己诏"，将自己这些年的所作所为痛骂了一顿，其中不乏"言路壅蔽，导谀日闻，恩幸持权，贪饕得志。缙绅贤能，陷于党籍；政事兴废，拘于纪年""灾异屡见而朕不悟，众庶怨怼而朕不知"[2]等极其严厉的措辞，然后号召臣民率兵前来开封勤王。

不过，这一封态度诚恳的罪己诏并非宋徽宗本人所

---

① 黄以周等《续资治通鉴长编拾补》卷五十。
② 徐梦莘《三朝北盟会编》卷二十五。

写，而是跟童贯一起从太原回来的翰林学士宇文虚中写的，宇文虚中是童贯的亲信。当天，宋徽宗召集大臣们议事，这时正好传来了粘罕的西路军围攻太原的消息，他转头对宇文虚中说："王黼当初不听你的话，现在成了这个局面，你看应该怎么办？"童贯和王黼当初为了在宋徽宗面前争权，针对政事发生过不少"为了反对而反对"的争论。这时候，眼看着宇文虚中正在为自己出力，宋徽宗非常自然地把责任推给了前宰相王黼。

宇文虚中安慰他说，虽然金军的攻势很猛，但是只要朝廷能够立刻召集勤王部队，开封的安全是可以保障的，不过当前最重要的是统一思想。所以他建议宋徽宗先发一篇罪己诏，表达自己改革弊政、团结民意的决心。宋徽宗认可了这个说法，当即命令宇文虚中起草，结果宇文虚中从怀里掏出一张纸，说头天晚上已经拟好了。情急之下的宋徽宗看过之后一个字没改，便同意发出张挂。[①]

罪己诏发出之后，宋徽宗开始罢黜这些年来关于征敛和享乐的机构，包括负责享乐的花石所、应奉局、都茶场、行幸局，负责乐律的大晟府、教乐所，同时下令减少

---

① 黄以周等《续资治通鉴长编拾补》卷五十一收录的宇文粹中《承训录》。

用度、罢免道官，试图用这样的行动表示他的悔改之心，以求获得臣子和民间的支持。

但是宋徽宗自己都知道，这些措施对于现在的局面来说，只能说是态度大于效果，当前最重要的事情还是怎么解决两路敌军入侵的问题。自古以来，国君面对这种局面只有五条路可以走：战、守、走、降、死。

战，宋徽宗已经见识过宋军的战斗力了，他心里实在没底；守，开封已经一百多年没打过仗，城墙上的军事设施都拆得差不多了，估计也守不住；降，他刚刚开创了祖宗以来的最好局面，就这么降了，不但自己不甘心，恐怕也要留下千古骂名；死，他才四十四岁，实在是舍不得。这么一权衡下来，他能够接受的唯一选择就是走了。

此时此刻的宋徽宗，表现出罕见的果敢。他立刻让二十六岁的太子赵桓留守开封，然后表示自己要去长江南岸的江宁府（治今江苏南京）避敌，试图依托长江天险来保证自己的安全，甚至已经命令户部尚书李棁先去江宁措置。①但是这个计划遭到大臣们的一致反对，他们觉得赵桓以一个"开封留守"的身份待在京城，既调不动兵马，

---

① 《宋史·吴敏传》："敏前奏事，且曰：'金人渝盟，举兵犯顺，陛下何以待？'上蹙然曰：'奈何！'时东幸计已定，命户部尚书李棁先出守金陵。"

也安排不了人手，肯定守不住。这样的做法无异于将开封拱手让人，到时候大宋在开封一百六十多年的基业、赵氏的太庙、巩义的先皇陵寝恐怕都无法保全。当然，留守在开封的大臣和他们的家人、财产也无法保全。迫于压力，宋徽宗收回了这个决定。

宋徽宗并没有死心，随着前线的消息不断传来，他权衡再三，做出了一个艰难的决定：放弃皇位，把所有的权力留给赵桓，让他来坚守开封，自己带着亲信逃到长江以南。十二月二十二日晚上，他发布罪己诏后独自来到玉虚殿以往祭祀三清的地方，非常虔诚地跪拜许愿，然后焚烧撰写的青词，门外的嫔妃和宦官只听见里面传来的祈祷声，根本听不清到底说了什么。①

宋徽宗起了禅位的念头，而大臣们也明白这是当前最优的一个选项。首先，金人起兵的借口就是宋徽宗没有遵守两国之间的协议，他禅位能够在一定程度上给金国一个交代，即便不能让金国退兵，至少在今后的谈判中能更多地体现一些诚意，争取到一些发言权。其次，从宋徽宗目前的状态来看，他自己也不太想当这个皇帝了。这种情况是很危险的，因为开封极有可能要直接面对金军的进攻，

---

① 黄以周等《续资治通鉴长编拾补》卷五十一收录的岳珂《桯史》。

如果作为主心骨的皇帝失去了斗志，每时每刻都想着逃走，那这一场保卫战打赢的概率会很小。

尽管逼皇帝退位是诛九族的大罪，但是情况如此紧急，官员们也坐不住了。最先明确表达出这个意思的人，是太常少卿李纲。

李纲，字伯纪，江苏无锡人，元丰六年（1083年）出生于秀州华亭（今上海松江），政和二年（1112年）进士及第，入仕之后先后两次因为上书言事被贬官，宣和七年（1125年）才被召回任太常少卿，是一位主要负责皇家礼仪的正四品官员。与朝廷中其他参与讨论这件事的官员们相比，他的身份只能用六个字来形容：职位低、资历浅。

这六个字并没有阻挡李纲为国分忧的强烈冲动，他私下找到交情还算可以的给事中吴敏表达了自己的担忧，表示宋徽宗如果不正式传位给太子赵桓的话，开封绝对守不住。吴敏虽然也知道这个结果，但是他还是有点不敢冒"逼宋徽宗退位"的风险，提出了一个折中方案，建议让太子监国。李纲用一个唐代的例子彻底否决了吴敏的中庸之道：安史之乱时唐玄宗西逃，多亏了身为太子的李亨在灵武登基，以皇帝的身份号令天下，才得以平定叛乱。遗憾的是，复兴大唐的唐肃宗李亨因为没能得到唐玄宗的亲自传位，难免留下"得位不正"的嫌疑，这也给后来的朝局带来巨大的混乱。现在，宋徽宗面临的情况跟唐玄宗是一样的，他如果不主动传位给太子，即便度过了这场危机，后果也不会那么理想。①吴敏被李纲说动了，他第二天就面见宋徽宗转述了李纲的想法，李纲也献上了自己的血书。宋徽宗眼看着臣子们也有这个意思，禅位的决心越来越坚定了。

十二月二十三日上朝的时候，宋徽宗还在继续等待他认为的最佳时机，但是大臣们率先忍不住了。金国起兵南侵的时候发布过一道檄文，被童贯从太原带回了开封，里面的措辞非常无礼，指名道姓责骂宋徽宗："况赵佶越自藩邸，包藏祸心，阴假黄门之力，贼其冢嗣，盗为元首。因而炽其恶心，日甚一日。昏迷不恭，侮慢自贤，谓已有天命，作虐无伤。"②意思是赵佶本来没资格当皇帝的，在宋哲宗驾崩以后，利用近侍的关系窃取了皇位，登基以后又昏庸无能、作恶多端，等等。

大家当初传阅之后，都觉得不能让宋徽宗知道，免得他伤心。但是在这种紧要关头，他们一致觉得应该刺激宋徽宗一下，于是宰相李邦彦就将这篇檄文呈了上去。果

① 《宋史·李纲传》。
② 佚名《大金吊伐录校补》三一《元帅府左副元帅右监军右都监下所部事迹檄书》。

然，宋徽宗看完之后涕下无语，良久才说了一句："休，休，卿等晚间来商量。"

当天晚上，大臣们如约来到玉华殿，而宇文虚中和吴敏强烈要求单独奏对。两人先后和宋徽宗面谈之后，宋徽宗终于决定当天禅位，并且准备任命吴敏为门下侍郎，留下来辅佐赵桓。吴敏听完这个决定之后大惊失色，因为他提议宋徽宗南逃，是想跟着宋徽宗一起走，免得卷入开封的这一场大危机之中。

但是宋徽宗已经顾不上照顾吴敏的情绪了，他立刻将大臣们召集进来准备宣布。等大家都到齐了，宋徽宗又不愿意直接下令，而是坐在御床上突然假装昏迷，一头栽倒在地上。大家赶紧把他扶起来，送到保和殿的东阁去休息，正在商量要不要让御医送药的时候，宋徽宗醒了过来，伸手要了纸笔，然后用左手写下："我已无半边也（即偏瘫之意），如何了得大事？"

大臣们看到宋徽宗的表演，不知道说什么好。宋徽宗继续写："诸公如何又不语耶？"大家还是不知道怎么回答。宋徽宗于是接着写："皇太子桓可即皇帝位，予以教主道君退处龙德宫。"写完这么一段纸质凭证之后，宋徽宗可能觉得左手写字太麻烦，终于开口说话，让吴敏写诏书，然后以"探病"为由，将赵桓叫来，再当着大臣的面传位。

　　赵桓听说父亲生病，忙不迭地赶到保和殿东阁。赵桓一到，大臣们就当着宋徽宗的面，在御榻之前宣读了传位诏书，然后给赵桓披上了龙袍。赵桓不明就里，不知道现在的情况是宋徽宗正常传位还是臣子们废君改立，况且北宋王朝此前还从来没出现过皇上活着的时候就传位的情况，所以完全不敢答应，只能一个劲地推辞，说："受则不孝矣。"眼看推辞不过，赵桓也一头栽倒在地上，众人无奈，只能把他扶到福宁殿去休息，然后派在东宫侍奉了他十年的太子詹事耿南仲去劝导他。宋徽宗也派人去传话说："官家老矣，吾夫妇欲以身托汝也。"僵持一夜之后，赵桓终于明白宋徽宗是真心实意想要传位，于是答应第二天继位。[①]

　　然而，就在赵桓力辞皇位的这个夜晚，差点发生了一场宫廷政变，政变的主角是他的弟弟、宋徽宗的第三子郓王赵楷（宋徽宗第二子早夭，赵楷实为次子）。赵桓虽然早在政和五年（1115年）就以嫡长子的身份被立为太子，但是宋徽宗最喜欢的儿子是赵楷。赵楷极有学问，政和八年参加科举还一举夺魁，宋徽宗觉得他身为皇子不宜

---

① 　徐梦莘《三朝北盟会编》卷二十五。

当状元，才把状元给了第二名的王昂，然后让赵楷提举皇城司。有了这个职务之后，赵楷出入大内非常自由，甚至在自己的王府和皇宫之间修建了一座飞桥复道，以便随时进出。

看着自己的恩宠日盛，赵楷在宋徽宗极度宠信的宦官梁师成和宰相王黼的协助下，也动了争夺皇位的心思。当晚，赵楷得到通知说宋徽宗要内禅，赵桓在推辞，立刻准备抓住这个难得的机会进宫。结果刚走到宫门，赵楷就被前来护卫的河东河北制置副使何灌拦在门外。受到一通呵斥之后，赵楷不得已放弃了这个计划。

十二月二十四日，赵桓正式登基，是为宋钦宗。而宋徽宗则回到了当年自己的端王府扩建成的龙德宫，当起了北宋王朝的第一位太上皇。

北宋王朝最荒诞也最仓促的一次权力交接，就这么完成了。

按照历朝历代的规矩，皇权交接之后就是朝廷高层的大洗牌。宋钦宗的亲信吴敏、耿南仲进入权力中心，以一种极高的效率排挤李邦彦、白时中，以及蔡京系、王黼系、童贯系等徽宗朝旧臣。当然，这种做法并非出于简单的权力斗争或者政治残酷，而是宋钦宗登基之后必须使用自己能够指挥的人，这样才能保证自己的施政纲领能够准确而迅速地执行下去。作为一个临时继位的太子，他此前根本没有任何实践经验，在朝廷的根基本来就浅，如果再处处被前朝旧臣掣肘，那就真成了一个年轻的傀儡了。

接下来，他面临的事情还有很多：对外要布置黄河防线，防止金军突进到开封城下；对内要处理好他和太上皇的关系，稳固自己的皇位。往大了说这是江山社稷的问题，往小了说这是他个人安危的问题。这一堆问题，每一个都比援救远在河东的太原重要。

张孝纯，你先坚持一下吧。

宋徽宗南逃

斡离不于宣和七年十二月十五日（1126年初）从燕山出发以后，没有遭到任何抵抗。原因可能大家都还记得，童贯在开战之前非常贴心地在这一线进行了"军改民"，拆除了大部分军事设施，让这些小州小县根本不能也不敢对斡离不造成任何威胁。

十二月二十一日，斡离不抵达河北重镇中山府，但是他在这里遭遇了知府詹度的顽强抵抗。和粘罕在太原遇到的问题虽然是一样的，但是斡离不采取的策略完全不同，他根本不跟詹度做过多纠缠，而是带着大军绕过中山府直接南下。

当然，这并不是两人的性格或者战术理论有什么不同，出现这么大的差异，完全是因为两地地形的区别。河东山谷交错、关隘密布，可以选择的行军路线既少又险，一旦绕过一座大城不攻取，很有可能会被对方堵住退路，甚至分割包围。这就逼得粘罕不得不每城必取，"城城推进"，力争毫无遗漏地拿下河东全境。而河北地区就完全不一样了，这里是一片广袤的平原，最适合骑兵纵横，斡离不攻不下来的城池可以放心地绕过去，宋军哪怕围追堵截也不一定拦得住他们，根本不用担心有人抄后路。

而让斡离不更加惊喜的事还在后面。河北的官军虽然驻扎得也算不少，童贯在中山、真定、河间、大名布置的四个总管也算合理，但是他们既没有统一的指挥，也没有得到朝廷的命令，因此在敌军来临的时候只敢被动守城，而不敢主动出击，利用河北星罗棋布的城池对金军展开阻击。因此，斡离不的进军速度简直是超乎想象的快：十二月二十三日，斡离不抵达庆源府（治今河北赵县），花了两天时间就攻下了这里。十二月二十七日，斡离不攻陷了信德府（治今河北邢台），并于两天之后收到了宋徽宗退位的消息。

不可否认，宋徽宗传位宋钦宗的举动的确对金军起到了一定的震慑效果。在此之前，斡离不就担心宋徽宗禅位南逃，把皇位传给太子。经过这些年的接触，斡离不对宋徽宗的能力和行事风格已经有了一定了解，如果北宋换一个他不熟悉的人当皇帝，将会对他的外交策略和战术思想产生非常大的影响。万一太子是一个能力极强之人，那么金军的攻击行动还会不会如此顺利，也要打上一个大大的问号。

为此，斡离不专门向在燕山俘虏的北宋官员沈琯询问了赵桓的情况，沈琯是这么回答的："皇太子恭俭仁慈，内外皆闻之，且闻不好奢华，不事嬉戏游畋。"①加上斡离不攻陷信德府之后，曾经找了军中的史官占卜，卦象显示北宋"帝星复明，非前日之比"，所以斡离不认为这是北宋实力增强的表现，担心北宋换了皇帝之后重新布置防守，一度准备回军燕山府，不去开封了。这时候郭药师站了出来，他对斡离不说，宋徽宗传位非常仓促，新皇帝未必能在这么短的时间里做好防御的准备，他曾经去过开封，那里的富有程度简直不是燕山府能比的，如果斡离不就这么放弃进攻开封的目标，实在是太可惜了。最好的策略莫过于以最快的速度直趋黄河北岸，到时候再来决定是

---

① 徐梦莘《三朝北盟会编》卷二十六收录的沈琯《南归录》。

继续进军还是回师燕山府。①郭药师这个进退两全的方案成功说服了斡离不，金国的东路军继续南下，直奔黄河北岸而来。

身在开封的宋徽宗现在已经有点度日如年的感觉了，尽管宋钦宗对他的态度非常恭谨，还把他喜欢的李邦彦、蔡攸、吴敏任命为正副龙德宫使，让他们陪伴在他的身边，让他不至于有太大的心理落差，但是朝廷中的其他人对他的态度就没那么留情面了。十二月二十七日，太学生陈东等人伏阙上书，将宋徽宗最宠幸的六个大臣蔡京、梁师成、李彦、朱勔、王黼、童贯称为"六贼"，并要求诛杀他们。虽然奏折里没有一句话是批评宋徽宗的，但句句都是在打宋徽宗的脸。

靖康元年（1126年）正月初一，宋钦宗在明堂接受百官朝贺，度过了自己当皇帝之后的第一个正旦，然后下诏改元"靖康"。仪式结束之后，宋钦宗去龙德宫拜见了宋徽宗，两人表现得父慈子孝，却各怀心事。

宋钦宗的心事在于前线的战事。东路金军要过河，最方便的道路是从黄河北岸的浚州（治今河南浚县东）通

---

① 徐梦莘《三朝北盟会编》卷二十六。

过三山浮桥去黄河南岸的滑州（治今河南滑县东）。①宋钦宗也知道这里是要塞，刚刚登基就派了威武军节度使梁方平率领七千骑兵去防守浚州，又派新提拔的步军都指挥使何灌（曾阻止赵楷进宫争位）率领两万步兵去守黄河南岸，希望黄河天险成为阻止金军南下的最后屏障。

宋徽宗的心事在于什么时候南逃。虽然他已经不需要参与政事，但是蔡攸等人还是会随时向他提供最新战报。宋徽宗已经做好了南逃的所有准备，他只是在思考什么时候走才能在"体面"和"安全"之间寻找到一个最佳的平衡点。而他也向身边的大臣说过："别人不知道，但是我很清楚，金军挡不住。一旦出现危机，最好的办法就是放弃开封，我去东南，让皇帝（宋钦宗）去陕西起兵以图收复。"②

这个时机，很快就出现了。

斡离不在靖康元年（1126年）正月初一攻下了相州（治今河南安阳），然后派郭药师马不停蹄地继续南下进攻浚州。浚州本来是梁方平在负责防守，但是他根本就没去浚州，而是留在了南岸的滑州，每天与手下饮酒作乐，

---

①　历史上黄河多次改道，在北宋末年，黄河跟现在的流向不同，是从浚州和滑州之间穿过。

②　徐梦莘《三朝北盟会编》卷二十七收录的蔡绦《北征纪实》。

探报不明、御敌无备。正月初二，郭药师来到浚州城下之后，梁方平才得知军情，立刻带人出城到三山浮桥的南端纵火，然后转身南逃。但是由于梁方平在纵火之前毫无计划，导致浮桥只是烧断，并未被焚毁，一共有二十八节桥体漂到了黄河北岸。金军稍微修葺了一下，就把浮桥重新架好开始渡河。

本来守在黄河南岸的何灌部两万人如果趁郭药师架桥的时候发起攻击，是完全可以将郭药师阻挡在黄河以北的，但是何灌一看梁方平逃走了，也马上丢下部队逃走，一直逃回了开封。手下的部队一看主将逃走，于是全部溃散。整场渡河战役，郭药师的两千骑兵只有三人受伤，可以说是取得了一场彻头彻尾的大胜。而此时，因为天气太冷，黄河开始结冰，金军后来已经可以直接踩着冰面过河了，黄河天险荡然无存。

正月初三，金军渡过黄河的消息被斥候传到了开封，朝廷上下大惊失色，宋钦宗和宋徽宗分别下了一道紧急诏书。

宋钦宗的诏书是亲征，说自己要效仿当年真宗皇帝亲征澶渊的壮举，亲自带兵去退敌。但是从后来的举动来看，他并不是想要去北上迎敌，而是想要南逃襄阳再去陕西，并且把行营辎重都运到了开封以南的尉氏县，跟"北上迎敌"的思路背道而驰。果然，当这份文不对题的亲征诏书发出来以后，立刻引来哗声一片，连他的叔叔越王赵偲都上表阻止，说"（开封）城壁坚固，坚心守之，天地祖宗必降佑护。若人主一出，都城人乱，宗庙亦不可保"[①]。压力之下，宋钦宗不得已放弃"亲征"，决定留下来守城。

宋徽宗的诏书也是离京，他说自己身体不舒服，准备于正月初四辰时（上午七点至九点）出发，然后二月十五日太上老君的生辰去亳州太清宫烧香祈福。

但是在军情的压迫之下，宋徽宗已经等不了这个良辰吉日了。正月初三晚上，他从城东的通津门紧急出城，然后乘御舟东下，当时身边只有蔡攸和几个内侍跟随。上船之后，宋徽宗嫌庞大的御舟太慢，于是上岸乘坐肩舆，然后又嫌慢，便在岸边找到一艘搬运砖瓦的货船南下。因为出发太仓促没有准备食物，宋徽宗等人在船夫这里拿了一块饼分吃才勉强垫了垫肚子。当天晚上，宋徽宗乘船走了两百里，直接到了南京应天府（治今河南商丘南）才放下心来休息，随后买了牲口坐车到符离之后再换官船去泗州，早就把"二月十五日太上老君生辰"抛到了九霄云

---

① 徐梦莘《三朝北盟会编》卷二十七。

外。在泗州休整的时候，童贯和他从太原带回来的三千人胜捷军[①]，以及宇文粹中、高俅等人才追上他。他们会合之后又继续南下，从泗州渡过淮河去了扬州，计划渡江继续南下。扬州的百姓担心宋徽宗走了以后，北宋的主力军队也会跟着渡江，到时长江以北就会变成两军的战区甚至沦陷区，于是苦苦哀求宋徽宗留下来。当然，宋徽宗并不在乎他们的请求，非常决绝地于靖康元年（1126年）正月十五日从扬州渡过长江去了镇江。

宋徽宗一走，顿时拉开了开封贵胄南逃的序幕。宋徽宗的郑皇后、部分皇子和公主（时称帝姬），以及包括朱勔在内的侍从百官，都追着宋徽宗一起南逃，而包括工部尚书张劝、礼部尚书卫仲达在内的五十六名中高级官员甚至直接弃官逃走，搞得开封人心惶惶。

临危受命的李纲

靖康元年（1126年）正月初七，斡离不的大军突进到一片混乱的开封城下，立刻就开始攻城。这时，开封城防总指挥并不是名臣骁将，而是我们在上一节提到过的那个太常

---

① 李心传《建炎以来系年要录》记载童贯所率胜捷军为三万五千人，李纲《传信录》记载为三千人，参考后来宋徽宗一行在镇江的消费，以及胜捷军总数五千人的编制，本书采用"三千人"之说。

少卿，现在已经是御营京城四壁守御使的书生李纲。

尽管宋钦宗登基是出于宋徽宗不负责任的逃避心理，但是任何一个皇帝登基以后，都会将推动或者扶持过自己的人视为功臣或者心腹，这叫"拥戴之功"，宋钦宗也不例外。

宋代的太子在登基之前，没有组建自己政治团队的权力，他们的亲信不过是一些宦官、侍卫，以及皇帝派来给他们当老师的文官。尤其宋钦宗这种太子，事先根本没想过身体健康的宋徽宗会在四十四岁的盛年退位，自己能够这么早坐上皇位，所以他手底下几乎没有什么信得过的重臣。抓紧时间培植心腹，以便自己的所有想法都能被一丝不苟地执行下去，这是宋钦宗能想到的第一要务。于是，曾经因为一封血书给宋钦宗留下深刻印象的李纲，在宋钦宗登基当天就获得了召见。李纲抓住这个机会，针对"战争策略"和"京城防守"两大要务陈述了自己的观点，非常符合宋钦宗的心思。正好宋钦宗在军队中没什么亲信，于是就在第二天将李纲任命为兵部侍郎。[①]就这样，李纲

---

① 李纲被任命为兵部侍郎的时间，徐梦莘《三朝北盟会编》记载为靖康元年（1126 年）正月初四，与《宋史·李纲传》中记载李纲于这天被任命为尚书右丞矛盾，而综合李纲本人所写的《传信录》和薛应旂《宋元通鉴》，宣和七年十二月二十四日（1126 年初）是一个更加可信的说法。

在新朝廷刚开张的时候就迈出了从文官朝武官发展的一大步，也迈出了成为宋钦宗重点培养对象的一大步。

宋钦宗"御驾亲征"的计划被大臣们否决之后，他明面上虽然一直在布置京城防守，但内心深处依然渴望取道襄阳去陕西避敌。靖康元年（1126年）正月初四，也就是斡离不渡过黄河的第二天，宋钦宗预先派人保护着皇后和长子赵谌先行离开，然后召集大臣们讨论下一步动向。善于揣测上意的白时中、李邦彦等人立刻全力支持弃城，宋钦宗顺着这个梯子往下爬，看形势很快就要下达正式命令了。

李纲作为兵部侍郎，是没有资格参加这种高层会议的，只能站在延和殿下远远地旁听。当他听到大臣们的意见之后，生怕宋钦宗就此下诏弃城，于是不顾规矩，要求上廷辩论，并且将白时中和李邦彦说得哑口无言。当然，李纲也将宋钦宗说得哑口无言，当场就表态要留下来死守。在商议守城人选的时候，白时中出于报复心理，推荐了李纲。被赶鸭子上架的李纲只能同意，要求宋钦宗给他升官，否则他无法统筹和指挥守城力量。就这样，李纲当天就被任命为尚书右丞（相当于副相），以极快的速度进入了北宋王朝的决策层。

现在摆在李纲面前的任务有两个。

第一个任务是死死看住宋钦宗，免得他逃走。从当天晚上到次日凌晨，宋钦宗在手下人的撺掇下多次改变主意试图离京，甚至连车驾都已经备好，计划天一亮就出发，每次都是李纲出现在他面前软硬兼施才让他留了下来。这一出闹剧，非常直观地暴露出宋钦宗的性格：优柔寡断、朝令夕改。这个性格，在今后一年多的时间里，将给他以及他身后的大宋王朝带来灭顶之灾。

第二个任务就是布置开封的防守。宋钦宗留下来之后，任命李纲为御营京城四壁守御使，全面接管京城的防御。而这时，斡离不的大军正在通过重新搭好的三山浮桥渡过黄河，留给李纲的准备时间不多了。

开封一共有三重城墙，由内至外分别为周长五里的宫城、周长二十余里的旧城、周长五十余里的新城。在李纲的构想里，要直接面对金军的只能是最外面的新城。如果新城沦陷，那么旧城和宫城就更不可能阻挡金军的进攻了，所以必须把最强的军事力量布置在这一条战线上。开封外城固然高且厚，但是城门太多，四面一共有十二座城门、九座水门，共二十一座门。李纲完全无法预判金军的主攻方向，所以只能在四面城墙上平均用力。

四面城墙上，每一面安排一个副职，以及由宗室、武将组成的指挥体系，统领一万二千人的禁军和数量庞大的乡兵、保甲、居民组成的预备队。每一百步设置一个防御工事，在条件允许的情况下尽快修建楼橹，然后布置防箭的毡幕，安装炮座、弩床，准备砖石、火把、檑木、火油等防御工具。城内的每一座城门也都安排了人来专职防守，大家各尽其责。

完成城墙和城门的布置以后，李纲又统计了一下剩下的兵马，还有骑兵和步兵共计四万八千人。这部分士兵的军事素养远超防守城墙的乡兵和保甲，而李纲并没有把他们全部堆到城墙之上，他把目光投向了城外的两个地方。

李纲守城并非纸上谈兵，在制定策略之前，他已经仔细巡查过整个五十多里的城墙，发现了城东有两个必须重兵防守的地方。一个位于朝阳门外樊家冈，因为宋神宗的儿子郓王赵偲葬在这里，所以樊家冈成了皇家禁地，这一段护城河没有人敢去开凿清淤，又浅又窄，极易成为金兵的攻击目标。另一个则是位于通津门外的延丰仓，这里储存了四十余万石粮草，是提供给今后陆续赶来的勤王部队使用的。

李纲把这四万八千人分成五支队伍，分别是前、后、左、右军各一万人，中军八千人，前军出通津门守护延丰仓，后军出朝阳门守卫樊家冈，剩下的左、右、中三军两万八千人作为预备队，随时支援四面城墙。①

---

① 徐梦莘《三朝北盟会编》卷二十八收录的李纲《传信录》。

在此之前，李纲从未有过带兵打仗的经验，他作为一介书生能够在这种纷繁复杂而又极为紧迫的环境下表现出极为难得的军事素养，对人事安排、兵力分配、重点区域防守、守城工具准备等各个方面考虑得都还算比较清楚，很有可能得益于他的父亲李夔。

李夔也是文人出身，元丰二年（1079年）进士①，曾经在鄜延路当过主帅的幕僚，参与过对西夏的作战。而这段时间里，年少的李纲便跟在父亲身边，有意无意地学了一些兵法和战斗技能，但是并没有资料显示他曾经亲自上过战场。

现在，斡离不已经来到城下，随时会对开封发起攻击，检验李纲军事知识的时刻到了。

不管从什么角度来看，李纲都不是守城总指挥的最佳人选。他没有任何作战经历，在朝廷中没有任何威望，他上任的过程也是"别人陷害"和"自己赌气"的结果，他所有的知识都来自书本和此前在父亲身边的耳濡目染，他最大的资本就是勇气和信心。更重要的是，他所有的支持都来自宋钦宗一个人，一旦朝令夕改的宋钦宗改变主意，他的日子就不会好过了。

---

① 傅璇琮主编《宋登科记考》第二册卷六。

第六章

欲弃还留

1. 成为宋钦宗的弃子

软弱的代价

靖康元年（1126年）正月初七，斡离不抵达开封城下的第一天，他先是派兵扫荡了开封城的外围，然后避开李纲在城东樊家冈和延丰仓布下的两万重兵，选择在城外西北的牟驼冈下寨。

牟驼冈是一个三面环水的大沙堆，为北宋朝廷养马的孳生监所在地，存放着数量庞大的饲料。这里既能避开城外宋军的锋芒，也能满足自己战马的食物需求，可以说是斡离不最好的驻军地点。当然，这也离不开郭药师的指点。宣和五年（1123年）六月，郭药师跟着童贯和蔡攸来开封觐见的时候，曾经随宋徽宗来这里打过球，对这里的环境相当熟悉。可惜当年宋徽宗对他的信任与器重，全部变成了郭药师向斡离不表忠心的砝码。

斡离不扎好营寨之后，想抓住宋军勤王部队还没到来的大好时机速战速决，于是便在当天晚上迅速发动了对开封城的攻击，目标是城西的宣泽门。宣泽门是一座水门，汴河正好从牟驼冈所在的西北方向流入开封城内。金军制作了数千艘简易火船，沿着汴河顺流漂下，试图烧毁宣泽门的栅栏。李纲招募了两千人组成敢死队在城外的河边驻守，火船漂过来之后，他们要么用长钩拖到岸上，要么用石头将它砸沉，然后又在汴河里摆放了叉木以及从蔡京家里搬过来的假山作为障碍，斩杀了操纵火船的金军百余人。金军在宣泽门进攻到天亮，始终无法突破宋军的防线，只能无奈撤军。[1]

至此，书生李纲临危受命的第一场战斗以胜利告终。他肩负着宋钦宗与开封城内近百万百姓的重托，继续准备着下一场战斗，因为他清醒地认识到，斡离不会继续发动进攻，而且会越来越猛。

然而，当他在城墙上对抗金军的时候，他并不知道这时宋金双方的最高统帅同时派出了谈判人员。

宋钦宗是因为害怕，这不仅仅是他个人，而且是整个北宋王朝第一次遇上敌兵攻到开封城下的状况。对军事一窍不通的他在听说金军第一次攻城时血肉横飞的惨状之

---

[1] 李纲本人所著《传信录》中还记载，当天金人同时进攻了城北的通天门和永泰门，经本书作者比较《宋史·宋钦宗本纪》《续资治通鉴长编拾补》中的记载，认为这场战斗发生在正月初九。

后，对战争产生了深深的恐惧。他想要用最快的速度结束这场战斗，不管用什么样的方式，甚至达到了不惜一切代价的地步，只要能够保证他的安全。因此，宋钦宗在新任命的首相李邦彦和次相张邦昌的怂恿下，派出郑望之和高世则两人出城去找斡离不谈判。值得一提的是，这两个人并不是最初的人选，而且他们的级别也不够。他们是原定的使者临阵脱逃以后，张邦昌临时抓差的。

此时此刻的斡离不也很害怕。经过第一次试探之后，他发现开封城比他见过的甚至想象中的任何一座城市都要巨大，而且从宋军的应对来看，他们应该做了比较充足的预案，斗志也比较旺盛，看来很难在短时间之内攻破开封，这对孤军深入的他是一场非常严峻的考验。粘罕的西路军进展不顺，不知什么时候才能抵达，他一路过来虽然颇为顺利，但是宋军只是溃散，并没有被歼灭。一旦遇上一个有威望、有策略的将领把溃散的宋军统筹起来，很有可能会利用人数优势把金军反包围在开封城外。更不用说，北宋还有数量庞大的军队没有投入战斗，一旦勤王大军赶来，这可不是他区区五六万人可以应付的。抓紧时间议和，拿钱走人才是最优解。因此，斡离不当晚也派了一个叫吴孝民的使者准备进城找宋钦宗谈判。

　　两队外交人员在开远门①碰面了，随后吴孝民跟着郑望之等人一起进入开封城。第二天，也就是正月初八，吴孝民当着大臣的面向宋钦宗提出了议和的条件：两国以黄河为界，北宋再出一笔犒师费，斡离不就撤军。

　　宋钦宗虽然刚当皇帝，但是深谙跟金国谈判时"漫天要价、坐地还钱"的法则，给出的方案是不割地，多给岁币三五百万两白银，外加三五百万两白银作为犒师费，随后派同知枢密院事李棁出城去谈判。

　　此时的李纲虽然知道并且服从了宋钦宗的议和决定，但是对宋钦宗的人事安排表示强烈反对。他认为李棁的性格太过软弱，现在身入敌营很可能对方说什么他就答应什么，所以申请自己亲自去。结果宋钦宗又认为李纲性格太过强硬，担心谈崩导致和谈失败，坚持让李棁去谈判，让李纲继续守城，以应对金人的进攻。

　　正月初九，李棁去了金营，金国的代表萧三宝奴提出了斡离不的退兵条件，比以黄河为界的第一次要求宽松了一些：犒师费黄金五百万两，白银五千万两，绢彩一千万匹，马、牛等牲口各一万头；宋钦宗尊大金皇帝为伯父；

①　郑望之《靖康城下奉使录》记载为安远门，但是安远门是旧城，不能直接面对金人。考虑到双方交战的战场，以及后来使者从开远门出城，本书作者认为应是开远门。

北宋归还所有燕云逃亡人口；割让太原、中山、河间三镇及下属州县；派一位亲王和一名宰相作为人质保证北宋朝廷及时付款，并且护送他们撤退过黄河。

为了表示自己索要的金银并不是漫天要价，金国方面也给出了解释："我们金国的士兵没有军饷，全靠打仗的战利品。现在他们出门几千里，一路辛苦，耗时颇多，需要每人十两黄金和一百两白银才能退兵。西路军国相（粘罕）有二十万人，东路军太子（斡离不）有三十万人，一共五十万人，计算出来就是这么多了。"①

宋代并没有一个完整的财政收入统计数据，但是在同样有变法的熙宁、元丰年间，朝廷每年的收入是六千多万缗，②到宣和、靖康年间，这个数字也不会高出多少。也就是说，斡离不提出的犒师费几乎等同于朝廷两年的财政收入。

不出李纲所料，李棁果然是一个过于软弱的人，他作为一个大臣，还做过掌管户籍财政的户部尚书，朝廷有没有这个赔款的支付能力，他心里肯定是有数的。但是身在敌营的恐惧，让他根本没有任何勇气提出反对，只能一味

① 徐梦莘《三朝北盟会编》卷二十九收录的郑望之《靖康城下奉使录》。

② 李心传《建炎以来朝野杂记》甲集卷十四《国初至绍熙天下岁收数》。

点头同意。而经验老到的斡离不已经看出北宋使者的怯懦，于是准备再给他加一把火。他下令猛攻城北的通天门（又名酸枣门）和永泰门（又名封丘门）。这时李纲正在垂拱殿奏事，得到通报以后立刻带上宋钦宗的一千名弓箭手前去支援，并且在当天杀退了金军。

斡离不的这一个施压的小计谋取得了非常明显的效果，宋钦宗对金军的攻势越来越恐惧，尤其是当他意识到"两国正在谈判时金军也会进攻"这个问题的时候，"赶紧把金军送走"这个想法立刻占据了绝对的上风。因此，李棁回来以后，他也根本不去思考赔款的支付能力，立刻答应了这个条件，并且开始筹款。

李纲还在做着最后的战斗努力，但是正月十四日，宋钦宗正式签订和约，让康王赵构和次相张邦昌为人质，并派给事中李邺带着和议誓书跟着萧三宝奴一起去金营。在誓书中，宋钦宗以"侄国"的身份乞和，同意割让太原、中山、河间三镇以及下辖县镇以北的州军给金国，归还此前辽国的逃亡人口，只是对于犒师费的数额做了最后一下挣扎，语气卑微地希望斡离不确认一下，是不是手下人传话传错了。[①]当然，斡离不并没有理他。

---

① 佚名《大金吊伐录校补》收录的《报进誓书及乞约束书》《宋少主新立誓书》《宋少主与左副元帅府报和书》。

可以说，从这一刻起，带领开封军民挡住了金军的两次进攻、为宋钦宗争取到和谈时间和和谈筹码的李纲，已经在事实上被抛弃了。

金军满载而归

宋钦宗对议和的积极性超乎所有人的想象，他在双方还没有正式签约的正月初十就开始主动筹款：先是号召亲王百官、忠义平民出资捐助，后来觉得没什么威慑力，又给诸王和一些非要害部门下发了"借款"任务，但是依然差额极大。宋钦宗要求内侍出钱，然后又派人查抄童贯、蔡京、何执中、高俅等贪官家里的金银，到后来连包括李师师、赵元奴在内的娼优的家财也一并没收。①

到了靖康元年（1126年）正月二十日，他眼看筹款的进度太慢，还专门发了一道催促开封百姓捐献金银的诏书，说如果金银再缴纳不足的话，金军就要攻城，到时候"男子尽杀，妇女驱虏，屋宇焚烧，金银钱物竭底将去"，又言"家族不保，虽有财宝何所用之"。②当皇帝的人如此恐吓自己的臣民，也算是无耻到了一定的程度，

① 徐梦莘《三朝北盟会编》卷三十。
② 徐梦莘《三朝北盟会编》卷三十收录的宋钦宗诏书。

"读之者莫不扼腕唾骂"。

第二天，宋钦宗的紧张情绪终于得到了缓解，因为他日思夜想的种师道来了。

有着"老种经略相公"之称的种师道是终南山著名隐士种放的族人，当年种放多次拒绝宋太宗和宋真宗的召见和封赏，坚持回到陕西终南山归隐，所以整个家族也搬到了终南山。种师道在宋辽燕京之战后替童贯背了黑锅，被迫致仕回到种放的老根据地终南山豹林谷休养。宋钦宗刚登基就下旨任命他为河北河东路制置使，让他募兵来勤王。

由于粘罕始终没能攻下太原，也不敢继续南下渡河与斡离不合兵攻击开封，所以"陕西—潼关—洛阳—开封"这一条道路对宋军来说依然畅通。这也让种师道能够非常顺利地向东行军，直奔开封。

种师道和中途会合的宋将姚平仲带着兵马走到洛阳的时候，才收到开封被围的消息。深谙用兵之道的种师道派出二十名骑兵大张旗鼓进城送信，沿途张榜称"种少保领西兵百万来"，然后自己大摇大摆地进了开封城。当天晚上，他就获得了面见宋钦宗的机会，然后给宋钦宗吃下一颗定心丸："臣认为没必要跟金国议和。京城周长八十里（实为五十里），城高十几丈，城内粮草可以支撑几年之用，金军围也围不住，攻也攻不破，我们只需要坚守待援，不到一个月金军就得陷入绝境。陛下既然已经跟他们讲和了，那执行和议也行，不过没必要全按照他们的规矩来。土地不用给他们，金银现在筹集到多少就给多少，如果金军再不退军，那就开战。"①

宋钦宗显然被种师道的这番话激励了，再加上他收到消息说金人在城外盗掘了皇后、妃子、皇子、公主的坟墓②，决定打一仗试试，便任命种师道为同知枢密院事，负责京城防务。

随着勤王大军的陆续到来，开封周边的宋军总兵力已经达到了号称二十万人，加上城内原有的近十万人的部队，足以对五六万人的金军形成碾压之势。斡离不也感受到孤军深入的巨大压力，因为不少宋军已经开始肆无忌惮地在他们周边扎营，而他已经不敢主动出击去消除这些隐患了。

一切都在朝着有利于北宋方面发展的时候，他们内部开始分裂起来了。

御营京城四壁守御使李纲认为，勤王大军应该统一指

---

① 徐梦莘《三朝北盟会编》卷三十。

② 徐梦莘《三朝北盟会编》卷三十收录的李纲《传信录》。

挥才能发挥战斗力，所以希望宋钦宗能够明确一下，让种师道和姚平仲听他的指挥。宋钦宗认可了这个说法，将种师道任命为李纲的副手。

但是很快，宰执中有人就觉得李纲提拔太快、权势太重，悄悄给宋钦宗建议分他的权。宋钦宗是一个很容易被人说服的人，立刻重新设立了一个"河北河东京畿宣抚司"，以种师道为宣抚使，姚平仲为都统制，将城外的所有兵马都调给种师道指挥。现在，李纲的手里只剩下城里的军队了，而且因为金军没有攻城，这些军队实际上也不需要他指挥了。

虽然这样说对李纲有点不公平，但是假如宋钦宗真的将所有的军事决策权和指挥权都交给种师道，也并不是一件坏事，至少种师道的军事素养比李纲不知道高到哪里去了。但是宋钦宗这个年轻的皇帝，又开始动心思了。

随着勤王军队越来越多，宋钦宗的胆子越来越大。正月二十七日，他召集李邦彦、吴敏、李纲、种师道、姚平仲等人在福宁殿开了一个军事会议，形成一个决议：等二月初六种师道的弟弟"小种经略相公"种师中、姚平仲的养父姚古等人率领的增援部队到达之后，宋军就开始利用人数优势扼守住黄河渡口，断绝金军的粮道，分兵去收复开封北面的几个州县，然后在金营周边修筑长围困住他们，等他们粮尽人疲之后逼他们交出誓书，归还三镇，再放他们回去。等金军渡河的时候，再趁其不备半渡而击，力争全歼来犯之敌。

大家都在分头做准备的时候，正月二十八日，宋钦宗和种师道的副手姚平仲又偷偷商量了一个奇袭的方案。

姚平仲当年和童贯不和，仕途一直被压制。他们姚家和种家在西北都是武将世家，互不相让，经常争功。这一次来到开封以后，他看到了压制种家并突飞猛进的机会[①]，于是找到宋钦宗，说完全没有必要组织那么大的军事行动，费钱费人又费时，不如趁着金军没有防备，夜袭金军大营生擒斡离不，这个局就迎刃而解了。尽管弟弟赵构还在金营当人质，但是受够了金军恐吓的宋钦宗依然同意了这个方案，并且授权姚平仲在瞒着种师道和李纲的情况下单独负责这次行动。

二月初一夜，姚平仲和部将杨可胜领着七千人出城去劫营，但是由于情报的提前泄露，他们掉进了金军的埋伏圈。杨可胜被俘，姚平仲冲出重围之后不敢回城，一直向西逃走，再也没回过朝廷。好在杨可胜还留了后手，他在

---

① 《宋史·姚古传》："上方倚师道等却敌，而种氏、姚氏素为山西巨室，两家子弟各不相下。平仲恐功独归种氏，忌之，乃以士不得速战为言，欲夜劫斡离不营。谋泄，反为所败。"

出发之前写了一份"未经请示、擅自出兵"的请罪奏折放在怀里，故意让金军搜出来，这才替北宋朝廷开脱留下了借口，而杨可胜本人也被盛怒的斡离不处死。[①]留在金营当人质的赵构、张邦昌，以及前去交割金银的郑望之等人吓得瑟瑟发抖，多亏斡离不也没怎么为难，稍稍审问了几句就放过了他们。

从二月初二斡离不派人来开封责问劫营事件开始，宋钦宗心中的"主战"思想已经被全部消磨干净，开始全心全意考虑如何尽快完成议和的问题。当天，宋钦宗就派宇文虚中带着交割三镇的诏书、地图去金营，然后派人分别去交割太原、河间、中山。

李纲这时候已经发现情况不对了，要求觐见宋钦宗，但是连宫门都进不去了。当晚宰执们聚议，种师道也说："胜败乃兵家常事，打输了再打就行了，何至于丧气呢？"[②]但是除了李纲之外的所有人都已经听不进他的意见了，大家都觉得再无打赢的可能性，不如早早交割完毕以求金人撤军。

二月初三，因为姚平仲跑了，大臣们把劫营失败的罪

---

① 徐梦莘《三朝北盟会编》卷三十三收录的赵甡之《中兴遗史》。

② 徐梦莘《三朝北盟会编》卷三十三。

责全部推给了主战的李纲和种师道。宋钦宗虽然最清楚这是怎么一回事，但是现在他肯定不会主动把这个责任承担下来，否则既不好给斡离不交代，也有损自己的威严。于是，宋钦宗大手一挥将李纲和种师道罢职，让完全不懂军事的文官蔡懋接替了李纲的职务。

虽然宋钦宗加速了筹款的进度，但是因为数额实在太大，差距还是比较大。心急如焚的斡离不其实已经意识到想要继续压榨已经不太现实了，于是想用最后的一波攻势来继续打击宋钦宗的信心，确保自己的安全。攻城开始以后，严格执行宋钦宗精神的蔡懋采用了非常消极的防御手段，开封城的百姓们并不知道这只是金军的虚张声势，他们非常担心金军进城烧杀抢掠。

这不能全怪他们，当初宋钦宗催款的榜文里面就是这么写的。

愤怒而恐慌的百姓们开始怀念起那个带领他们击退金军进攻的李纲。二月初五，这种情绪迸发到了顶点，此前曾经上书请求诛杀"六贼"的太学生陈东再次在宫城的宣德门伏阙上书，要求罢免主和的李邦彦，重新启用主战的李纲和种师道。陈东的请愿本来只有几百个太学生参与，但是当天金人突然开始进攻城西的咸丰水门，于是数万百姓望风影从，聚集到宣德门外向朝廷施压。

　　随着人数越来越多，场面从请愿变成了暴动，愤怒的百姓打死了路过的二十多个内侍，宰相李邦彦侥幸逃脱，最后宋钦宗被逼得亲自登上宣德门抚谕才平定了下来。迫于百姓的压力，宋钦宗当场恢复了李纲的官职，并让他立刻去城墙上布置防守。李邦彦被罢相，领头的太学生陈东免罪。

　　李纲去了城墙上之后，金军也心照不宣地放弃了进攻。从这一天起，开封的局势开始走向明显的和平，宋金双方都在全力进行最后的收尾工作。斡离不当天就送回了赵构和张邦昌，重新更换了肃王赵枢作为亲王人质护送金军渡过黄河。对于宰相人质的人选，宋钦宗依然选择了张邦昌，只是把他升为首相作为奖赏。

　　二月初八，宋钦宗收到了斡离不的辞别信，信里表示虽然犒师费没有收足（北宋朝廷实际只缴纳了黄金五十余万两、白银一千四百余万两，以及数量庞大的珍宝玉器），但是他依然决定退兵，希望宋钦宗在年内将余下的补齐便可。[①]当然，斡离不也知道这就是一个简简单单的

---

① 徐梦莘《三朝北盟会编》卷三十六收录的斡离不《辞别书》："伏念陛下即位之初，必欲推恩布泽以称众志，特于元定赏军物内减金万锭、银一十万锭、表里一十万段，以充振乏广施之用，外有赐下金帛头匹，更望止于今岁逐月接续交还。"

口头要求，双方都不会把这个当真，剩余的基本上就等于不要了。作为回应，宋钦宗在二月初九解散了征调上城墙作为战备力量的百姓，双方就等着撤军了。

二月初十，拿到了割让三镇诏书、令人满意的犒师费以及人质的斡离不兑现承诺退兵。关于要不要派兵追击，北宋朝廷又展开了非常激烈的讨论。张邦昌被金军当成人质带走以后，朝廷没了宰相，于是宋钦宗又将李邦彦复相。李邦彦、吴敏为首的主和派的意思是，尽量不要在这种时候节外生枝，顺顺利利让金军撤回去就是最好的结果。但是以李纲和种师道为首的主战派觉得，金军长驱直入到了开封城下，逼得宋钦宗签了城下之盟，如果任由金军大摇大摆地回去，不但心理上接受不了，而且割地赔款这种事也确实损失太大。因此，种师道建议，应该趁着金人带着战利品行动缓慢又无斗志的时候，集中优势兵力对他们展开围攻，尽可能把这一股金军消灭在黄河以南、开封以北的区域，免得后患无穷。李邦彦等主和派被这个方案吓坏了，赶紧予以阻止，说动宋钦宗罢免了种师道，同时为了防止河东、河北的宋军贸然出击，下令在金军经过的路途树立大旗，上面写上"擅出兵者并依军法"[1]。

---

[1]　徐梦莘《三朝北盟会编》卷三十六收录的赵甡之《中兴遗史》。

　　主战派无可奈何，直到三天之后的二月十三日，李纲才想到一个好办法：朝廷可以效仿当年澶渊之盟以后，宋真宗派部队"护送"辽军退军、免得他们沿途抢劫的举动，派出大部队跟着金军一起走，然后寻找机会将他们分割歼灭。鉴于这个时候金军已经通过浮桥全部渡过了黄河，宋钦宗的安全感大大提高，竟然同意了李纲的这个方案。于是，李纲派遣十多万人的军队分成几路齐头并进，并且告诉各路将领可以对金军进行自由猎杀。

　　得到命令之后的宋军十分踊跃，在邯郸和邢台之间的地区追到距离金军只有二十多里了，结果这时候宋钦宗突然收到消息，金国西路军统帅粘罕已经驻军高平，距离黄河只有二百来里，顿时又害怕起来，马上派人去通知部队撤军。李纲眼看要前功尽弃，赶紧去苦苦哀求宋钦宗。宋钦宗被李纲说动了，于是又重新发了一道诏书让宋军继续执行追击计划。等诏书送到前线的时候，已经回师几程的宋军明白了朝廷的反复无常，失去了所有的斗志，只是例行公事地掉头北上，远远看着金人渡过滹沱河，再也没有追击过。

　　这一场闹剧一般的军事行动，不但没有取得任何实质性的战果，反而让斡离不起了戒心，将本应渡过黄河就释放的肃王赵枢一直带到了燕山府，直到北宋灭亡都没释放。

一场开封保卫战，以北宋朝廷付出惨重代价为结果落下了帷幕。在这场保卫战中，李纲发挥了巨大的作用，但是也因为陈东请愿事件在宋钦宗这里埋下了巨大的隐患。

2. 太原决不投降

王禀的能力

跟开封承受的压力主要来自心理上的威慑不一样，太原承受的，是实实在在的军事压力。粘罕不用像斡离不那样担心勤王军队的合围，他已经扫清了太原周边的县城，把守住了几个重要关隘，现在的任务就是全力以赴攻下太原。

粘罕采用的攻城方式叫"锁城法"，也就是在守军的弓箭和炮石射程之外的地方筑墙，用来隔断城内和城外的联络，避免援军、物资送进城内，也避免城内的守军偷袭大本营。

一切布置好之后，粘罕拿出了金军作战十多年来积攒下的所有攻城经验，开始强力攻城。

金军攻城并不是简单地派人扛着云梯往城墙边上冲。他们先在城外摆放了三十座炮车，攻城之前，鼓声一响，众炮齐发，斗大的石头直奔城墙而来，用来防御的木制楼橹碰上就得散架。但是王禀事先在城墙上布置了栅栏和绳网作为缓冲，又在楼橹上堆放了很多糠布袋，大大降低了炮石的破坏性，即便稍有损伤也能迅速修复。

炮石轰过之后，便是士兵冲城墙的阶段。最首要的一步就是先填平护城河，方便攻城人员和器械尽可能接近城墙。填河也是一项要命的任务，因为护城河的位置距离城墙很近，完全避不开城墙上的弓矢、炮石。粘罕采用的器具是"洞子"，这种器具用木头做成尖顶房屋状，然后上方依次铺有生牛皮和铁皮，底座安有车轮。几十辆"洞子"连在一起，士兵在里面推着前进，其内部就像一条长长的隧道。这样的形状和防御不仅能够抵挡城楼上射下来的箭，就连滚木、礌石也能抵御，城墙上往下扔燃烧物的时候，其顶上的铁皮也能进行有效防护。金军就通过这样的隧道将木材和泥土送到护城河边，先用木材将河道填上，然后再在上面铺木板和泥土，相当于在护城河上架起了一座一座的简易桥。

王禀对这样的方法也非常熟悉，他先是让士兵在金军填河的那一段城墙上开一个洞，在城内的洞口摆放一台用牛皮做的人力鼓风机。等河里的木材填得差不多了以后，他就通过水门将一盏一盏的河灯放到河里去。河灯顺水漂到木材下方，很快就会把木材点燃，等火焰渐渐起来的时候，立刻利用城内的鼓风机给火堆送风助燃，顿时烈焰腾空而起，不但能烧坏金军架设的简易桥，还能有效杀伤"洞子"及其内部的金军。

然而，这样依然有数量不少的"洞子"突击到了城墙下，金军开始破坏城墙或者挖掘地道。太原的城墙是土墙包砖，一旦攻城人员将外面的包砖破坏，就能直接在城墙上挖洞，后果非常严重。王禀让城墙上的宋军把铁钩子系在长绳上吊下去，扯掉"洞子"上的铁皮，然后用滚烫的油往下泼，先烫伤攻城的金军，再用火把引燃浸油的牛皮和木材，将"洞子"烧毁。

"洞子"进攻受阻以后，金军又推出了鹅车。鹅车的设计原理有点像现在的消防云梯，其底座是一辆用生铁皮严密包裹的大车，车上立着一根长长的柱子，顶端挂着一个吊斗，里面装载金军。攻城的时候，成百上千个金军推着鹅车前进，吊斗里的金军就和城墙里的宋军齐平，甚至高过城墙，这样就避免了仰攻的巨大劣势，可以跟守军用弓箭对射。等鹅车推到城墙边的时候，吊斗里的士兵便跳上城墙，跟守城的士兵肉搏。

王禀在城内也制作了同样形状的跳楼，让宋兵也站到吊斗里面去跟金军在同一个水平面上战斗。与此同时，他还想到了一个更好的招数：用绳子系上很大的石头，利用炮车将石头扔到金军鹅车的吊斗里，然后城内的人拉动绳子，将金军的鹅车拉倒。[①]

可以说，在太原的整个防守体系中，张孝纯负责管理和调动所有资源，王禀负责一线指挥，两个人的配合堪称如鱼得水，硬是将所向披靡的金军牢牢地挡在了城外。

南宋学者的笔记中，还记载了一个我们无法判别真伪的小细节：攻守战斗进行到非常惨烈的阶段时，张孝纯动过开门投降的念头。正是王禀带着五百刀手列于张孝纯堂下，以"不管是谁，投降就杀"的态度，逼迫张孝纯坚持了下去。如果这段记载是真实的，那么王禀在这场保卫战中起到的作用，并不亚于一号首长张孝纯。

尽管如此，太原城的情况依然不容乐观，其中最主要的问题就是缺粮。虽然张孝纯在战前就已经把周边各县的粮食都运回了太原，但是这些粮食的总数也并不太多。究其原因，一共有三个。

第一，宣和六年（1124年）的光景不太好。这一年，京师、河东、陕西等地频繁发生地震，开封的宫殿门都被震得吱嘎作响，[②]随后河东、河北、京东、京西、浙西发

---

① 徐梦莘《三朝北盟会编》卷五十三收录的《封氏编年》。
② 《宋史·五行志》。

大水，粮食歉收。这一系列的天灾又引发了人祸，河北、山东群盗蜂起，宋徽宗紧急安排内侍梁方平去平盗。赈灾需要粮食，平盗也需要粮食，这让本就歉收的粮仓更加雪上加霜，太原及其周边根本没有什么能力储存足够的食物。

第二，北宋朝廷最初得到金军备战情报的时候，本来有一个时间足够充裕的备战期，是可以大量储备粮食和武器的，从江南、荆湖和四川调粮也来得及。但当时宋徽宗被隐瞒不知情，童贯知情却不相信，导致河东和河北错过了这个宝贵的备战期。

第三，在当时北宋朝廷的战略构想里，燕山有郭药师的常胜军，河北、河东有谭稹的义胜军，他们是扼守边防和重要关隘的绝对保障。太原虽然在河东尤其重要，但身处内地，并不属于边境上的要塞，所以军粮分配都在朝着边境和要塞上的州军倾斜，向着驻防在谭稹的义胜军倾斜，太原周边没有太多的存粮可以调动。

因此，尽管张孝纯和王禀早早地就把太原城内的粮食统一管理、统一分配，但的确是在咬着牙苦苦坚持。要么粘罕失去耐心撤军，要么开封腾出手来救援，否则这里早晚会是一个死局。

张孝纯的困境也被粘罕看在眼里，但他也知道如果持续强攻的话，金军大量伤亡的代价是自己承受不住的。他决定暂时放弃强攻，先用时间消耗太原城内的物资，等时机成熟以后再对张孝纯手下的强弩之末发起最后的攻击。

围而不攻，这是粘罕想到的最好的办法，也是让张孝纯最无奈的办法。

粘罕忍不住了

粘罕在太原骑虎难下的时候，收到了斡离不抵达开封城下的消息，这更是让他心急如焚。他担心的问题，并不是不能达成和斡离不形成两路夹攻的军事目标，而是斡离不到了北宋的都城之下，有极大的概率能拿到金额庞大的犒师费。很显然，斡离不是不会分给他的。粘罕的部队出来这么久了，只攻下了几个小小的州县，连太原都没攻破，收获远远不能满足大家的心理预期。

一直到了靖康元年（1126年）正月十九日，也就是开封被围的时候，转机出现在了太原南面三百多里的平阳府（治今山西临汾）。

粘罕在进入河东的前期势如破竹，义胜军的叛变起到了巨大的作用，这也引起了太原府内包括张孝纯、王禀在内的官员们的不满，他们开始认真审视这些投附大宋的辽国汉人的忠诚度。可能有人发牢骚或者提建议的时候说了一句，要"尽杀投附人"，结果这句话被一个裨将听到了。粘罕围城之前，这个裨将趁乱逃到了平阳，然后跟当地的将士聊天的时候把这句话说了出来，引发了义胜军的极大不安。

平阳义胜军有四千人，首领叫刘嗣初，也是一个投附之人。他对平阳的富庶早就起了觊觎之心，听说太原被围之后，心里就有了想法。平阳知府为了防备义胜军，都把他们安排在城外驻扎，不让他们和州县来往。刘嗣初正好抓住这个机会，悄悄在军营里打造兵器、编制铠甲、购买装备，准备寻机起事。

正月十八日，刘嗣初和义胜军的行动被他雇来当佣人的一个叫王存的百姓发现了。王存立刻到城里向平阳府的王通判汇报了该情况。义胜军叛乱的事情已经在河东发生过很多起，王通判自觉手中的兵马无法与刘嗣初的义胜军抗衡，准备麻痹一下刘嗣初，顺便拖一拖时间，于是将王存打了一顿，然后派人去通知刘嗣初说："有人诬告你谋反，已经被我处分了。"

然而刘嗣初并没有上当，他听说了折可求营救太原失利的消息，担心太原沦陷之后，金军的下一个目标就是平阳，到时候满城财富就归金军所有了。既然现在事情已经泄露，干脆提前行动，于是他在正月十九日黎明率领义胜军夺取了城楼，然后冲入城中纵火杀掠。王通判抵挡不住，带着州县官员出逃。刘嗣初接管平阳府之后，纵兵抢劫了十天，将满城的年轻人和牲畜尽数杀死做成肉干，将收集来的粮食做成干粮，然后带着自己的人马北上太原，归顺了粘罕。

而逃走的王通判在逃亡途中意外遇上了被他责罚的王存，王存指着王通判大骂道："你当初不信我的话，反而打了我一百杖，结果害了一城百姓的性命，偿命吧！"随后鼓动周围的难民将王通判全家尽数杀死。[①]

平阳府义胜军的投降给了粘罕极大的信心，因为这里不仅仅是一座城池那么简单。平阳府下辖的灵石县境内，有两处连接太原盆地和临汾盆地的关隘，一处是位于今天灵石县南关镇的南关，一处是位于今天灵石县冷泉村的北关。这两处关隘合称"南北关"，是从太原南下直达黄河北岸的交通要道。粘罕之所以一直跟太原纠缠，就是因为始终没有足够的胆量分出另外一支军队来强攻南北关，担心被张孝纯包了饺子。现在南北关被刘嗣初拱手相送，粘罕顿时产生了一个大胆的想法：他要分兵南下，直逼黄河，目标开封。

---

① 徐梦莘《三朝北盟会编》卷三十。

粘罕留下一半的兵马交给手下的宗室大将完颜银术可继续围困太原，自己带着剩余的兵马南下，越过南北关。过关之时，粘罕看着险峻的关隘，仰天长叹说："关隘如此险峻，却让我这么轻松就通过了，南朝确实没什么人了。"①

过了南北关以后，粘罕东向通过灵沁古道前往威胜军（治今山西沁县）。二月十九日，威胜军守将杀死知军詹丕远之后不战而降，粘罕非常满意，没有进城杀掠，而是驻兵城外，再继续进攻隆德府。

隆德府的义胜军叛逃之后，兵力本来就不足，守臣张确听说金军正在围攻太原，以为一时半会儿不会南下，根本没有做什么额外的准备。二月二十日，金军一到，张确只能依赖城墙勉强防守，坚守两天之后城破，张确和副手赵伯臻被杀。二月二十二日，粘罕继续南下进攻泽州（治今山西晋城），听说城里早有准备，不太敢强攻，便停驻在泽州境内休整，并派出先头部队去阳城附近试探。

太原没有攻下，粘罕分兵一半围城，就是担心被太原的宋军抄了后路。这一招已经非常凶险了，因为这样算起

---

① 徐梦莘《三朝北盟会编》卷四十："关险如此而使我过之，南朝为无人也哉。"

来，太原城外的金军数量已经远小于城内的宋军了。如果宋军敢于出城作战，金军并没有必胜的把握。现在泽州又遇到了同样的情况，假如再分兵一半，那他手里就只有一万出头的兵马了。还敢不敢继续南下进逼黄河？这是对粘罕的一个极大的考验。

粘罕正在犹豫间，二月二十六日，宋钦宗派去割让太原的路允迪来了。粘罕大喜过望，当即收兵，让路允迪抓紧时间去太原交接好所有的事情，他一回师之后就能接收城池。

张孝纯不奉诏

路允迪带着随从来到太原，随即派人进城去向张孝纯传达当前的局势，出示了宋钦宗割让太原的诏书，说："这是朝廷的命令，你们开门让金军入城，然后办理移交手续吧。"结果张孝纯的态度让路允迪大吃一惊："朝廷派你来交割，你的任务已经完成了。你回去禀报朝廷，说我们不奉诏。"[1]随后，张孝纯和王禀送走路允迪，继续紧闭城门，固守待援。

张孝纯不愿意开门交割，并不是出于一时之间的意气

---

[1]　徐梦莘《三朝北盟会编》卷五十三收录的《宣和录》。

用事，而是深思熟虑的结果。

我们在介绍张孝纯婚姻的时候曾经说过，他是个"一根筋"的人，承诺的事情就一定要做到。当初童贯不听他劝阻执意逃走的时候，他非常悲愤地对自己儿子张浃说："我们自家父子来死守太原吧。"既然说过了要死守，那就一定要坚持到底。中途放弃，这不是张孝纯的风格。

而且，从现在的局势来分析，战事也是对太原有利的。张孝纯判断，割让以太原为首的三镇极有可能是宋钦宗在兵临城下时的权宜之计，只不过是想要换取斡离不解除对开封的威胁而已。所谓兵不厌诈，既然现在斡离不退师了，那么缓过气来的北宋朝廷自然会想办法来解太原之围。

勤王大军齐聚开封城下而不敢跟金军面对面硬拼，那是因为皇室都在城里，大家投鼠忌器，万一金军发狠猛攻冲进开封伤到陛下，那就是千刀万剐之罪了。而太原不一样，一旦有援军能给城里送来粮食，他手下的士兵很快就能恢复野战能力，到时候里应外合冲杀金军，根本不会有任何顾忌。现在天气已经转热，金军很难在炎热的气候条件下全甲攻城和作战，极有可能会撤军，至少粘罕等主要将领会撤回北方避暑。届时，宋军获胜的机会更大。

当然，还有一个更主要的原因是担心粘罕报复。

　　此前两军对垒的过程中，双方不遗余力地杀得你死我活，粘罕心中肯定有怨恨之情。宋钦宗的诏书里要求的固然是和平移交，但是按照金国此前在燕京、大同等地的操作方式，军队的结局普遍是不太好的，运气好的话会被解散建制之后填充到各个部队里面去，运气不好的话金军可能找个机会直接就杀掉了。而城里的富户和绝大部分官员是肯定要被强行搬迁到北方的，财富和地位都将清零，只有仰仗金人的鼻息才能活下来。与其被送到金国当奴隶，不如再坚持一下。因此，张孝纯决定一边坚守，一边不停派人去给开封送信，希望宋钦宗能够明白自己的心思，早点派兵过来解围。

　　事实证明，张孝纯的分析是正确的。粘罕赶到以后发现交接无法进行，勃然大怒。想不到张孝纯连自家皇帝的命令都不听，但是粘罕又无可奈何。想要攻城吧，现在天气已经开始转热，金军穿铠甲都已经穿不住了。每天的饭点，士兵们都是三五成群地坐在树林背阴的地方吃饭，让他们在这样的环境下去作战是不太现实的。

　　按照往年的传统，粘罕及手下的金军要去山后草地避暑，等到入秋以后天气转凉，战马养肥了，再重新南下。但是他不甘心放弃已经围了两个多月的太原，于是采取了一个折中的方案：三月十七日，清明已过，暑气渐至，他留下银术可带着主力部队继续围太原，自己带一部分兵马北上去山后避暑，一旦太原遇到银术可无法应对的紧急情况，他再从大同带兵过来增援。

走之前，粘罕命令手下制作了一大批像鹿角一样的树枝，专业术语叫"鹿角木"，密密麻麻地插到太原城外的空地上，厚达几里，中间留出小路供军犬来回巡逻，防止城内的宋军出城偷袭。同时，他还在太原城外重新筑了一座城，将其命名为"元帅府"，[①]然后将周边各县的粮草全部运过来，只等天气转凉之后自己再来亲自坐镇攻下太原。

粘罕撤军的时候，依然对自己没能到开封城下去收一笔犒师费而遗憾不已。他派赵轮[②]等人南下渡河去开封，以太原为筹码找宋钦宗要犒师费。至于能要多少，这并不重要，有总比没有强。

而宋钦宗的态度果然跟张孝纯预计的一样，金军一走就开始变得强硬起来。有人向宋钦宗提出建议，说现在大宋勤王兵马已经齐聚京城，强盛如此，完全可以跟金军抗衡了。既然金军把肃王当成人质带过了黄河，出于对等原

①　徐梦莘《三朝北盟会编》卷四十二。
②　"赵轮"在部分史料中被误写为"赵伦"。

则，大宋也可以把金国的使者扣为人质，等肃王回来之后再放回去。①宋钦宗同意了，粘罕的使者就这样被软禁在开封，要钱要不到，想走走不掉。

由此可见，张孝纯预想的情况正在一步一步变成现实，宋钦宗正在从金军围城的惊恐情绪中慢慢缓过神来，一旦他恢复到正常思维的状态，就必然会把营救太原放到最重要的日程安排上。

因此张孝纯还需要等，节衣缩食地等。

① 徐梦莘《三朝北盟会编》卷五十八收录的《宣和录》。

3. 朝廷还在吵架

三镇地位太重要了

并不是张孝纯镇守的太原这一个地方不愿意开门投降，三镇中的另外两镇——中山府和河间府，也同样拒绝执行命令。

靖康元年（1126年）二月十八日，斡离不回师经过中山府的时候，发现这里戒备森严，毫无开门投降的迹象。已经收获满满的斡离不也不想在这里做过多的纠缠，押着金银珠宝绕过中山府就直奔燕山府而去，有时候甚至还要连夜赶路，生怕路上出什么差池。大部队通过之后，斡离不再派了一个使者跟着北宋的交割使去中山府象征性地叫了一下门，中山知府詹度毫不理会，直接用箭矢回应。金军也不生气，调头继续北上，走之前还说了一番话来充面子："并不是我们打不下来你们这座城，而是因为两朝已经和好了，我们不想违盟。现在我大金人马和太子郎君暂且北去，可不是怕你们啊！"①

河间府因为不在斡离不回燕山的必经之路上，所以斡离不连经过一下的兴趣都没有，派了一个人跟着北宋的交割使、后来大名鼎鼎的秦桧去走了一个过场，同样迎来了城墙上的矢石。金军也没攻城，径直离开。

三镇均不奉诏的局面是北宋朝廷乐意看见的，虽然宋钦宗当初迫于压力非常爽快地答应了割地，但是三镇从军事上来说，对北宋朝廷真的是太重要了。

太原的重要性不用赘述。

河间府，即今天的河北省河间市，以前叫瀛州，大观二年（1108年）升为河间府。这里是燕山地区进入山东的必经之道，境内有三座关隘，分别是益津关、瓦桥关、淤口关。后周显德六年（959年），也就是赵匡胤陈桥兵变的前一年，后周世宗柴荣御驾亲征将这里收归版图，一年之后这里就成了北宋的领土。辽国对失去这三关极为恼怒，多次在这里发起战争，即便是跟宋真宗签订了澶渊之盟以后，他们都还念念不忘。本书第一章提到过宋仁宗朝时期辽国索要关南十县和太原而导致"庆历增币"（辽国称之为"重熙增币"），其中的"关南"就是这三关以南。如果关

---

① 徐梦莘《三朝北盟会编》卷四十四。

南十县到手，这三关也就会顺理成章地成为辽国的要塞。

中山府府治，即今天的河北省定州市。中山府以前叫定州，政和三年（1113年）升为中山府。这里是燕山地区进入河北乃至京师的必经之路，紧邻河北重镇真定。只要占领了这里，便可以随时对真定以及真定以南的大片区域发起攻击。更重要的是，中山府一旦沦陷，河北连接河东的军都陉、蒲阴陉和飞狐陉将全面掌控在敌人手里，再加上近在咫尺的井陉，太行八陉一半的通道都将无险可守。

需要强调的一点是，三镇并不是简简单单的三座城池，它们实际上代表着三府下面的十多个州郡的大片土地。金人一旦占领三镇，河北和河东地区都将成为他们向北宋发起进攻的桥头堡，并且三镇可以同气连枝、相互策应，北宋首都开封面前的防线就只剩下一条黄河。而一旦进入冬季，黄河封冻，整个开封就将完全暴露在对手的攻击范围之内，极为被动。所以，早在宋钦宗决定答应斡离不的条件割让三镇之前，朝廷就因为这个问题产生过非常激烈的争论。以李纲为首的主战派是坚决反对割让三镇的，监察御史余应求就上书明确表示，与其答应割让三镇，不如趁着勤王大军的到来跟金军拼死一战，反正丢了三镇也没有立国之本了。

余应求的奏折并没有打动宋钦宗。李纲发现单从战略的角度无法说服主和派，便想了一个让宋钦宗无法拒绝的理由，企图占领道德高地。他说，宋太祖赵匡胤的祖父赵敬、曾祖父赵珽、高祖赵朓的陵寝都在中山府境内，如果把中山府给了金国，那就相当于把赵家的祖坟都拱手交给金国，这还了得？

这句话的确把宋钦宗给将住了，虽然他刚当皇帝，但是这些浅显的道理他是懂的。他坚持要把三镇割让出去，完全是在金兵重压之下的弃车保帅：三镇固然重要，但是总不如开封重要，总不如皇位重要，总不如他的命重要。三镇丢了，今后还能想办法拿回来，但是皇位和命丢了，那就是真的丢了。但是宋钦宗作为一个皇帝，他知道这些话只能埋在心里指导自己的行动，不能正大光明地说出来，因为一旦说出来，就明白无误地显示了他的懦弱，这不是一个战乱中的皇帝应该表现出来的特质。

宋钦宗不知道怎么回答的时候，一心主和的宰执们站了出来，给宋钦宗当了"嘴替"："都城朝夕就要被攻破，到时候所有人肝脑涂地，还在乎什么三镇？"按理说，这样的话是很犯忌的，但是宋钦宗听完之后的反应是"默然"。李纲明白，宋钦宗已经决定要答应割让三镇的条件了。①

———————————

① 黄以周等《续资治通鉴长编拾补》卷五十二。

宋钦宗的态度，其实跟主和的郑望之态度是相同的。怕死的郑望之为了打消宋钦宗的反抗念头，添油加醋地对宋钦宗说，现在的局势下，如果不交割三镇，那就只有打仗了。现在开封的情况好比富人家中遇盗贼，但是得力强壮的家丁都外出了，家里只剩下老弱妇孺有心无力，属于"有可击之理而无可用之人"。

这个说法深得宋钦宗的欣赏，他听完之后忍不住感叹，自己同意姚平仲去劫营的做法实在是大错特错。有了宋钦宗这样的定调，李纲和种师道自然就无法再在局势没有发生改变的情况下开口劝他收回三镇。

李纲和种师道不说话，其他的主战派也学会了闭嘴。等到金兵撤走以后，主战派知道时机又来了。宋钦宗不松口，不过是因为金兵就在城下，他担心自己的安危。现在金兵走了，他的所有顾忌都没有了，正是向他提建议的好时候。

靖康元年（1126年）二月十五日和十六日，晁基（职务不详）、右谏议大夫兼国子监祭酒杨时就先后上书请求趁着金军去接收三镇的时候出兵相救，说现在三镇军民死守城池，正是士气高涨之际，朝廷如果派出重兵跟他们里应外合，不但能够杀退金军保全三镇，说不定还能将开封城下的损失夺回来。[①]

　　悬在头上的那把利剑撤走以后，以朝令夕改著称的宋钦宗看了这些奏折也有点触动。眼看宋钦宗开始犹豫，朝廷的争论又开始了。一方认为既然已经签订和约了，大宋如果单方面撕毁协议属于失信，再说金兵还没走远，万一杀个回马枪再围住开封，到时候宗庙就危险了。另一方则说，城下之盟这种恶劣行径，老天爷是不会保佑的，即便违约也不算失信，不如趁着三镇固守、王师大集的机会将两路金兵消灭在河东、河北，一雪前耻。

　　宋钦宗现在又回到了左右摇摆的状态之中，急需一个额外的动力来帮他做出决定。很快，这个动力来了：情报说粘罕的西路军已经占据了南太行地区的五行山，随时都能来到黄河北岸。

　　宋钦宗"大骇"，意识到如果不解决三镇的问题，金军确实随时都能南下威胁黄河，于是不顾当时京师附近十几万人大军正在"护送"斡离不过河，立刻又任命姚古为河东制置使过河北上，以援救太原的名义挡住粘罕南下的道路，任命种师中为河北制置副使，以援救河北的名义防止斡离不回师配合粘罕进攻。

[①]　徐梦莘《三朝北盟会编》卷三十九。

　　姚古和种师中领命之后分头出发。姚古还好说，很快就抵达黄河北岸的怀州一线，挡住了粘罕冲下太行山的道路，而种师中就走得相当曲折。当时朝廷对于是否追击金军一直摇摆不定，凡是主战的枢密院发出来的命令都是"迅速追击、自由猎杀"，凡是主和的宰相府发出来的命令都是"护送出境、不要作战"，①搞得种师中无所适从，只能慢吞吞地走一步看一步。

　　身经百战的种师中其实早就意识到河东的危险程度远超河北，他在刚过黄河的时候就向宋钦宗上书说："既然粘罕已经到了泽州，那臣申请从邢州和相州之间的滏口陉穿过太行山，从涉县进入河东地区，打粘罕一个出其不意。"结果此时的宋钦宗正在担心斡离不杀回马枪，不愿意让种师中脱离河北防线，拒绝了这个提议。②

　　好不容易等到斡离不出境，种师中立刻来到真定一线守住河东连接河北的要道井陉，准备随时策应姚古的行动。

　　两路人马已经到位，进可攻退可守，剩下的就是等待宋钦宗的明确命令了。

---

① 徐梦莘《三朝北盟会编》卷三十九。
② 《宋史·种师中传》。

远水不解近渴

各就各位的张孝纯、姚古、种师中没有预料到的是，宋钦宗把这一切布置妥当之后，转头又去忙其他事情了，根本没有时间和精力给他们下命令。

宋钦宗倒不是在玩儿，他在忙着总结和反思。总结和反思的第一个问题，是这段时间的军政得失。

敌军打到了开封的城墙下面，这是太祖皇帝建国之后从来没有发生过的事情，这本身已经很丢人了。再加上北宋朝廷在兵力占优的情况下，竟然还让斡离不拿到一大笔赎金之后全身而退，这对于一个刚刚登基、幻想在皇位上励精图治、大展拳脚的年轻人来说，面子上是绝对挂不住的。无论如何，总要找几个替罪羊来维护皇家的尊严。

虽然在姚平仲劫营之后，他为了给斡离不认错，当即就罢免了主战的种师道和李纲，但是他现在已经明白过来，这两位的的确确是在努力解决问题，并且他们提出的方案是具有极大可行性的，只不过是后期执行的时候出了问题才导致现在的局面。因此，从靖康元年（1126年）二月十五日到三月初三这短短的半个多月里，他进行了大规模人事调整，罢免了当初主和的大部分官员，让李纲去主持枢密院的工作，然后重新提拔了一批看上去用着还顺手的官员。

这样一番操作之后，宋钦宗基本清除了宋徽宗留下的全部负面政治遗产。宋钦宗核心团队主要由三类官员组成：以李纲和种师道为代表的守城有功人士，以许翰为代表的办事得力人员，以耿南仲为代表的东宫势力。到现在为止，他已经完全按照自己的意愿组建了团队，从理论上说，北宋帝国这架庞大机器上的每一个齿轮此时都在按照他的意愿运转。他希望自己在这些人的辅佐之下，能够一扫城下之盟的阴霾，重整旗鼓，将北宋王朝带向它应该有的样子。

宋钦宗总结和反思的第二个问题，就是追究更深层次的原因，也就是徽宗时代埋下的雷。

以宋钦宗的性格，不管他在位时干得如何，"导致金军南侵"这件事情是一定要找人来承担责任的。现在天下人都知道，责任是属于宋徽宗的，不过宋徽宗还活着，宋钦宗肯定不方便这么堂而皇之地怪罪自己的父亲，所以只能把这些责任算到太学生陈东口中的"六贼"，也就是宋徽宗的六名宠臣身上。

早在金军围城的时候，宋钦宗就将王黼、梁师成、蔡京的儿子蔡攸罢职，他们的政治影响力早已降到了无限接近于零的地步。金军撤走以后，宋钦宗又把蔡京和儿子蔡攸、朱勔、童贯、赵良嗣等人全部贬斥。到此为止，宋徽宗政和、宣和年间活跃在政坛上的红人们已经全部被清理干净。宋钦宗希望用这样的方法，给朝廷和民间展示一种全新的政治空气，证明自己要一扫父亲在位时的贪腐淫乐之风，让大宋王朝重新回到它该走的道路上去。

宋钦宗沉浸在这些"重要而重大"的决策中无法自拔，直到三月十六日，也就是宋钦宗命令姚古和种师中北上防备粘罕、营救三镇的整整一个月之后，他才想起这件事情没有了后续，于是赶紧下了一道诏书，要求三镇的守臣固守待援。①在诏书中，宋钦宗非常虚伪地表示，他刚刚即位十四天就遇上金军围城，大臣们说只有割地赔款才能纾祸，他为了保全宗庙才不得已忍痛割让了三镇。现在金国东路军扣留肃王不还，西路军拒不撤军，对所过州县

---

① 徐梦莘《三朝北盟会编》卷四十三收录诏书全文如下："朕承太上皇付托之重，即位十有四日，金人之师已及都城，大臣建言捐金帛割土地可以纾祸，赖宗庙之灵，守备弗缺，久乃退师，而金人屡盟终弗可保。今肃王渡河北去未还，尼堪兵深入，南陷隆德，未至三镇先败元约。又所过残破州县杀掠士女，朕夙夜追咎，何痛如之。已诏元主和议李邦彦奉使许地，李棁、李邺、郑望之悉行罢黜，并诏种师道、姚古、种师中往援三镇。祖宗之地尺寸不可与人，且保塞陵寝所在，誓当固守。朕不忍陷与三镇以偷顷刻之安，与民同心永保疆土，播告中外使知朕意。"

杀士掠女，这让他心痛不已。现在他已经将主和的李邦彦等人尽数罢黜，并且命令种师道、姚古、种师中前去救援三镇。在诏书的最后，他又捡起了曾经被自己扔在地上的道德牌，痛心疾首地号召三镇军民，说太祖太宗创下的基业尺寸不可与人，况且祖宗陵寝在此，希望大家尽力死守，永保疆土。

此时中山、河间已无敌兵，并不需要救援，只有太原情况危急。但是让人觉得荒唐的是，当初宋钦宗下达的命令是让姚古去营救太原，种师中驻扎真定防备斡离不杀回马枪。现在尽管斡离不并没有杀回马枪的迹象，但是种师中接到的命令里却并没有"穿过近在咫尺的井陉去配合姚古救太原"这一条，所以他只能在真定观望等待。

只有姚古带着孤军北上，踏上了解围太原的道路。

姚古出生于西北名将世家。他的祖父叫姚宝，战死于宋仁宗时期与西夏作战的"镇戎三败"中的"定川砦之败"；他的父亲姚兕也是一员猛将，宋神宗时期与西夏作战极为英勇，最后病逝在鄜延路总管的任上。姚古继承父志，多年征战之后以边功被任命为熙河经略，[1]然后来到了开封勤王。

---

① 《宋史·姚古传》。

　　靖康元年（1126年）二月十六日，他接到宋钦宗的北上命令之后，立刻带着部将王德一起北上。走到怀州和卫州（治今河南卫辉）一带，遇上了受命护送金人过河的折彦质。折彦质告诉姚古，隆德府和威胜军已被金军占领，但是现在城里有多少金军，是哪个将领在防守，情况一无所知。

　　于是，姚古派王德去隆德府硬探敌情。王德冲到隆德府城下与金军交战，提了一员金将的脑袋回来告诉姚古，说他问了金军的俘虏，粘罕早已撤军，现在城里金军数量很少，留下来驻防的伪知府是一名金国的汉人太师，名叫姚璠。姚古不太相信这么大一个德隆府没有金国的重兵把守，怀疑要么是王德虚报战功随口瞎说，要么是金国的空城计，态度非常粗暴地让王德再去抓一个活口回来，供他亲自审问。

　　王德根本没有反驳，赌气一般带着十六名骑兵再次上马出发，一直冲进隆德府的衙门，将姚璠活捉了送到姚古的面前。[①]姚古又惊又喜，审问完毕之后发现王德带回来的情报准确无误，于是在三月二十四日带领大军径直收复了隆德府，将留在官衙里面的伪官员尽数擒拿送到开封

---

① 　徐梦莘《三朝北盟会编》卷四十四收录的《幼老春秋》。

请功。

　　拿下隆德府之后，姚古继续北上向太原突进。三月二十六日，他收复了威胜军然后继续北上的时候，在灵石县的南北关遇上了在这里驻防的金军。粘罕不发一矢突破南北关的时候，曾经感叹过"关隘如此险峻"，嘲笑北宋不会认真防守。现在轮到他来防守了，自然在这里布下了重兵。独木难支的姚古苦战几场，无论如何都无法突破南北关，只能退回威胜军，等待朝廷的援军。

请记住武汉英

　　当朝廷的一帮大人物们要么跟无头苍蝇一样乱撞，要么待在原地无所适从的时候，有一个小人物却在坚定地履行着自己的使命。这个人叫武汉英，此前的职务是燕山府清州巡检，一个负责巡边、缉盗的低级武官。

　　宣和七年（1125年）十一月二十一日，斡离不起兵之后一路攻打至玉田县境内，在这里遇上了北宋朝廷派去金国贺新年的使者吏部郎中傅察。斡离不强逼傅察投降，傅察因坚贞不屈被杀，便是武汉英为他收殓火化，将他的骨灰辗转送回了家乡。

　　十一月二十八日，斡离不攻陷了蓟州。在进攻之前，斡离不要了一个小心眼，说要送过关的牒文，希望蓟州方面去交接一下。蓟州方面按照要求派遣人去交接，其中就包括武汉英，结果刚一过境就被斡离不扣留。武汉英知道自己没办法逃走，当机立断剃发易服投降了金国，整天在斡离不身边侍奉。斡离不看他聪明且忠诚，也非常喜欢他，把他称作"南朝第一降人"。

跟粘罕相比脾气相对温和的斡离不，是一个对屠城没什么兴趣的人。他比其他金国将领更有"领土意识"，每攻占一个宋城，都会约束部下的滥杀行为，告诫他们这已经是大金的人口了。

武汉英了解到斡离不的这种性格之后，就悄悄在心里制订了一个计划。金军即将抵达真定时，武汉英找到斡离不说，宋人并不知道斡离不慈悲为怀，因为害怕被屠城所以才拼命抵抗。与其硬攻，不如派他去游说真定守军投降。斡离不毫不怀疑武汉英，非常爽快地同意了这个计划，当即让人书写了很多招降榜文交给武汉英，让他去真定下属的各州县张榜。结果武汉英一出金营之后立刻南奔，于靖康元年（1126年）正月初九回到开封，汇报了两路金军相互策应，准备突袭京城的动向："金国知道大宋只有西北精兵可用，所以现在金国西路军准备攻陷太原，南下占领洛阳，挡住西北精兵勤王的路线，并且防备天子去四川避敌，金国东路军准备从真定南下，两路金军会师开封城下。"①

回归宋廷之后，武汉英被任命为统制，统领三千京兵，隶属于姚古部，驻扎在黄河北岸一线，继续干他带兵的老本行。

姚古从隆德府去进攻南北关之后，武汉英北上从真定走井陉去河东，策应姚古的攻势。走到真定的时候，他也知道自己三千人的军队不够用，于是找到真定府路安抚副使刘韐，找他借兵。刘韐以没有得到朝廷的命令为由拒绝了武汉英的请求，武汉英无奈只能率领三千人潜入河东另觅他途。

但是这时候，太原以北的州县均已沦陷，武汉英实在是联络不到足够的兵员，便想到了五台山的僧人。这里的僧人有习武的习俗，一个叫真宝的僧正（各州管理僧尼的官员）经常带领僧众在山中习武，还曾经接受过宋徽宗②的接见。后来金军攻陷代州的时候，真宝率领僧兵与金军苦战，最后被俘，不屈而死。

武汉英来到五台山之后，找到一个姓庞的僧正，劝说

---

① 徐梦莘《三朝北盟会编》卷二十三收录的蔡绦《北征纪实》。
② 《宋史·忠义传》记载为宋钦宗，但代州沦陷之时为宣和七年十二月十七日（1126年初），此时宋钦宗还未登基，本书作者疑为宋徽宗之误。

他聚集本山僧兵前往代州去偷袭金人的后方。庞僧正答应了，两人带着三千京兵和一些僧兵下山，结果还没出山界就遇到了金军，双方发生了激战。武汉英不敌，只得带人逃往平定军（治今山西平定）。走到瑜伽寨的时候，守寨的士兵误认为武汉英是敌军，推下檑木御敌，结果毫无防备的武汉英当场阵亡。

　　这位在姚古救太原的战役中第一个想到"围魏救赵"之计的武将，就这么以一种遗憾而悲壮的结局走完了自己的一生。

　　此时粘罕还在大同，斡离不已经回师燕京，留在太原城外以及河东地区的金军并不多。如果这时候宋钦宗能够当机立断，集姚古和种师中两军之力，趁着北宋士兵的士气还算高昂，采用两路并进的策略，从南面和东面同时强攻太原城外的金军，或许结局真的就不一样了。

4. 还有更要紧的事

就在张孝纯和他的太原对援军望眼欲穿的时候，开封城里涌动着一个传言：南逃的宋徽宗将在镇江复辟。①

这个危机直接关系到宋钦宗的皇位，其紧急等级远远超过了救援太原。宋钦宗不得不放下包括救太原在内的所有工作，全心全意地去处理这件事情。

大宋王朝此前从来没有在两个活着的人之间交接皇位的先例，所有人都不太清楚应该怎么处理好太上皇和现任皇帝之间的关系。宋徽宗移交皇位的时候，的确已经把整个大宋王朝带到了大厦将倾的地步，但是接任的宋钦宗并没有真正做到"扶大厦之将倾"，而是阵前犹豫、胆小怕事，最后靠着割地赔款才勉强解除了危机。就目前的结果看，宋徽宗和宋钦宗究竟谁更适合当这个皇帝，大家并不太肯定。宋徽宗如果真的动了复辟的念头，两人父父子子君君臣臣的复杂关系一弄起来，鹿死谁手恐怕还真的不太

---

① 《宋史·蔡絛传》："流言至京师，谓将复辟于镇江。"

好说。

更重要的是，两个人的关系已经无法回到从前那种至少表面上父慈子孝的和谐场面了。宋钦宗登基之初就把宋徽宗的宠臣一扫而空，甚至违背太祖皇帝定下的"不杀大臣"的规矩，处死了曾经担任宰相的王黼，一点面子都没给宋徽宗留，甚至可能有点让宋徽宗觉得惶恐不安。

而宋徽宗的离京南逃，也导致宋钦宗的处境非常被动，甚至对北宋朝廷的稳定性都产生了极大的影响。

其一是军事方面。宋徽宗和童贯带走胜捷军三千人并不算是对开封最大的打击，但是他的南逃导致了两淮、两浙的勤王部队不能北上去救援开封。当时在泗州甚至有传言称，宋徽宗以太上皇的身份下诏书，要求两淮、两浙的部队守在自己身边，让沿途的军民无所适从。虽然这样的说法有可能是童贯等人矫诏，但是既然民间都已经知晓这样的命令，说明当时的勤王军队的确有拒绝或者拖延北上的行为发生。

其二是经济方面。宋徽宗一行数千人一路南下，宋徽宗、童贯等人的补给可以由当地的官府提供，但是普通士兵就没有那么好的待遇，于是抢劫行为时有发生，"所至藩篱鸡犬萧然一空"。到了镇江之后，为了保证镇江行宫每月二十万缗左右的花销，宋徽宗等人在江南横征暴敛，将两浙百姓搞得苦不堪言，甚至让江南储备粮食的"和籴法"都无法执行，民愤极大。

其三是人心方面。宋徽宗虽然退位，但是并不自觉，依然不断以太上皇的身份发布命令。尤其是到了镇江以后，他不但把江南的勤王部队和钱财留在身边，而且还任免官员、赏赐官职，已然在江南设立了一个小朝廷。①如果不能迅速解决两个皇帝的问题，那么大宋江山很有可能一分为三，金人占据北方，宋钦宗占据中原，宋徽宗占据江南。

最先意识到问题严重性的人是李纲。靖康元年（1126年）二月十六日，他给在镇江的宋徽宗送去了一道起居表和一道奏折，汇报了这段时间开封发生的事情，然后表示现在已经安全了，希望宋徽宗能够尽快回来。

宋徽宗对于回开封有比较大的抵触情绪。一方面，他非常清楚自己带着亲信南逃对开封民心的负面影响有多严重，他很担心回去以后无法面对自己曾经的子民，当然也包括宋钦宗和一个全新的朝廷；另一方面，他也知道自己在镇江的行为已经影响到宋钦宗在开封的皇位，害怕自己

---

① 徐梦莘《三朝北盟会编》卷四十三收录的靖康元年（1126年）三月初五汪藻《乞迎太上皇还阙》札子。

回到开封之后遭到宋钦宗的报复，尤其是当他听说他的宠臣——被处理之后，更是有些惶恐不安。

其实宋徽宗的担心并非毫无必要。金军刚刚退军，开封府尹聂山就建议，由他带着开封府的官员去镇江诛杀宋徽宗身边的宠臣，然后逼宋徽宗回来。聂山已经拿到宋钦宗诏书，但李纲发现了不对，坚持要求宋钦宗温和处理此事。因为如果聂山把事情办成，带着宋徽宗回到开封，那么父子俩的关系就彻底决裂了，这样无论朝廷关系还是他们的家庭关系，都会成为国家的一大隐患；如果聂山这件事办砸了，留在宋徽宗身边的奸臣以他为人质要挟开封朝廷，那场面就更加不好收拾。所以这样办事不管成功与否，都不会有好结果。①

好在宋钦宗还算是清醒，听进了李纲的建议，中止了聂山的计划，写了一封态度非常温和的信劝宋徽宗回来。

收到宋钦宗的示好之后，宋徽宗非常迅速地回了一封信，向宋钦宗解释了三件事：第一，他从开封离开的时候，只带了三千卫士而不是更多，是担心宋钦宗守城人手不够，是充分为儿子考虑了的；第二，他让两浙的军队留在江南，是怕宋钦宗因为担心他的安全而分心，是为了消

---

① 徐梦莘《三朝北盟会编》卷四十三收录的李纲《传信录》。

除宋钦宗的后顾之忧；第三，他截留粮饷，是怕这些东西落到金人手里，反而成为资敌之物。他万万没想到，这些为宋钦宗着想的举措会成为小人离间他们父子关系的借口，希望宋钦宗千万不要上当。①这些话虽然并不那么诚恳，甚至还有狡辩的嫌疑，但至少能够表明宋徽宗是想化解这一场危机的。

宋徽宗的信还没送到的时候，朝廷中的不少人已经失去了耐心。他们担心再这样拖下去，场面会越来越无法控制，开始在江南和开封蔓延的"复辟"传闻很可能会倒逼宋徽宗采取极端的行动。三月初五，起居舍人汪藻上书，请求派宰相级别的官员去将宋徽宗接回来，其中的某些措辞对宋徽宗已经相当不敬了，几乎已经把这位太上皇定位为"最大的不稳定因素"。宋钦宗也觉得，不管宋徽宗态度如何，必须主动派人过去迎接以安民心，于是在当天任命门下侍郎赵野为太上皇行宫迎奉使，正式将这件事提上了日程。

宋钦宗没想到，宋徽宗的态度比他想象中更加积极一些。宋徽宗让信使送信之后没多久就从镇江启程出发了。三月十五日，宋徽宗的信送到开封，满朝君臣欢欣鼓舞，

---

① 徐梦莘《三朝北盟会编》卷四十三收录的《太上皇诰赐宋焕》。

三月十七日就传来消息：宋徽宗已经到了南京应天府，眼看就要回开封来昭告天下两宫和谐、国运昌盛了。

然而这时候，突然发生了一个意外情况，宋徽宗在应天府停了下来，给宋钦宗来了一封信，要求派吴敏或者李纲过去。宋钦宗慌了，不知道宋徽宗的目的是什么。李纲分析说，宋徽宗点名要他和吴敏去，无非就是现在的宰执里面他只跟这两人熟悉，想从他们这里听听真话，了解一下朝廷的最新状况。现在吴敏是宰相，不能离开宋钦宗，所以最好的人选就是他李纲。李纲随后向宋钦宗保证，等他见到宋徽宗以后，会把围城以来的事情仔细禀报，尽全力弥补两宫罅隙。

新拜的首相徐处仁颇念宋钦宗的知遇之恩，对于李纲这种过分迁就太上皇的做法颇有些不满，在一旁阴阳怪气地称赞李纲为"勇士"，李纲针锋相对地回复说："古人可以单骑见敌人，我见太上皇算什么勇士？"

李纲于三月十七日当天就赶紧出发，三月二十日抵达应天府，三月二十一日就得到了宋徽宗的接见。李纲把开封这段时间发生的事情向宋徽宗作了择要汇报，转达了宋钦宗对他的思念之情，说满朝文武都期待他早日回銮，将他和宋钦宗之间可能存在的矛盾一一开解，说得宋徽宗泪流满面。

　　两人后来还聊了一些军事方面的问题。说到斡离不退师的时候，宋徽宗非常疑惑地问李纲为什么不在他们渡河的时候发起攻击。李纲不敢说是因为宋钦宗的优柔寡断，只能说因为肃王在军中当人质，宋钦宗担心他的安全，不忍心下命令。宋徽宗叹了一口气说："为了宗社，何必在乎这些。"

　　两人的这次谈话非常有效地打消了宋徽宗心中的顾虑，宋徽宗也答应尽快回开封。三月二十三日，李纲先回开封复命，兼准备迎接仪式。出发之前，宋徽宗又想起当初逃离开封时"趁着二月十五日太上老君生辰去亳州烧香"的借口，觉得这个谎话也应该圆一下，于是专门叮嘱李纲，让他回去给宋钦宗解释，说自己是因为水路不通，耽误了行程，所以没能去亳州，后来到了江南之后又想去洛阳跟宋钦宗做个呼应，但是宋钦宗一直派人送信让他回去，他就听了建议没去洛阳，等时机成熟了直接回开封。李纲答应了之后，宋徽宗还不放心，又鼓励他说，他在开封辅佐皇帝守住开封一事中立了大功，要是再能够调和他们父子之间的矛盾，一定能够青史留名。①

　　三月二十五日，李纲回到开封向宋钦宗和宰执们通报了情况，朝中大臣们开始讨论迎接宋徽宗的规格，以及宋

---

① 徐梦莘《三朝北盟会编》卷四十四收录的李纲《传信录》。

徽宗回来之后的处理方式。已经升任尚书左丞的耿南仲建议，等宋徽宗到了开封，应该马上将他身边的内侍全部更换，不听的就杀掉，全部换成可靠的人之后，宋钦宗再去拜见。此举的目的当然是最大可能地解除宋徽宗身边的武装，确保宋钦宗的安全。

这个方案遭到了李纲的反对。李纲的意思是，他在应天府的时候已经把一切都办妥了，宋徽宗不会对宋钦宗产生任何威胁，父子二人没隔阂了。如果再这么一搞，很可能会让宋徽宗产生一种被欺骗的感觉，从而让两个人的关系再次恶化。耿南仲是宋钦宗的潜邸亲信，他要考虑的当然是不惜一切代价保证宋钦宗的位置，因为这样才能保证自己的位置。于是，耿南仲和李纲之间就发生了一场激烈的辩论，辩论到后来，耿南仲在处于下风的情况下开始耍横，污蔑李纲说，二月初五以陈东为首的数万军民在宣德门伏阙上书要挟宋钦宗的事件，其实是李纲为了让自己官复原职刻意策划组织的。这样冤枉的话连宋钦宗都听不下去了，他笑着打圆场说："伏阙上书的人这么多，李纲怎么组织得起来？这事早有定论，跟李纲无关。"但是耿南仲依然喋喋不休，一定要把李纲驳倒。

这次争论以情绪激动的李纲连续三次上书请求辞职来自证清白告终。虽然宋钦宗并没有批准，但是耿南仲的方案得到了非常好的执行。

四月初三，宋徽宗从应天府抵达开封。宋钦宗按照标准的礼仪出郊迎接，宋徽宗戴着镶玉的桃冠，身穿销金红道袍从朝阳门入城。开封百姓看到父子二人其乐融融的状态之后无不欢欣鼓舞。但是等宋徽宗回到龙德宫以后，情况马上发生了改变，宋徽宗身边的十个内侍全部被贬黜，不许跟入龙德宫。[①]宋徽宗已经意识到自己的处境不会太妙，但是他没想到更难堪的还在后面。宋徽宗已经在努力摆正自己的位置，他给宋钦宗写信的时候，都是自称"老拙"，而称呼宋钦宗为"陛下"，但是宋钦宗依然对他非常戒备。宋徽宗身边更换了一批新的内侍之后，他按照惯例拿出自己的财物进行赏赐，但是这些内侍一出龙德宫就被开封府的官员搜身，赏赐的财物全部被收缴并交给宋钦宗，免得宋徽宗借此重新培植亲信。[②]

这样的状况让李纲也非常尴尬，他当初在宋徽宗面前拍着胸脯保证的东西几乎都打了水漂，于是在四月初六又申请辞职。李纲的申请被驳回之后，他知道宋徽宗和宋钦宗的关系在短期内已经无法调和了。

---

① 徐梦莘《三朝北盟会编》卷四十五。

② 徐梦莘《三朝北盟会编》卷四十五收录的《靖康遗录》。

第七章

如梦初醒

1. 金军绕不开的肉中钉

满意的斡离不

在这段时间里，金国的两路统帅，完全是截然不同的两种心情。

斡离不收到赎金之后，几乎是以急行军的速度北归，于靖康元年（1126年）三月十五日回到了燕山。对于他来说，此行的战略目的已经完全达到，出发之前他想的就是狠狠地敲诈北宋朝廷一笔钱财，至于中山府和河间府的土地，尽管这次北宋的使者拿着宋钦宗的诏书去交割都没成功，但是斡离不似乎并不怎么在意。回到燕山之后，他也并没有谋划占领中山府和河间府的军事行动，而是非常急迫地开始处理北宋投降过来的汉官。

北宋的燕山知府蔡靖并没有跟随金军南下，斡离不带着肃王赵枢和张邦昌刚一回来，就让人通知蔡靖以下的所有北宋任命的燕山官员到昊天寺（遗址在今北京市西便门内大街）开会，然后拿出宋钦宗乞和的国书，命人读给他们听。

蔡靖等人听完之后百感交集，座中还有哭泣者。斡离不已经觉察到这帮人思念故国，简单地介绍了一下此行的情况之后，故意试探他们说，等两国的边事议定之后，就让他们跟肃王一起回归北宋。听完斡离不的话之后，北宋官员都沉默不语，斡离不就让蔡靖表态，蔡靖毫不犹豫地表示愿意回去。斡离不顿时勃然大怒，面红耳赤地对他发出了死亡威胁，"棍子敲杀了算了"，说完拂袖而去。

第二天，金军来人将蔡靖一家迁去此前耶律淳的皇城，与其他汉官不通音信。所有的北宋官员都以为蔡靖真的要被处死了，他的妻兄许采也在燕山城中，心中忐忑不已，于是找到斡离不最信任的汉官、知枢密院事刘彦宗求情，希望刘彦宗帮忙周旋周旋。

刘彦宗去见了斡离不之后，派人专门给许采传话，让他不用担心。果然两天之后，蔡靖全家被放了回来。又过了几天，斡离不将所有的汉官集中到姚村淀，用敬酒三杯的方式当众安慰了蔡靖，表示蔡靖是忠臣，将来和议完成以后就可以跟肃王一起回开封。①

从这件事中，我们至少可以得出以下两个结论：第

---

① 徐梦莘《三朝北盟会编》卷四十五收录的许采《陷燕记》。

一，也许是因为斡离不身边的汉臣比较多，他受到汉文化的影响比较大，所以希望将自己欣赏的汉官留在身边，对不愿意归顺他的汉官也没什么太大的敌意，反而还有些敬佩；第二，因为对南侵的战果非常满意，到这个时候为止，斡离不都没有起过再度南侵的念头，思考的问题都是等收到三镇以后就归还俘虏的文官，金宋之间的问题就算告一段落了。

但是，他对于汉军的态度就完全不一样了，尤其是汉军中最能打的郭药师的常胜军。

在斡离不南侵的过程中，郭药师可谓出力颇多。在燕山投降以后，郭药师给斡离不出了很多主意，包括提供宋军在河北军事部署的情报、中途力劝斡离不不南下进逼黄河、选择马匹和粮草丰富的牟驼冈下寨等，每一个主意都相当不错。而且郭药师自己在作战过程中相当勇猛，率领两千名骑兵担任斡离不的先锋，连黄河防线都是郭药师突破的。

然而，斡离不对待郭药师相当防备。从燕山出发南侵的时候，斡离不本来不想让郭药师当先锋，只给他派遣了一千名骑兵当向导。郭药师以"军队太少不安全"为由拒绝南下，斡离不这才又给了一千名骑兵，让他当了先锋。①按理说，斡离不满载而归之后应该更加信任郭药师才对，但是大军刚刚走到涿州、易州一带时，他就下令将跟随南征的三千名常胜军全部缴械。回到燕山以后，他又对留守的常胜军如法炮制，彻底解除了常胜军的战斗力。

到了四月十八日，斡离不命人在燕山府张榜，要所有的常胜军从四月二十日起，出发回自己的老家铁州（今吉林敦化一带）。常胜军好不容易来到了燕山这样的大城市，现在要他们回到白山黑水的寒冷之地，他们自然不愿意。于是军队中的几十个千夫长、百夫长便集体去斡离不那里请愿。斡离不问他们："辽国的天祚皇帝对你们如何？"大家回答："非常好。"斡离不又问："宋国的赵皇对你们呢？"大家回答："更好。"斡离不说："天祚对你们好，你们反天祚；赵皇对你们好，你们反赵皇。我现在没有那么多钱给你们，你们必定要造反，我留你们有什么用呢？"大家无言以对。

四月二十日，手无寸铁的八千名常胜军出发以后，在路上被四五千女真骑兵包围，以搜检武器为名押送到松亭关（今河北喜峰口），无论老幼全部被杀。至此，当初投降金国的常胜军全军覆没。

---

① 徐梦莘《三朝北盟会编》卷二十四。

至于郭药师，虽然留了一条命，但是从此以后再也没能带过兵。失去兵权以后，郭药师被赐姓完颜，任燕京留守，但是并没有实权。后来又调任平州知府，随后所有的家财被粘罕没收，余生都在金国的软禁中度过。[1]

斡离不的这一操作，有非常明显的"鸟尽弓藏，兔死狗烹"之意味在里面。经过开封城下的对峙，以及渡过黄河前后宋军的追击之后，斡离不极有可能认为在短期内不可能再重复一次奇袭，收获辉煌战果了。数量庞大的宋军上过一次当之后已经知道该在哪些地方加强防守，理顺了朝政的宋钦宗已经知道该用哪些大臣来御敌，成功不是那么容易复制的。所以，先解决掉朝三暮四的常胜军这个心腹大患，才是最紧要的事情。

失落的粘罕

相较于志得意满的斡离不来说，粘罕心中非常失落。他作为"国相系"的领头人，这些年来跟"太子系"一直都在暗中较劲。

女真此前的一把手传递顺序，跟北宋初期的"金匮之盟"非常相似，都是兄长死后传给弟弟，最小的弟弟死后

---

① 徐梦莘《三朝北盟会编》卷四十六。

再传给长兄的儿子，这样就能确保坐在指挥席上的人是一个经验丰富的成年人，好带着他们去打仗。阿骨打建国之后，他们的皇位传递方式也没有发生任何变化，阿骨打任命弟弟吴乞买为皇位继承人，吴乞买又任命弟弟斜也为皇位继承人。

这样的传位方式，让阿骨打的儿子，也就是他们称呼的"太子"们的地位非常微妙。他们在法理上有很大的概率当皇帝，但肯定是很多年后的事情，而这段时间里一切都存在变数。

阿骨打当皇帝的时候，他的儿子们也许还有骄傲的资本，现在阿骨打驾崩，吴乞买即位，在粘罕的心里，他和斡离不等人的地位已经扯平了。大家都是景祖乌古乃的子孙，谁又能比谁高呢？再说，他十七岁的时候就已经名震军中，[①]阿骨打起兵反辽的时候，还征求了他的意见，那时候斡离不只是一个跟在阿骨打身后打仗的无名小辈，拿什么跟他比？

出发南征之前，粘罕的职务也比斡离不要高——他是左副元帅，而斡离不只是南京路都统。粘罕本想这次南征能够立一个头功，大大地压过斡离不一头，谁知道他运气

---

① 《金史·完颜宗翰传》："年十七，军中服其勇。"

不好，碰上了太原这么一个硬茬。现在斡离不名利双收，他还在跟太原苦苦纠缠，实在是太憋屈了。

虽然一直打不下来，但粘罕还是没有放弃通过外交途径占领太原的幻想。

三月十七日，粘罕从太原离开的当天，他派了一个叫赵轮的手下给宋钦宗送去一封国书："我在南下进攻泽州的时候，遇上了你们派出来的使者路允迪，为了表示对你的尊重，我当即决定撤军，只不过因为道路狭窄，行军缓慢，所以晚出发了两天，并没有任何不遵守协议的意思；按照两国的协定，现在太原应该是我方领土，我现在一直不退军，完全是因为张孝纯拒绝执行你的命令，错在你方；我确实在太原府周边囤积了不少粮草，但目的是供我驻扎在这里的部队日常使用，并不是要继续南下进攻，请勿生疑。"[1]

粘罕的这封信看上去措辞温和，但是包含着两层他没有明说的意思：告状与威胁。告状，是告诉宋钦宗，张孝纯不听命令，这件事赶紧想办法解决；威胁，是告诉宋钦宗，他已经准备好了长期围城的物资，是不可能善罢甘休的。

宋钦宗收到这封国书的时候，正忙于处理宋徽宗回銮

---

[1]　佚名《大金吊伐录校补》七十五《与南宋书》。

的事情，再加上姚古刚刚收复了隆德府，心里难免有点"粘罕不过如此"的想法，所以完全没有把粘罕放在眼里，没有作任何的表态，甚至都没有给他回信。为了鼓励坚守的三镇，他还给中山路安抚使詹度、河东安抚使张孝纯、高阳关路安抚使陈遘三人加了一个资政殿学士的官衔，明显有跟粘罕针锋相对的意思。

粘罕收到隆德府被攻陷的消息之后，发现宋钦宗不但没有督促张孝纯交割的意思，反而开始发起反攻，便在四月初又给北宋朝廷发了一封牒文。鉴于这封牒文是发给宰相府和枢密院的，所以措辞就严厉和直白了许多："我们在太原城外规规矩矩地等你们交割，想不到你们竟然派兵攻打隆德府，抓走了我们的知府和通判，随后又强占了威胜军，进逼南关，放箭射我巡逻游骑，无礼挑衅，这已经属于背盟了。虽然我方最近偶尔与太原周边百姓发生冲突，但根本原因是太原不奉诏，以至于我大军只能在城外等待。按照规矩，既然是你方过错，那就该由你方为我大军提供粮草，但是你方拒绝提供，我方只能自行解决。遇到一些不服从你方朝廷命令的刁民抗拒，所以才导致军兵纷争。我大军听说你方派兵进逼，为了确保安全才派出游骑打探军情，不得已引起了一些居民的惊慌骚乱，也是事出有因。而这一切的根本，还是因为你方背盟。现在我郑重通知你方，尽早回信把这一切问题解释清楚。"①

很快，宋钦宗就回信了，但是内容极其简短和敷衍，粘罕关心的所有问题，他一个都没回答。全文如下："四月初七，大宋皇帝致书于大金国相元帅：重寻盟好，当修往问之仪；申遣使华，来示交欢之意。允怀信义，良用叹嘉。方此清和，勉绥福祉。"②这封信简单至此，别说粘罕了，谁看到都得生气。

更让粘罕生气的是，北宋竟然在通过他派去开封索要犒师费的使者赵轮策反辽国投降金国的大将耶律余睹。

赵轮等人被软禁在开封一个多月之后，开始担心北宋要杀他们泄愤，正巧这时金国朝廷派来催促交割三镇的使者萧仲恭也在开封，两人商量之后制订了一个逃跑计划。

赵轮先是找到北宋的接待人员透露了一个信息，说金国有一个叫耶律余睹的将军，是从辽国投降过去的，手下有不少契丹精兵，但是在金国过得很不如意，一直都想回归辽国。可惜天祚皇帝被俘，他无法回归故主了，于是想归顺大宋。现在来开封的萧仲恭也是以前辽国的旧臣，跟耶律余睹是同盟，他们可以捉拿粘罕和斡离不作为投

① 　佚名《大金吊伐录校补》七十六《元帅府再与宋三省枢密院牒》。
② 　佚名《大金吊伐录校补》七十七《宋主回书》。

名状。

接待人员不敢隐瞒这个天大的消息，于是赶紧汇报给了宰相徐处仁和吴敏。两位宰相又派人去试探了一下萧仲恭，萧仲恭也表示这是真的。听到可以"捉拿粘罕和斡离不"的蓝图，宋钦宗心动了，学着他爹当年的操作，亲自用黄绢写了一封策反信，藏在赵轮的衣领里，请他带回去交给耶律余睹。

在信中，宋钦宗先是深情回顾了宋辽两国自从澶渊之盟以来的百年友谊，然后把联金灭辽的责任全部推给了童贯等奸臣，表示太上皇已经用内禅的方式表达了痛惜和抱歉。他登基以后，准备重拾宋辽和好的策略，已经将当初挑拨两国关系的大臣全部贬黜。现在他听萧仲恭和赵轮说耶律余睹有复国之意，正巧大宋同样不堪金国之扰，所以愿助耶律余睹一臂之力，共同对抗金国。除了这封言之凿凿的绢书，他还让萧仲恭和赵轮去当面转达一些不太敢写下来的话，表明他想要帮助大辽复国的决心。[①]

---

① 以上史料见《三朝北盟会编》卷五十八收录的《宣和录》《靖康要盟录》《靖康遗录》，以及《大金吊伐录校补》。《靖康遗录》中记载为"萧庆"，但是根据宋钦宗策反信中的字句"而使人萧仲恭、赵轮之来，能道辽国与燕云之遗民不忘耶律氏之德，冀假中国诏令拥立者哲"，应为萧仲恭。

宋钦宗满怀希望地将萧仲恭和赵轮送过了黄河，谁知道他们一过黄河便兵分两路，萧仲恭把这封信直接送给了斡离不，赵轮则直奔大同而去，将情况汇报给了粘罕。

盛怒的粘罕开始等待气候转凉，到时候他要重整旗鼓，拿下太原这个绕不开的肉中刺，然后杀到开封城下狠狠要一笔犒师费。斡离不能做到的，他怎么可能做不到？

2. 三路大军救太原

终于想起太原了

靖康元年（1126年）四月十六日，北宋的右谏议大夫杨时上了一道弹劾姚古的奏折，弹劾的主题是"姚古不救太原"。

他在奏折里说，太原被围已经有几个月了，现在情况非常危急，不论是弹尽粮绝被金军攻破，还是张孝纯别起异心开门投降，都会导致不堪设想的后果，现在最重要的事情就是先救太原。一旦太原丢失，则大势去矣！但是受命解救太原的姚古至今依然在威胜军观望，没有一人一骑进过太原地界，除了不受姚古管理的范琼领兵稍稍突进之外，其他将领全在姚古的授意之下避战不前。在奏折的最后，他建议宋钦宗将姚古斩首示众，同时另外派遣得力将领带兵迅速解太原之围。①

---

① 徐梦莘《三朝北盟会编》卷四十六。

　　收到奏折的宋钦宗并没有因此责罚姚古，他也知道这只是文人的牢骚而已。大敌当前怎么可能杀武将，杀了姚古让杨时去领兵解救太原吗？

　　更深层次的原因，是宋钦宗心里其实非常明白，宋军没能突进到太原城下的主要责任人并不是姚古。一方面，他率领孤军的确无法突破险峻的南北关；另一方面，周边的策应部队因为没有得到命令，也不敢贸然进兵。而造成这个局面的根本原因，还是宋钦宗本人没能腾出手来，或者说他并没有把太原放到最优先的等级上去。

　　与此同时，张孝纯从太原城内派出求援的士兵也零零星星抵达了宋军驻扎的晋州、绛州等地。这一批士兵已经瘦得"枯瘠如鬼"，根据他们的描述，太原城内的粮食早已吃完，现在已经开始煮弓弩和铠甲上的牛筋、牛皮当食物，[①]朝廷再不派兵救援的话，太原就真的守不住了。

　　其实不仅仅是金军围困的太原情况比较危急，西北的宋夏边境也开始出现了危机。进入四月以后，得知宋钦宗在金国这里吃了一个大亏的西夏趁机进攻震威城（今陕西府谷县西北一百五十千米处）。夏军指挥官在城下对知城朱昭喊话，说此次军事行动是跟金国约好的两面夹攻，今

---

① 徐梦莘《三朝北盟会编》卷五十三收录的《宣和录》。

后两国将瓜分宋国的土地，黄河以北归金国所有，黄河以西归西夏所有。现在麟州、府州已经被西夏攻占，太原朝夕也要被金国攻下，朱昭应该认清现状赶紧投降。朱昭拒绝了招降，但是挡不住西夏的进攻，最终城陷殉国。[①]

这些消息汇总以后，宋钦宗终于认识到，当前的局面并没有缓和到可以松懈的地步。西北能征善战的精兵驻扎在宋夏之间广阔的边境线上，为了防止西夏的趁火打劫，不敢抽出主力部队驰援太原。要解决太原的问题，还是得靠现有的力量。四月十八日，宋钦宗下了一道"以虎符起兵"的诏书告诉臣民，秋高马肥之际，金军极有可能再度南下，所以朝廷要求全国各路所管州军遴选将佐、训练士兵、修缮器甲、储备粮草，随时准备应对金军的入侵。

随后，宋钦宗一声令下，朝廷援救太原的行动正式开始了：种师中率领九万大军从真定向西过井陉，经寿阳直奔太原城下，姚古率领六万大军，从威胜军北上，辅以鄜延路兵马使黄迪的西北部队，以及张孝纯的儿子张灏率领的辽州（治今山西左权）兵马，以两路夹击的姿势向太原进发。

宋钦宗的这个部署从战略上来说，是完全没有任何问

---

① 《宋史·朱昭传》。

题的。这一次的目的是解太原之围，而不是歼灭金军。趁着粘罕回到大同避暑的机会，集合两路大军进逼太原，以达到驱赶金军北逃的目的。金军一退，太原之围就解开了。

四路兵马在方圆几百里的河东地区作战，必须由枢密院来统一指挥。这时候，朝廷里有两位枢密使，一位是种师道，一位是许翰。

宋钦宗让经验丰富、在军队中极有威望的老种经略相公种师道兼河东河北宣抚使，去滑州担任前敌总指挥，许翰在开封负责总揽全局。但非常不巧的是，已经七十五岁的种师道从二月中旬起就生病了，病得非常严重，已经到了影响工作的地步，这次去滑州都是勉力支撑，所以负责指挥这场关键战役的主要任务就落到了许翰的身上。

许翰，元祐三年（1088年）进士，作为这场战役的总指挥，他有一个非常明显的缺陷——在此之前从来没有接触过军队。这一点，他和李纲非常相似，二人以文官的身份第一次带兵，面临的就是这么重要的战役。宦海沉浮三十八年，他最大的特点就是正直，史书上也留下了他刚直不阿的记载。

宣和七年（1125年），高丽入贡，为了运送他们的贡品，宋徽宗调集民夫新开了一段运河，搞得民怨沸腾。中书舍人孙傅上书反对，得罪了宰相被罢职。时任给事中的许翰无所畏惧，继续上书替孙傅申冤，也被罢职。宋钦宗登基以后，才将许翰重新召回来，他也从给事中一直做到了御史中丞。

虽然没有打过仗，但许翰也算是知道哪些人能打仗，并且也不害怕打仗。斡离不拿到了天价犒师费退兵以后，主和派占据了上风，将主战的种师道罢职。许翰非常清晰地看明白了当时的局势，立刻上书请求宋钦宗将种师道复职，带兵追击斡离不，即便不能全歼，也要给予重创，这样才能保全中原，否则"将来再举，必有不救之忧"①。宋钦宗虽然没有同意他的建议，但是依然看中了他的军事眼光，于靖康元年（1126年）三月初三将他提拔为同知枢密院事。

宋钦宗也是没办法，登基以来，除了种师道之外，他先后任命了李棁、唐恪、耿南仲、宇文虚中等人为枢密使，但是发现这些文官都不太适合这个岗位，在处理军事问题上简直是一塌糊涂。

让文官担任指挥军队的枢密使是大宋的传统，目的就是让文官来遏制武官。北宋的开国皇帝太祖赵匡胤就是武

---

① 《宋史·许翰传》。

将造反起家的，他深深地明白一个道理：武将长期带兵，在军中的威望已经很高了，如果再让他们来指挥整个国家的军队，将会造成难以估量的后果。当年宋仁宗朝任命了王德用、狄青、郭逵等武将担任枢密使，就遭到文官集团的强烈抗议，一代名将狄青甚至因为被文官围攻郁郁而终。而用文官来担任枢密使，哪怕是业务生疏一点，军事反应慢一点，最多也不过是战场上打几次败仗，断然不会直接威胁到皇位。

因此，不管种师道如何忠心耿耿，宋钦宗都必须任命一个懂军事的文官来分种师道的权。而这个人，他千挑万选之后就选中了许翰。

艰难的突进

由于战场联络和通信的先天性缺陷，奉命救援太原的四支部队并没有能够在统一的时间抵达战场。最先进入战斗位置的，是从陕西过来的黄迪。

靖康元年（1126年）四月二十八日，黄迪带着陕西兵抵达了汾州。但是这时候姚古的军队还没有突破灵石县的南北关进入太原盆地，黄迪不敢冒"孤军突进"的大风险，于是就在城东北的上贤等待友军的到来。黄迪将自己的部队分成九队，各自在上贤的北岗下寨，每个寨子之间都间隔了几里的距离，对敌可以分割包围，于己可以互相救援。稍晚，斥候传来消息，说在前方三十里外发现金军的营寨。黄迪没有贸然出击，下令士兵们生火做饭，所有士兵器甲不得离身，做好战斗准备，如果金军前来逼寨，严密防守，不得出战。

四月二十九日凌晨，金军装甲骑兵上千人从太原方向直奔上贤而来，在北岗附近侦察了许久，确定了黄迪所在的指挥部的位置，然后绕去汾州方向堵住了宋军可能南逃的线路，大有将黄迪部全歼的架势。稍后，增援的金军来到上贤，分成九路，各自与一寨宋军对垒，最先负责侦察的那一队金军开始撤回来进攻黄迪的指挥部营寨。

黄迪派出三队神臂弓手出寨，占据一处高岭射金军的马匹，很快就遭到金军弓弩手的还击。不久之后，宋军的箭矢告罄，但金军的攻势依然不减，黄迪再派三队神臂弓手出去增援。金军趁着寨门打开的时候，冒着寨内的矢石拼死猛冲，终于攻破辕门，黄迪指挥部沦陷。随后，金军各部开始对剩余的八个宋军寨子发起猛攻。失去指挥官的宋军军心大乱，一天之内全部陷落，士兵和民夫死伤无数，幸存者也都仓皇奔溃。①

---

① 徐梦莘《三朝北盟会编》卷四十一。

让人觉得讽刺的是，根据《金史·银术可传》里面的记载，金军这一仗的指挥官，就是在石岭关投降的义胜军副帅耿守忠。从他的现场指挥、战斗意志来看，他不是不会打仗，只是不愿意替北宋打仗而已。

黄迪惨败之后，北宋的四支援军，先去其一。

姚古带兵从威胜军进逼南关，在这里遭到金军的据险死守，一直无法突破防线，硬生生地被堵在了威胜军到南关一线。[①]姚古无奈，只能放弃走南关，改从威胜军北上，翻越太岳山，从险峻狭窄的隆州谷口（今山西晋中祁县峪口乡北团柏村一带）进入太原盆地。虽然慢一点，但是总比困在南关强。

至于张孝纯的儿子张灏，如同神秘消失了一般，整场战役都没见过他的身影，只在史料中留下了"不至"的记载。[②]

剩下的援军，只有东路真定的种师中一支。

种师中接到命令之后，一直在抓紧时间征集民夫跟随

---

① 徐梦莘《三朝北盟会编》卷四十六："敌谍知以轻兵拒险，使古不得进。"

② 鉴于此战之后张灏并没有被处分，以及他在两个月之后的解救太原战役中出现在汾阳，所以本书作者推断他并没有畏战，极有可能在南北关受阻以后，选择继续向西经隰县去交口到汾阳一带。由于路途遥远，种师中的战斗结束以后他也没能抵达指定位置。

部队一起运送辎重和赏金，这是一个非常关键的环节。北宋士兵的收入，主要来自四个部分：日常的俸禄，征戍调发的特支，重要节庆的福利，打胜仗的赏金。[①]而其中的赏金尤其重要，因为宋军在自己的国土上作战，打下一座城市之后是不能像金军那样抢劫的，只能依靠赏金来刺激。在其他地方的军事行动中，辎重可以跟随大车一起前进，但是井陉狭窄而险阻，太大的车辆无法通过[②]。以往通过井陉调兵的时候，真定、阳泉、寿阳都在北宋手里，可以沿途进行补给，但是现在属于战乱年代，再加上宣和六年（1124年）的自然灾害引起的歉收，仅存的粮食也被义胜军吃空了，所以沿途补给的方案根本不现实，只能通过数量庞大的民夫来进行人力搬运，效率降低，并且损耗增大。

种师中的准备工作还没完成的时候，枢密使许翰催促他迅速进兵的命令来了。

许翰如此急切，是因为河东的斥候回报，称金军的主将粘罕已经离开太原回大同去了，留在太原的金军也都在就近放牧，没有什么作战的意图。现在已经进入夏季，金军极不适应在炎热的气候条件下作战，很快就要全线撤回

---

① 《宋史·兵志·廪禄之制》。

② 徐梦莘《三朝北盟会编》卷五十五收录的李若水《靖康大金山西军前和议日录》。

山后地区。①上次斡离不撤军的时候，朝廷没能抓住追袭的机会，这一次无论如何也不能放过了。

种师中给许翰回信解释说还没准备好，许翰生气了。这个极其正直的人，认为种师中在避战，想要等金军撤走以后再出兵，不费一兵一卒解围太原，到时候好跟朝廷冒领军功。他一旦认定的事情，连皇帝的面子都不给，何况自己的下级，于是连续派人去真定催促种师中出战，并且以"战场逗挠"的死罪来威胁他。

种师中刚成年就参军，打了几十年的仗，一直以勇猛著称，从来没有被人责骂过"逗挠"。看到许翰这么说自己，他一赌气，决定马上出发，大不了一死报国而已。②于是，种师中派人与姚古和张灏约定了进军时间，在辎重和赏钱都没跟上的情况下，仓促带兵从井陉出发直奔太原而去。

既然都已经出发，那就顾不得许多了，种师中的心里只剩下"去太原作战"这样一个选项。于是，西北种家和姚家争功的老传统又出现了。种师中知道部队日常行军速度是每天四十里，但是他为了抢在姚古之前抵达太原，命令士兵每天走八十里。如此一来，负责后勤的民夫更是被

---

① 《宋史·种师中传》。

② 徐梦莘《三朝北盟会编》卷四十七收录的《靖康小雅》。

远远地抛在了后面。

种师中用这种急行军的走法，很快就到了距离太原只有一百余里的寿阳县。让人诧异的是，在此之前一路畅通，完全没有遇到金军的任何抵抗。

金军之所以没有考虑到井陉的防守，是因为他们也收到了大车无法通过井陉的情报，认为宋军不可能在辎重没跟上的情况下派出大部队来河东，所以只安排了很小的两支部队在东线的寿阳县和榆次县作为警卫之用。

这样的情况给了种师中很大的一个错觉，以为金军果然开始了大规模撤退，于是下令抓紧时间向太原突进。很快，种师中在寿阳境内的石坑碰上了数量不多的金军，宋军集中优势兵力与金军野战，五战三胜之后占领了寿阳。种师中继续派部将黄友带兵三千人攻下了榆次，自己亲率大军于五月十一日进入榆次城内休整。

在此之前，种师中的军队已经连续三天不能保证口粮了，士兵每天的食物只是一勺豆子，人人都面露饥色。好在榆次城里有此前粘罕储存的用来攻打太原的粮食，宋军总算是解决了吃饭的问题。

榆次，就是此前宋太宗烧毁晋阳城之后用来过渡的"临时并州城"，距离太原城只有五六十里，种师中随时可以发起对太原的进攻了。

3. 救援行动以失败告终

小种相公战死疆场

就在这个时候，种师中陷入了纠结之中。

他奔袭五百里，从真定来到榆次，就差最后五六十里就能来到太原城下。从他目前遭遇到的抵抗来看，金军的数量确实不多，极有可能真如许翰所说，金军正在准备全部撤回大同避暑，等天气转凉了再来进攻。

然而作为一个征战沙场几十年的老将，种师中明白一个道理：大战之前往往是最平静的。现在太原城里没有派人出来给他通报情况，说明金军围城的主力部队并没有撤走。金国在太原以北的军队有多少，他们会不会来增援留守的银术可，他心中完全没底。尽管他手下的士兵人数占优，但是他们长途奔袭，辎重、赏钱都还没跟上，用这样的状态去挑战以逸待劳的金军，着实有点让人担心。

现在更重要的问题是，事先约好的姚古和张灏两部至今毫无消息，种师中目前处于孤军作战的境地。他和姚古抢功加快行军速度，只是为了抢占总攻时的有利位置、抢发起攻击的顺序，并不是要抢在姚古之前先解决太原之围，总攻还是要等待友军到齐之后再发动的。

思前想后，种师中做了一个决定：五月十二日黎明出发北上，如果遇到金军就就地扎营等待姚古和张灏，如果没遇到金军就直插太原城下看个究竟，无论如何都不能在榆次城里浪费时间。

种师中在榆次休整的时候，金军太原战场的最高指挥官银术可也在抓紧时间调兵遣将。粘罕当初南下进攻隆德府的时候带走了一半兵马，也就是三万人左右的兵马，但是他回师太原之后，又将这一半部队留在了太原听从银术可的指挥，自己只带走了少量亲兵。也就是说，太原城外的金军数量并没有明显减少，依然是至少五万人。

种师中的队伍在寿阳县跟金军交战以后，银术可立刻得到了消息。毫无心理准备的金军的反应是"惊惶谓自天而下"[①]，也就是大惊失色，说宋军是从天而降的。但是银术可很快就镇定了下来，除了守住南面的几个重要关隘之外，全力集结剩余兵马，包括文水的马五部，汾州附近的耿守忠部，太谷的索里乙室部，祁县的阿鹘懒、拔离速

---

① 徐梦莘《三朝北盟会编》卷四十七收录的《金国节要》。

（银术可的弟弟）部等，再加上银术可自己统辖的娄室、活女（娄室的儿子）、斡论、习失、杯鲁、完速部，[①]准备跟种师中决战。

双方的大战发生在五月十二日上午。

种师中带着大军向太原进发，刚走了十里路，即将到石坑的时候，前方回报说先锋突击队已经抵达石桥，距离太原只有二十里。种师中决定停下来休息一下，等一等前军传回来的消息。但没想到的是，前军的消息没传来，后军却传来了消息，说有金军出现在榆次县附近。种师中觉得这应该是头一天在榆次县被他杀得向西南方向退去的金军，现在听说他走了又重新回榆次，于是下令大军在石坑停下来扎营，后军先回榆次去捉拿这一队零散的金军。

带兵攻下了榆次的部将黄友看了看地形，对种师中说，这里的地形对宋军非常不利，万一跟金军交战，将会三面受敌。种师中也知道这个道理，但是他并没有听黄友的话，因为先锋已经突进到距离太原二十里的地方，没有遭遇到金军的阻击，他越来越倾向于相信金军已经撤走，留下来的都是小规模的零星部队了。黄友看种师中不听劝

---

① 《金史·银术可传》。

告，仰天长叹了一句："事去矣。"①然后黯然退下。

就在这时候，银术可指挥的反攻开始了。他留下一部分部队守住太原城外的长围，然后率领主力南下。

已经冲到距离太原城二十里的宋军突击队最早发现了金军的动向，此时突击队的指挥官是杨志，一个被官府招安的贼寇。他本来应该立刻与金人接战，为后方争取备战时间，但是他的战场纪律性并没有种师中预期的那么强，看到金军大部队冲过来之后，他当即率队转身逃回了大部队。毫无防备的种师中果然如黄友所说，遭到金军的北、西、南三面围攻，只能仓促应战。

种师中的部队因为是临时休息，还没来得及布置防御工事，只能以肉身和金军的全装铁骑硬拼。很快，种师中的右军被金军冲散，黄友战死，宋军的整个阵形如同溃坝一般开始崩塌，金军的铁骑开始在宋军的阵地里横冲直撞。种师中命令军士架起神臂弓对抗，射退金军的第一波冲击之后，按照惯例准备奖赏弓手，但是库吏告诉他，因为辎重都在真定，库存只有几千个银碗，不够赏赐士兵用的。弓手们听到这话，知道再这样耗下去的话，钱也挣不到，命也保不住，于是满怀怨愤相约散去。

---

① 《宋史·黄友传》。

弓手逃走，宋军阵中已经没了可以跟金国骑兵抗衡的力量，种师中知道大势已去，只能带着身边的一部分将士向金军兵力空虚的东面逃走。以活女部为首的金军在后面紧追不舍，种师中带着几百名亲兵小校一直逃到了榆次和寿阳交界的杀熊岭，再也无路可去，只能回身与金军血战。

眼看着金军越来越多，种师中的手下牵过来一匹好马请他上马逃走。出师之前就抱定必死信念的种师中拒绝了这个提议，决心兑现承诺战死沙场。赶走自己的手下之后，他转身继续投入战斗，最终被金将活女斩杀，享年六十七岁。①

经此大败，种师中的九万人部队逃走了十之二三，零零散散向东去了平定军集结，其余全部被俘或者战死。至此，在这场解救太原的战役中，唯一突进到太原附近的部队收获了一场惨败。而太原城里的张孝纯和王禀，因为缺少粮食，士兵们已经完全失去了出城进攻的能力，只能勉强被动防守，根本无法在种师中溃败的时候提供任何有效帮助。

---

① 种师中之死，《金史·银术可传》称为活女所斩，徐梦莘《三朝北盟会编》卷四十七收录的《靖康小雅》称"力战而死"，李纲《传信录》称"为流矢所中，死之"。

指挥系统紊乱、部队毫无配合、情报收集失误，再加上枢密院对武将的习惯性猜忌造成的催促，以及种师中本人的轻敌，导致这一次营救太原的行动在距离张孝纯仅仅二十里的地方失败了。

老种病重，小种战死，宋钦宗手里的牌越来越少了。

援军斗志被摧毁

种师中战死以后，信息不通的姚古无法突破南北关的防守，还在从沁县经过狭窄险峻的隆州谷艰难前进。靖康元年（1126年）五月十九日，姚古部终于穿过太岳山，抵达祁县的盘陀村。金军将领活女和拔离速在这里以逸待劳，对行军疲惫、没有辎重的宋军发起了猛烈攻击，姚古溃败，只能原路退回威胜军。

好在隆州谷的地形狭窄，金军骑兵无法突进，也怕在谷里遭遇宋军的埋伏，所以没有继续追击，这才让姚古安全退回威胜军。

这时候他们已经收到了种师中殉国的消息，本来就一片慌乱，以裨将焦安节为首的一帮兵油子开始在军营里传递谣言，说金军战斗力之所以这么强，连续击溃了种师中和姚古，是因为粘罕从大同回来了，正在带领金军南下进攻，现在威胜军极不安全，请姚古带兵退回隆德府。

刚吃了一场败仗的姚古无法判断真假，也意识到威胜军的城墙不足以抵挡大兵压境，于是决心南逃。消息传出来以后，威胜军的百姓拉着姚古坐骑的缰绳，请求他留下来带领大家死守。姚古不听，趁着半夜逃走，将民夫、粮草、器甲全部扔在了原地。焦安节等人还到处散播言论，称朝廷已经把太原割让给了金人，让大家一起逃难。百姓扶老携幼跟着姚古的大军一起奔走，沿路死者无数，哭声震彻山谷。

到了隆德府之后，焦安节还不罢休，重施故技煽动姚古继续南逃，渡过了黄河，回到了开封。[①]他们一逃，隆德府的百姓连同立足未稳的威胜军百姓又只能仓皇南奔，搞得人心惶惶、民不聊生。

得知前线战况的宋钦宗不得不在震怒和失望的双重情绪下开始收拾这一堆烂摊子。

首先是追赏种师中为向德军节度使、开府仪同三司，给他的二十多个子孙荫官。他手下溃散的士兵，十天之内寻找就近的部队归队者免于处罚，超过时限按军法处置。后来，种师中的遗骨被他的侄儿种洊带回了开封，宋钦宗为之痛哭流涕，并亲自写下了祭文，称"吁嗟虎臣，公尔

---

① 徐梦莘《三朝北盟会编》卷四十七。

忘身"。①

逾期不至并且节节溃败的姚古被解除兵权，降职为节度副使，广州安置，制造谣言煽动军心的焦安节被处斩。

这场战役中，唯一没有逃离战场的人，是改任辽州宣抚使的刘韐。他在这场大溃散中牢牢地钉在了辽州，收拢残兵守住城池，为大宋的武将挽回了最后一丝颜面，获得了宋钦宗亲赐的金带一条、金花战袍一件。

朝廷这一次援救太原行动的失败其实是不应该的。宋军兵力占优，种师中从井陉进入河东的突袭甚至都打了金军一个措手不及，姚古即便没能突破南北关，只要能够跟种师中约好时间，双方同时从小路进入河东战场，银术可的手下再强悍也未必能挡住十多万人的突袭。之所以打成这样，最根本的原因，还是在于战场协调的问题。

这场战役的总指挥许翰无疑是一个正直的人，正直到几乎都看不出来有任何私心。他的每一步决策都是从国家利益出发的，希望能够尽快解决太原之围，希望能够尽可能多地歼敌，希望武将们不要怯战。

但是许翰最大的缺点就在于他一直都是纸上谈兵，对一场战役需要的各个环节知之甚少，只知道在地图上一比

① 黄以周等《续资治通鉴长编拾补》卷五十四。

画，然后命令两路大军约期夹击。关隘如何突破，粮饷如何运输，两军如何策应，临战如何调整，他全然不知道，也不考虑。一旦出现了这种情况，他越正直，对前线的干扰力度就越大，他理解不了前线指挥官为整个战局通盘考虑的思维方式。而让人觉得扼腕叹息的是，朝廷有一个既有威望也懂军事的枢密使种师道，虽然去了滑州，但一兵一卒都没给他派遣，[①]他自己也因为身体原因无法参与指挥作战，真是连老天都不帮张孝纯。

这一仗之后，黄迪和种师中的军队损失惨重，几乎可以算得上是成建制被歼灭。更重要的是，种师中殉国，姚古失去了宋钦宗的信任。现在宋钦宗手中能用的指挥官只剩下一个，那就是已经七十五岁，而且一直在生病的种师道。

种师中和姚古战败的信息传来之后，种师道立刻在滑州上书，请宋钦宗将山西、陕西、西京、京畿的重兵调集到青州、沧州、滑州、卫州、河阳一线驻防，以保护黄河防线，预防秋季到来之后金军大举南下。[②]

这个建议被宋钦宗、宰相吴敏、门下侍郎耿南仲等人

---

① 《宋史·种师道传》："（种师道）为河北河东宣抚使，屯滑州，实无兵自随。"

② 徐梦莘《三朝北盟会编》卷四十八收录的赵甡之《中兴遗史》。

否决了。理由很简单：当前和谈还有希望，不是用兵的最佳时机；而且调动这么庞大的军队，万一金军不来，如此巨大的开销就浪费了。

不见棺材不落泪，不到绝境不花钱。北宋皇帝和手下文官集团的这种做派，在经历了一次惨败之后，依然没有丝毫的改变。

第八章

弹尽援绝

1. 尝到甜头的金国

又是租税代地方案

宋钦宗和手下固执地认为和谈还有希望，是因为靖康元年（1126年）五月初九①，给事中王云出使燕山回来了。

王云此前是童贯的幕僚，据说童贯于宣和七年（1125年）二月献给宋徽宗的《贺耶律氏灭亡表》就是出自他的手。②宋钦宗发现黄迪、姚古和种师中在太原战况不佳的时候，立刻派遣王云去燕山见斡离不，希望能通过这个更好说话的老熟人在谈判桌上解决太原的问题。

王云回朝以后向宋钦宗汇报了一个听上去还算不错的

---

① "五月初九"一说，见于徐梦莘《三朝北盟会编》卷四十七。原文有"先是，朝廷以姚古、种师中、黄迪败衄，乃遣王云入使金国"之语，但是黄迪败于四月二十九日，种师中败于五月十二日，姚古败于五月十九日，时间上与该记载矛盾。故本书作者对此时间存疑。

② 徐梦莘《三朝北盟会编》卷二十一收录的朱胜非《秀水闲居录》："其词中书舍人王云作，或云翰林学士宇文虚中作，时二公俱在贯幕中故也。"

消息："金国也不太想打仗，斡离不说北宋的气候风物都不太适合金国人居住，并且北宋人太多，他们也统治不下来，就好比能吞船的鱼离开水以后蚂蚁也能杀之，能吞车的兽离开山以后蚂蚁也能啮之。反正现在三镇军民也非常抗拒，干脆三镇的土地不要了，只需要把三镇的租税折算成岁币就行，一劳永逸，再无冲突。"王云提醒宋钦宗，斡离不要求他十五天之内必须回复，所以他星夜兼程，只花了六天时间就从燕山回到了开封，请宋钦宗在三天之内做出决定，这样他才能在约定的时间内赶回燕山给斡离不回话。

宋钦宗大喜，立刻组织朝中大臣来讨论，但是这个方案被少宰吴敏否定了。吴敏否定的动机非常简单，他虽然也是主张跟金人和谈的，甚至割让三镇他也无所谓，但是他跟王云不和，不愿意把和谈这么重要的事情交给王云来做，所以只要是王云提出的方案他都要反对。当然，吴敏也给出了否定的理由，非常冠冕堂皇且大义凛然："斡离不本来已经和陛下立盟了，但是他们退兵以后又立刻攻打了隆德府，掠我子女、焚毁庐舍，这是他们先渝盟，三镇本来就不应该给他们，当然不能给租税了。"

王云没想到吴敏突然如此硬气，赶紧解释说，斡离不在燕山专门和他沟通过这个事情，斡离不说他和粘罕之间的信息并没有畅通到随时联络的程度，粘罕当时并不知道他已经跟宋钦宗达成和议了，所以还在继续进攻隆德府。后来消息传过去之后，粘罕立刻收兵回到太原等待交割，虽然偶尔有一些劫掠，但都是巡逻士兵的个人行为。在两国讲和的大势下，这些细枝末节的小问题没有必要拿到台面上来交涉。

这样的说法是相当具有可信度的，但是一门心思反对王云的吴敏听完之后，说出了一句让王云无法应对的质问之语："你是大宋的臣子，为什么要帮着金人说话？"随后，宋钦宗在吴敏的支持下，放弃了斡离不的这个方案，并且将王云派到邓州去当知州，把他排挤出了外交阵营。

站在宋钦宗和吴敏的角度来看，他们拒绝这个方案其实也不算是太大的失误，甚至可以说是有些明智的。

其一，"以租税代割地"的操作方式，此前在燕山府就用过一次，宋徽宗为了达成这个协议，不惜付出每年一百万两白银的高昂代价。但是金军一旦决定要打，他们依然毫不手软地出兵占领了燕山，并且以此为根据地南下。北宋朝廷钱也给了，地也没拿到，两头吃亏。三镇如果继续这么操作，谁也不知道这样的局面能维持多久。

其二，从金国内部来说，这时已经进入粘罕和斡离不争权的重要时期，斡离不作为一个已经拿到足够好处的人随口开出这个条件，肯定是没有跟粘罕事先沟通过的。从地理位置上来说，三镇他占其二（中山府、河间府），而粘罕只占其一（太原府），另外斡离不拿到了岁币，还是他的功劳大、获利多，到时候粘罕依然会找借口来生事。

而对于吴敏、耿南仲等人来说，他们倒是无所谓。金国既然有了和谈的念头，肯定不会只谈这一次，一定还会有后续沟通的。这一次斡离不要求十五天之内给答复，看起来是斡离不着急。谈判嘛，有一个原则，谁着急谁就失去了主动权。不用担心，金人下一次还会来的，到时候王云就不会来抢功了。

但是自这次沟通以后，北宋朝廷犯了一个巨大的错误，他们在后来的谈判中把所有希望都寄托在了斡离不身上，因为斡离不跟他们签订过和约，因为斡离不相对好说话，因为斡离不顶着中原人非常看重的"二太子"的头衔。但是宋钦宗等人忘记了一点，在解救太原的行动中，粘罕才是那个最关键的主宰者。

这个错误，甚至一直伴随到北宋王朝的灭亡。

密谋二次南侵

靖康元年（1126年）六月二十五日，金太宗吴乞买发布了一则非常重要的任命通知：改组东路军和西路军的都统府，在大同和燕山都设立元帅府。粘罕依然是左副元帅，他的主要助手是右监军兀室、左都监阇母；斡离不被提升为右副元帅，他的主要助手是左监军挞懒、右都监耶律余睹。同时，大同和燕山都设枢密院，大同枢密院由王时庆主事，燕山枢密院由刘彦宗主事，分别称为西朝廷和东朝廷。①

这一项任命传递的信息量是相当之大的。

对于吴乞买来说，这一次对宋作战的成功，让他对北宋军队的战斗力有了一个非常明确的认知：尽管宋军数量庞大，但是战场上的表现远远不足以跟金军抗衡。而且，北宋王朝的富有和软弱也给他们留下了深刻的印象，斡离不收取的赎金距离宋钦宗的极限还差得很远。

在这次军事行动之前，金国本来的计划是攻下燕山和太原，其他的相机而动。从现在的情况来看，尽管太原还没能攻下，但是北宋朝廷的援救行动并没取得什么实质性的战果，宋军的有生力量反而被消耗了。基于以上的分析，金国上下都认为，第一次南征的战略目标显然定得过于保守了，一旦机会出现，还可谋取更大的利益。

到目前为止，辽国的残余势力已经无力与金国抗衡，

---

① 徐梦莘《三朝北盟会编》卷二十四，具体时间见《金史·太宗本纪》。

西夏政权对金国的态度也是臣服大于挑衅，金国最主要的作战任务就是跟北宋之间的战争。由于上京距离河东和河北的主战场实在太远，非常不利于瞬息万变的战场决断，吴乞买在燕山和大同设立元帅府和枢密院，其实就是将金国实际上的军事指挥部前移，给予粘罕和斡离不两位前线统帅更大的自主权，同时也将有可能划入金国版图的河东、河北地区的行政权和人事权一并纳入元帅府的管理范围之内，更方便他们对新纳入领土的管理和巩固。

而对于粘罕来说，情况就有些糟糕了。斡离不因为攻到开封城下，拿到了大笔赎金以及北宋朝廷割让三镇的诏书，受到吴乞买的擢升，现在在级别上已经跟粘罕并驾齐驱了，只不过排名还在粘罕后面而已。按照斡离不的发展势头，粘罕如果再拿不出什么有说服力的战功，很快就要被斡离不盖过一头了。

要有战功，就必须得打仗，并且是组织更大规模的战役。为了促使吴乞买下定决心，粘罕拿出一封密信，这是北宋宰相吴敏写给耶律大石的。耶律大石从燕山逃走以后追随天祚皇帝，天祚皇帝被俘以后，耶律大石带着天祚皇帝的儿子梁王在西夏的北边统兵十万人跟金国对抗，并且出榜说："听说现在宋朝换了皇帝，如果愿意跟我们结盟一起对付金国，那此前败盟的事情就一笔勾销了。"这个消息被当时驻扎在府州的折可求汇报给了宋钦宗，宋钦宗派吴敏给梁王写了一封信，让他们从河东绕过西夏进入麟州地界，两国再合兵围攻粘罕。非常不幸的是，这封信被粘罕的巡逻兵拿到了。①

斡离不虽然已经捞到了不少，但是当他知道北宋的真实战斗力后，毫不介意再捞一笔。既然粘罕已经表态了，他决定再加一把火，派萧仲恭去上京，把宋钦宗交给他的策反耶律余睹的亲笔信作为证据呈交给了吴乞买。北宋不交割三镇属于背盟，策反金国大将也是背盟，双管齐下，不信吴乞买不下这个决心。

萧仲恭出发以后，粘罕以"前线第一副元帅"的身份，在大同的山后草地以避暑的名义，召开了一次军事会议。参会的人员包括粘罕、斡离不、兀室、耶律余睹、挞懒、阇母，②也就是说，金国南侵的所有主要将领都齐聚一堂，会议规格相当之高。

这一次会议的内容，史料上没有记载，但是从后续的发展来看，他们在这里基本上确定了"秋后起兵"的大方针。

万事俱备，只待秋凉。

---

① 徐梦莘《三朝北盟会编》卷五十八。
② 徐梦莘《三朝北盟会编》卷四十九收录的《金国节要》。

2. 头号功臣被闲置

受命去太原

金国上下正在努力规划下一次南侵的时候，宋钦宗还在思考怎么援救太原的问题。自从种师中殉国、姚古待罪[①]之后，朝中能够胜任前敌总指挥这个职务的只剩下种师道一个人了。但是种师道的身体状况一日不如一日，河东惨败的消息传来之后，种师道身体情况更加恶化，多次上书请求罢职，随后从滑州回到了开封。

靖康元年（1126年）六月初三，宋钦宗召开了一次朝会。他的意思是，现在太原如此危急，张孝纯已经派人送了不少蜡书出来求救，城内的情况已经快要到极限了，现在需要一个人来接替种师道河北河东宣抚使的职务，重新组织对太原的武装救援。

果然，这时候因为王云没机会抢功了，吴敏和耿南仲

---

① 姚古被贬时间为靖康元年（1126年）六月二十八日。

立刻换了一个态度，不再说"金人先渝盟，三镇不能给"这样的话，而是联络了一大帮人在宋钦宗面前吹风，说现在北宋势弱而金国势强，用兵不是上策，最好的办法还是按照原来的约定割让三镇以消弭兵火。

宋钦宗虽然自己也是一个朝令夕改的人，但是仍对吴敏等人的善变感到气愤。他的犟脾气上来了，坚持认为自己手里还有牌，不能放弃三镇。主战的李纲看到宋钦宗难得态度如此坚定，立刻站出来舌战群儒，痛骂吴敏等人，说祖宗之地不可放弃，割地只会徒增敌方势力，涂炭我方生灵，这哪里是为民父母之道？①

吴敏等人一看李纲跳出来指责自己，立刻顺着宋钦宗的话建议，说李纲上次守开封的时候做得很不错，是个带兵打仗的人，既有斗志又有能力，不如就让李纲接替种师道。

李纲听完赶紧推辞说，自己只是一介书生，此前从没带过兵，开封围城的时候他临危受命，虽然侥幸成功，但是打仗的确不是他的长项。再说，守城和进攻完全不一样，他根本胜任不了这个角色，将来一定会误了皇帝的大事，到时候即便是杀了他也于事无补了。

① 徐梦莘《三朝北盟会编》卷四十八收录的赵甡之《中兴遗史》。

　　然而宋钦宗此时已经别无人选，思前想后也觉得只有李纲才能担此重任，当即便下令让尚书省立刻出任命书，要当面授予李纲。李纲拒绝说："即便是臣不自量力为了陛下去走这一遭，那也应该让有司择一个吉日上任，拜大将岂能像呼小儿这般随意？"

　　宋钦宗觉得李纲说的话也有道理，于是答应先选日子。谁知道这是拖延之计，李纲回家以后立刻上书称病，请求退休，同时力陈自己无法胜任大帅的原因，还说吴敏和耿南仲之所以这么建议，不过是想要借机报复，把他排挤出朝廷而已。[①]但是李纲连续上书十多次，宋钦宗始终不答应，逼着他上任，局面就这么僵持了下来。

　　即便李纲要赖，也动摇不了宋钦宗想武力解围太原的决心。六月初六，他开始大规模地亲自任命河东前线的指挥官，准备集中手上的力量再一次对太原周边的金军发起主动进攻。上一仗唯一获得嘉奖的刘韐被任命为宣抚副使，名义上是李纲的副手，他的任务是带领真定府路总管王渊、钤辖李质等将领率兵五万人守住辽州，以防战事一起，金军趁乱从井陉进入河北地区。解潜担任制置副使，与折彦质一起接管隆德府以前姚古的军队，随时准备从威

---

① 徐梦莘《三朝北盟会编》卷四十八收录的李纲《传信录》。

胜军北上援救太原，张孝纯的儿子张灏统领河东和陕西的
兵马作为辅助。

这次行动的副总指挥刘韐是元祐九年（1094年）进
士，为文官出身的将领，宣和年间为越州知州，因为参与平
定方腊叛乱而走上武将的道路。在种家和姚家几乎被耗光以
后，现在的这帮人算是宋钦宗手里最精锐的武装力量了。

当然，宋钦宗也没有忘记隔空嘉奖太原城里的张孝纯
和王禀。张孝纯被升为武当军节度使，王禀被升为建武军
节度使，不管太原城里的人能不能收到这个嘉奖令，但是
至少可以激励一下城外的人。

完成军队调动之后，六月初九，宋钦宗还非常有心机
地给粘罕发了一封国书来迷惑粘罕，称自己不是不愿意交
割三镇，确实是当地的军民非要抵抗，朝廷也没办法。既
然情况已经如此，两国的士兵互相厮杀，实在是有违上天
的好生之德，不如就以三镇的租税来折算成岁币，至于已
经被斡离不和粘罕占领的燕云旧地就不要了。[1]这种一边
备战一边发国书的行为，金国也用过不少次，在这上面吃
了大亏的宋钦宗终于也学会了。

宋钦宗在这边紧锣密鼓地准备的时候，李纲依然没有

---

① 佚名《大金吊伐录校补》七十九《宋主再乞免割三镇书》。

出发。他在知道宋钦宗委任了即将深入前线的刘鞈作为自己的副手后，更是觉得自己已经失去了实际上的指挥价值，干脆就在开封装病耍起赖来。这时候，有人悄悄给李纲说了宋钦宗一定要派他去太原的根本原因——陈东为首的数万军民宣德门请愿事件的影响。宋钦宗一直对李纲的民间威望耿耿于怀，不想让他继续留在开封。所以当吴敏建议李纲去救太原的时候，宋钦宗立刻毫不犹豫地答应了，他就是为了用这个借口堵住开封百姓的嘴，生怕万一战事不顺，开封的百姓又要请愿让他去带兵。现在李纲已经骑虎难下，越推脱，宋钦宗就对他越忌惮，诋毁他的声音就越多。①

李纲听到这样的话顿时醒悟。回想当初他和耿南仲在宋钦宗面前吵架时，耿南仲污蔑他策划了陈东事件，宋钦宗只是在一旁打圆场，并没有制止耿南仲，这说明宋钦宗的心里确实有这方面的顾忌。正巧许翰又给李纲送来一张条子，上面只有两个字：杜邮。②

这是一个战国时期的典故。秦昭襄王进攻邯郸不利，于是派白起带兵去增援。白起认为攻下邯郸难度太大，于

---

① 黄以周等《续资治通鉴长编拾补》卷五十四。
② 《宋史·李纲传》。

是自称病重，迟迟不肯出兵。三个月之后，秦军战况越发不利，秦王命令白起立刻出发，白起走到咸阳城外的杜邮时，被暴怒的秦王以抗命为由赐死。李纲看到这两个字以后立刻明白，白起这般功高盖世的名将都会因为"逗挠"被杀，何况他一个小小的书生。

李纲迅速接受了河北河东路宣抚使的任命，告诉宋钦宗自己将于六月二十二日出发。宋钦宗对李纲的态度还算满意，命人抄了一篇《裴度传》赐给李纲，希望他学习唐代名相裴度，虽然屡遭同僚中伤，但是依然尽心尽力为国平叛，立下大功。李纲也毫不客气，在回给宋钦宗的奏折里抄录了诸葛亮《出师表》中的一句话："亲贤臣，远小人，此先汉之所以兴隆也；亲小人，远贤臣，此后汉之所以倾颓也。"希望自己不在开封的这段时间，宋钦宗能够远离那些在背后说他坏话的奸邪小人。

磨磨蹭蹭到河阳

君臣二人文绉绉地互表衷肠以后，李纲就趁着出发前的这段时间筹集兵马。筹来筹去，枢密院说只能给他提供区区两万人，而且没有马。李纲向宋钦宗抱怨说，跟金军作战没有马是万万不能的，现在缺马到了这种程度，他连军队的门面都撑不起来，更不用说要在战场上和女真骑兵硬拼了。大唐天宝末年，名将封常清去平叛，沿途州县看他军容不整，认为他没有战斗力，都叛归安禄山了。现在他带兵救太原，要是也这样寒酸地出师，根本无法完成任务。

眼看宋钦宗有些心动，李纲立刻申请说，现在开封还有几千匹马，请宋钦宗下令都征调给他带去救太原。

宋钦宗同意了李纲的请求，命令他把需要的东西都列成清单交上来。李纲满怀期待地交上去以后，还没等到宋钦宗回复，就先看到开封府张贴了一张榜文出来："宣抚司在开封征调马匹属于骚扰百姓，不予施行。"李纲知道又有人在背后给他穿小鞋，但是他已经无可奈何，也不想去追究到底是谁了。

六月二十二日的期限很快就要到了，李纲发现手里的东西基本上都没准备齐，于是申请再晚一阵子出发。这下宋钦宗终于忍不住了，直接给他批复了八个字："迁延不行，岂非拒命？"意思是，你一直这样拖着不出发，是准备抗命吗？

李纲非常清楚，如果自己以现在手头的兵力和装备去解救太原，简直就是痴人说梦，上了战场只能以一场惨败告终，要么死于敌手，要么死于贬斥，运气不好可能还要被宋钦宗军法处置。于是他也开始耍横，给宋钦宗上了一道赌气意味非常浓重的奏折："陛下以前认为我专权，现在认为我抗命，我这样专权抗命之人怎么能够担任大帅的职务呢？请陛下将我罢职，另外选择信任的人，就让我回乡养老吧。"跟着这篇奏折一起送上去的，还有他被任命为尚书右丞、知枢密院事、河北河东宣抚使的一堆制书。

宋钦宗丝毫不理会李纲这一茬，既不同意他辞职，也不同意他推迟出发时间，只是继续让他出发去救太原。无计可施的李纲终于在六月二十五日踏上了去太原的路。①出发之前，李纲专门申请了大将军出征礼，场面非常壮观，开封百姓为之振奋不已。不过这一切都瞒不过送行的种师道，这个带兵的老行家回家之后叹息了一句："这点兵，难啊！"②

这时候，李纲的斗志已经被理智消磨得差不多了。他手里没什么像样的兵力，虽然刘韐等人名义上归他指挥，但是他根本就没办法在短期内联系上这些部队，而且宋钦宗都是绕过他直接指挥，所以各个将领对他也没有什么服从度。自知已经被排挤在决策圈以外的李纲实在不愿意北上送死，便决定采取一个策略——拖。

李纲从开封出发以后，先过河去了河阳（治今河南孟

---

① 徐梦莘《三朝北盟会编》卷四十八收录的李纲《传信录》。
② 徐梦莘《三朝北盟会编》卷四十九收录的赵甡之《中兴遗史》。

州西），在这里训练士卒、修整器甲，足足耽搁了十来天，然后才进军怀州，甚至都没有越过太行山。到了怀州之后，他主要干了两件事：一件是征兵，并且整肃军纪；另一件就是建造战车和操练士兵。

李纲征兵，大家可以理解，毕竟朝廷只给了他两万名士兵，当初种师中、姚古、张灏、黄迪接近二十万的兵马去救太原都被银术可杀得落花流水，现在他带着两万人去太原，简直就是自杀。不征兵，显然只有死路一条。但是造战车这件事情，确实就有点匪夷所思了。

战车是一种年代相当远古的武器装备，它对地理环境的要求比骑兵要高出很多，而且灵活性也远远不如骑兵，只适合在没有积水的平原地区作战。北宋历朝历代都有"精研"古代兵书的官员们在面对西夏、辽国和金国骑兵处于下风的时候，引经据典地认为战车正好可以成为骑兵的克星，即所谓"步不胜骑，骑不胜车"。直到宋神宗熙宁六年（1073年）还有人建议用战车来对付交趾的象兵，[1]韩琦在奏折中也提到朝廷"大作战车"，容易让辽国误认为北宋要擅启边衅[2]。

---

① 《宋史·兵志》。

② 《宋史·韩琦传》。

假如李纲要在广袤而平坦的河北地区作战，那还好理解一些，但是他此行的目的地是太原，从怀州进入河东地区最近的一条道就是太行八陉中的太行陉，所经之处关隘众多、道路险峻，拉辎重的牛车通行都很困难，更不要说把庞大的战车运到战场上去了。但是李纲毫不在乎这个问题。他在怀州的时候，有人给他献上了一辆战车，这种战车采用两杆双轮的构造，以马力牵引，车身和马身覆盖皮革和竹片作为保护，据说运转便捷而且还能禁得起骑兵的冲击。每辆战车配备二十五人的装甲步兵作为辅助，结成战阵前进，保管金国骑兵望风而逃。也不知道李纲是真的相信，还是觉得弄这个可以拖延时间，于是按照这个模型制作了上千辆战车，每天带兵操练，说是要等到大军齐集之后一举北上解围太原。

谁都能看得出来，他就是在用一种荒唐的方式抗拒宋钦宗给他下达的北上命令。

宋钦宗对这样的举动非常不满，来信催促李纲早点采取实质性的行动。李纲上书解释说，他手里的兵实在是不够用，一直在等朝廷给他补充人马。在此之前他曾经向朝廷建议从荆湖、四川、福建、广南的士兵中抽调十余万精锐发往河东和河北一线，防备金军入秋以后大举南侵。但是这些军队出发之后没多久，宋钦宗又在大臣们的建议下取消了这次行动，只有很少一部分南方军队抵达了黄河沿线，其余不少士兵都是走到半途又被叫回去。这么做影响士气不说，还导致李纲解围太原的兵马不够。

对于这样的抱怨，宋钦宗没有说什么，因为他确实觉得当下的局势用不着下达全国总动员令。在他从各方汇总的认知里，河北的金军早已撤得干干净净，粘罕这段时间一直在大同避暑，群龙无首的太原金军恐怕用不了多久也要退兵。再加上高丽和耶律大石的两头牵制，金国恐怕也下不了大举南侵的决心。既然情况并没有到危急的地步，那么从遥远的南方调兵过来，实在是有点太浪费钱了。

更重要的原因是，宋钦宗此次准备解围太原的军队总数已经达到了二十二万人以上[①]，以这样碾压式的兵力配置去救太原，实在是不需要再展开全国总动员了。

对于手里只有区区两万人、没有战马的李纲来说，这恐怕是一种巨大的羞辱。他身为河北河东宣抚使、前线总指挥，仿佛已经被排除在了指挥部之外。

---

① 徐梦莘《三朝北盟会编》卷一百三十九收录的陈规《朝野佥言》。

3. 失败的孤注一掷

前线兵马到位了

这一场战役，不但李纲没有指挥权，连许翰的枢密院都没了指挥权。宋钦宗已经厌倦了手下的文官武将们互相推诿、互相指责、互相算计的局面，他决定亲自指挥这场战役。

宋钦宗这一次调动了十七万禁军，还在河东地区招募了五万义勇，准备跟太原的金军守军决一死战。这是宋钦宗在这段时间里能够抽调过来的全部家当，为了毕其功于一役，他甚至不惜放松河北真定的防守，把辽阔的华北平原全部暴露在金国东路军斡离不的眼皮子底下。

不过，由于此前种师中和姚古的战败，这十七万禁军中有一部分是在宋钦宗撤销全国总动员令之前就赶到中原地区的江南士兵，已经来不及被遣返了，便跟着部队一起北上。跟常年在西北作战的精兵相比，这些连方腊的农民军都打不过的江南士兵单兵素质极差，走到河东以后大都已经身形佝偻、双脚肿胀。沿途百姓得知他们是去救太原的之后，反应也非常真实——默然。[1]

靖康元年（1126年）七月中旬，所有作战部队都已抵达作战位置。宋钦宗令旗一挥后，刘韐和王渊整合从河北带来的军队，从平定军和辽州出发，走上次种师中的老路，从东面攻击太原的金军，兵力大约五万人；接替姚古的解潜带着折彦质从威胜军出发去进攻南北关，兵力大约九万人；张瀚和折可求带领五万河东义勇禁军以及陕西兵马从汾州出发，突破文水防线去太原，兵力大约八万人。[2]粘罕不在太原，金军在太原周边的兵马最多六万人，要留一部分围困太原，剩下的要分成三部分来抵挡三路大军，不论怎么看都是宋军稳占上风。到时候但凡有两路大军能够突进到太原盆地，就能对太原城下的金军发起猛攻，即便不能彻底解决对太原的围困，也能打开一个缺口给城里送粮送人送武器，至少能缓解太原的燃眉之急。

宋钦宗觉得万事俱备的时候，在怀州操练战车的李纲确认自己已经被架空了。自从宋钦宗六月初六发布刘韐等人的任命以来，这一个多月里，刘韐等人没有向他做出过

---

[1]　徐梦莘《三朝北盟会编》卷五十三收录的《宣和录》。

[2]　徐梦莘《三朝北盟会编》卷五十，黄以周等《续资治通鉴长编拾补》卷五十六。

任何请示汇报，他连各个部队目前驻扎在什么地方、各自什么时候发起进攻都不知道。虽然他的宣抚司名义上有节制各路大军的权力，但是前线都是三支军队的指挥官说了算，有什么解决不了的问题也都是绕过宣抚司向宋钦宗汇报，接受皇帝的直接指挥。[①]李纲已经非常明显地感觉到，他这个河北河东宣抚使已经干不了多久了。

李纲在怀州无所事事的时候，正是宋钦宗意气风发大展拳脚的时候。前线兵马已经到位，前朝奸臣已经被他杀尽，他眼中不得力的大臣已经靠边，这个二十六岁的年轻人要对太原发起总攻了。

在行动之前，宋钦宗又照例实行了一次麻痹战术。七月十五日，他给斡离不和粘罕各写了一封国书。两封信内容差不多，还是老调重弹，表示愿意把三镇的租税折算成岁币，请求金国不要再索要三镇了。[②]一个多月之前的六月初九，宋钦宗发了一封同样内容的国书给粘罕，到现在为止都没收到回信，北宋的官员们开始计算时间——看来，粘罕真的不在太原。

七月二十六日，宋钦宗以总指挥的名义亲自下发诏

①　徐梦莘《三朝北盟会编》卷五十收录的李纲《传信录》。
②　佚名《大金吊伐录校补》八〇《宋主与金皇子郎君书》和八一《宋再遣使乞免割三镇增岁币书》。

书，全军出击，上下一心，解围太原。

接二连三的败仗

按李纲此前的想法，宋军不应该把队伍分散开来，而是应该集中优势兵力全力攻击金军某个防守薄弱的环节，然后寻找机会与金军大兵团决战。这样既能利用人数优势弥补宋金士兵单兵战斗力差距的鸿沟，也方便战场统一指挥，避免陷入各自为战的混乱。①

鉴于此前种师中惨败的教训，即便宋钦宗把队伍分为三部分进攻，也应该统一进攻的时间，这样才能够在战区形成多个相似的爆破点，以免给金军留下各个击破的时间和空间。

但是不知道为什么，这两个方案宋钦宗都没有考虑，他坚持采用"兵分三路、各自进攻"的方式，让三路大军的统帅自主发挥。

最先与金军在战场上对峙的是解潜和折彦质的部队。

靖康元年（1126年）七月二十七日，接到命令的解潜非常高效地抵达了南关，发现这里驻扎的金军并不多，

---

① 徐梦莘《三朝北盟会编》卷五十收录的李纲《传信录》："余极为上论节制不专之弊，又分路进兵，敌以全力制吾孤军，不若合大军由一路进。"

于是下令急速猛攻，轻而易举地攻陷了以往难如天堑的南关。更让人感到惊喜的是，金军竟然在防守薄弱的南关囤积了大量粮食。解潜考虑到太原城里的军民已经缺粮很久，自己的军队因为事先规划的是要通过狭窄险峻的南北关，并没有携带太多的辎重，所以眼下这一批粮食正好可以送到太原去救急，便分出一部分士兵和车马去运粮。

然而，这是金军的一个陷阱，他们这么布置的目的就是想在南关和北关之间袭击宋军的运粮部队。等解潜的部队将粮食装好上路之后，金军从埋伏点突然冲袭没有披甲和携带重武器的宋军。宋军无法抗衡，便全线溃散回南关，死者相枕藉，抢来的粮食又全部回到了金军的手中。

八月初三，金军继续南下进攻南关。为了全线击溃这一股宋军主力，留守在太原的金军精锐尽出：银术可亲自带队，拔离速、娄室、银术可的儿子毂英全在阵中。

收拾了残兵的解潜决定在这里跟金军决一死战。他效仿"破釜沉舟"之策，将营寨驻扎在金军必经之路的悬崖边上，让士兵们无路可退。金军到来之前，他对兵将们许下了承诺："迎敌者赏及子孙，退走者诛及妻子，如果立下了奇功一定赏高爵！"

然而解潜的这个承诺在士兵这里已经没什么效果了，他接手的是姚古的军队，而这帮人以前都是受童贯指挥的。当初童贯经常用这样的说辞来激励他们作战，但是打完仗以后，童贯为了贪墨军饷，战死的人被他说成逃兵以节约抚恤金，战场失散者被他重新召回军队，说成招安贼寇来骗取朝廷的赏金。士兵的斗志已被童贯消磨得差不多了，他们认为解潜依然在玩这一套欺下瞒上的把戏。[1]

解潜并不知道自己手下士兵的士气已经如此低落，还在指挥部队全力迎战金军。两军接战以后，战况一度非常激烈，双方展开了巷战。人数占优的宋兵甚至都突进到了拔离速面前挥刀猛砍，拔离速已经无力抵挡，多亏了侄儿毂英在旁边一刀砍断了宋兵的手腕。另一个宋兵在旁边举枪刺向拔离速，也是毂英砍断了宋兵的枪杆才救了拔离速一命。[2]

但是宋军很快就开始后院起火。守在悬崖之上的预备队看前方如此血战，本就士气低落的他们竟然用绳子吊着溜下深沟逃走，宁愿摔死也要逃离战场。正在血战中的宋军和金军都看到了这一幕，于是金军抓住机会全力猛扑，宋军士气瞬间崩溃，开始四散逃命。最终，解潜又迎来一场大溃败，只能杀出重围逃往隆德府。金军在后面狂追不

---

① 徐梦莘《三朝北盟会编》卷五十一。

② 《金史·毂英传》。

已，威胜军知军张尧佐既不敢迎敌也不敢守城，干脆开门投降。此战，宋军抛弃的金银、钱粮、丝帛以数十万计，损失极为惨重。

解潜战败之后，另外两支军队面临的状况也并不乐观。

早在解潜进驻南关之后两天，远在大同的粘罕就知道了宋军即将倾尽全力解围太原的消息，然后率领大同的军民，于八月初南下增援太原，[①]接管银术可的指挥权。

对宋军来说，一个更加强大的对手来了。

接下来跟金军正面交战的，是张灏和折可求的八万大军。折可求在从陕西带兵去汾阳跟张灏会师之前，麟州知州杨宗闵献计说："朝廷只让你去解围太原，并没有明确要求从哪条道进攻。如果大军从汾阳出发，相当于用我们的步兵去跟金国的骑兵硬拼，实在是不占优势。不如请你以上将的名义大张旗鼓，打着救太原的旗号前进，借我两万精锐骑兵绕到太原以北攻其必救之所，金军一回师救援，你就在后面乘势追击，太原之围必然就解开了。"

折可求也觉得这是一条妙计，但是犹豫再三以后，还是选择了更稳妥的一条路，跟张灏合兵一处，利用人数优

---

① 徐梦莘《三朝北盟会编》卷五十称粘罕是七月底从大同出发的，《金史·完颜宗翰传》称粘罕是八月出发的，本书采用了后一种说法。

势与战斗力占优的金军抗衡。

八月初一①，张灏派折可求和张思政统领先锋往太原方向突进，八月初八抵达汾州和文水县之间一个叫郭栅的地方。折可求和张思政选择在这里的一处四面是高坡的狭窄之地下寨。这里狭窄到什么程度呢？宋军的营寨甚至都不能分散驻扎，只能在一处集中下寨。这本来是兵法的大忌，折可求和张思政也知道，但是只有这里有一条山涧，可以供给部队水源。

八月十一日清晨，金军拔离速部和突合速部来到郭栅，突击宋军左军未遂之后，转而突击宋军的右军，终于突破了宋军的防线，然后直冲中军。当时折可求和张思政还在中军大帐中吃早饭，金国骑兵冲进大营之后，流矢都射死了跟他们同桌吃饭的人。折可求和张思政大惊，起身上马逃走，主将一走，宋军全线溃退，逃回汾州和张灏会合。

八月十五日，中秋节，斥候报告说，金军文水县主将、在代州被俘的原宋将李嗣本在县城里摆酒赏月，防守并不严密。张灏和张思政当机立断夜袭文水县，果然攻破了县城，斩首数百人，差点生擒李嗣本。获得这一场胜利

---

① 黄以周等《续资治通鉴长编拾补》卷五十六记载为七月初一，本书作者综合各方资料，认为是八月初一之误。

之后，张灏极度兴奋，命骑兵举着黄旗从汾州往中原奔驰，一路高喊"汾州报捷"。沿途州县的百姓欢声震地，失声痛哭，持酒相庆，高喊"我师胜矣""皇帝圣慈，我等终于见着太平光景了"。

占领文水之后，张灏命令继续前进，张思政和折可求在上次黄迪战败的上贤村和马村下寨。金军先来约战，但是稍微遇到宋军的抵抗就溃逃。张思政分析之后得出结论：可能东路刘鞈的部队已经进入指定位置，因为他们那边距离太原更近，所以金军将主力都调动过去增援了。于是，张思政放松了警惕，一边固守一边专心等待前线的最新消息，准备战机出现之后就全力出击直扑太原。

然而这又是金军"明修栈道，暗度陈仓"的计策，他们的游骑在骚扰张思政的同时，另一支主力部队已经从一条小道悄悄潜入张思政的侧后方。八月十八日清晨，金军的先头部队抵达，已经走得人困马乏，身上背负的器械都来不及卸下来。他们担心宋军趁其阵势不稳率先发起攻击，于是先鼓噪一番，再大喊三声，摆出一副进攻的样子。张思政不敢轻举妄动，只能赶紧调集士兵严阵以待。争取到宝贵的喘息之机以后，金军已经列好阵势，他们的后续部队也从西南方向源源不断地出现在张思政的后方，开始发起攻击。

最先溃散的是后军统制冀景，这个当初在石岭关溃逃，将太原北方最后一道防线让给耿守忠的人故技重演，把张思政的后方全部暴露给了金军。宋军在金军三面围攻之下难以招架，营寨很快被攻破。张思政和折可求突出重围逃回汾州跟张灏会合，没有马匹的士兵们只好往北，准备翻山逃走，结果山顶背后是绝壁，摔死者不计其数。[1]张灏发现前方战败以后，也带着亲随继续南逃到了隰县、吉县一带。

经过郭栅和文水两场大败，张灏手下八万人的部队损失七万多人，只剩残兵八千多人、战马五百多匹。张灏盛怒之下，将冀景等五十二名率先逃走的将士当街斩首示众。

英雄杨可发

解潜和张灏两路大军败走以后，宋钦宗派出去的三路大军就只剩下刘韐一支了。刘韐和他手下的五万人其实并没有发起什么有效的攻势，刘韐在听说解潜八月初三战败之后，立刻带兵从井陉逃回了真定。去了真定他还不放

---

[1]　本段史料来源于《宋史·钦宗本纪》《三朝北盟会编》卷五十、《续资治通鉴长编拾补》卷五十六、《金史·突合速传》。几方史料有一些矛盾之处，本书作者根据自己的判断进行了一些取舍和综合。

心，担心金人尾追而来，便留下两个手下守在信德府（治今河北邢台），然后自己去了开封。

也就是说，宋钦宗亲自安排的三路大军救太原又以彻底的失败告终了。但是在已经沦陷的繁峙县附近，还有一位英雄在持续战斗。

这人叫杨可发，是太原城里的将官，因为脸上刺了六个字，所以被人称作杨麻胡。太原被围之后，他奉命借着夜色从城墙上溜下来，在河东地区召集人马回去解围，等到了盂县①的时候已经召集了上千人。某天他在路上遇见三个人，一问才知道是繁峙县的三位豪杰，被金军抓了壮丁，被派遣去刺探宋军情报的。三人不愿意干这种事，于是就逃到了盂县。当他们听说杨可发是来招兵救太原的时候，马上告诉他，说繁峙县有很多不愿意顺从金国的精壮青年，一直报国无门，要是杨可发去了，一定能把他们集结起来跟金军作战。

杨可发于是随着三人翻过五台山去了繁峙县，到县东的天延村招兵四十多天，竟然招到了两万多人。随后，杨可发决定对繁峙县城发起进攻，希望能够吸引金军的注意

① 原文为"虞县"，但虞县位于今河南省商丘市虞城县，与太原相距甚远，且与后文联系不上，本书作者改成了更符合地理环境以及上下文中的"盂县"。

力，减少太原的压力。他以五台山的僧人为先锋，走到繁峙县东十里的铁家会时遇见了金军。杨可发随即带着主力加入了战场，双方展开激战。新招的队伍毕竟敌不过训练有素的金军，战至夜晚，杨可发的部队被全部冲散。

惨败的杨可发回到五台山，繁峙县的副僧正愿意跟着他一起去打游击，两人带着剩余的残兵重新回到盂县，又集合起两千的兵马，结果不幸再次遇上了金军的主力部队。激战之后，杨可发自知无法突围，于是靠着墙壁，把长枪斜着倒立在地上，用力扑向枪头，自杀殉国。[①]

经过这几场大败之后，北宋在太原周边的武装力量几乎已经消耗殆尽，汾州、威胜军、隆德府、晋州、绛州、泽州扶老携幼渡河南逃者数以万计，这些州县基本上都变成了空城。

至于那些溃散的士兵，大都也没有回到自己的建制，而是辗转回了老家。有人劝他们归建，士兵们说："不久前郭栅大败之后，张灏出榜让大家回去，说统制官以下的都免罪，结果有些人回去之后就被杀了。我们现在归建就是个死，不如回家等下一次征兵。"[②]

---

① 徐梦莘《三朝北盟会编》卷五十一收录的赵甡之《中兴遗史》。

② 徐梦莘《三朝北盟会编》卷五十一。

到了南宋绍兴十年（1140年），和刘锜一起取得对金"顺昌大捷"的顺昌知府陈规是这么评价这次救援行动的：二十二万人去救太原，居然会失败，不是兵不够，而是因为不会用兵。二十二万大军的攻击方式都是排成长列向前进攻，只要先锋吃了败仗就往回跑，然后整个大军都跟着往回跑，这还怎么打？最好的办法，应该是将部队化整为零。以五万兵为例，分成五十将率领，每将一千人。十将负责护卫统帅，其中留一部分预备队供主帅随时支援前线，顺便大张声势牵制敌人的打援部队；二十将通过主干道进入战区，绵延布满三五十里的区域，金军根本无法一举歼灭；二十将寻找偏僻小道进入战场，可以刺探情报，可以当作伏兵，也可以攻击金军的粮道。这样一来，宋军根本不用杀到太原城下去，金军既不能全歼宋军主力部队，也无法承受粮道断绝的滋扰，自然就退兵了。[1]

可惜，当时的北宋朝廷没有一个人能够提出这样的作战方略，只能将手里的部队一次次填到这个战场里，消耗殆尽。

---

[1] 徐梦莘《三朝北盟会编》卷一百三十九收录的陈规《朝野佥言》。

4. 太原终于沦陷了

宋钦宗慌了

靖康元年（1126年）八月初三，也就是战斗刚刚打响的时候，宋钦宗做了一个名义上非常重大的人事安排——他召回了河东河北宣抚使李纲，派种师道去巡边。

现在河东激战正酣，他将名义上的总指挥撤回来，这就是明明白白地告诉所有人，李纲已经暂时性地失去利用价值了。而种师道重病缠身，行走都已相当困难，去哪里都是让人用肩舆抬着，想让他去前线指挥作战也不太现实。因此，这一次任命的所有意义就在于警告李纲，等他回来之后再处分他的逗挠之罪。

八月初七，天空突然出现了一颗彗星，这在古代是一种非常不好的征兆。宋钦宗那颗万丈雄心开始有点不安了，他在第二天下了诏书，避殿减膳，听取民间疾苦，希望能够得到上天的谅解，得到一个更好的结果。但是没想到，这些都不管用，他怕什么来什么，随着前线的败绩一纸一纸地传回开封，宋钦宗开始慌了。

当前线全面战败的消息传回开封之后，宋钦宗面对这个完全没有预料到的结果几乎失去了主张。八月二十日，侍御史胡舜陟上书，非常直白地对宋钦宗说："当前最重要的事就是赶紧派人去金国求和，然后动员将士、占据要地、坚壁固守，否则就来不及了。"在奏折的最后，他担心宋钦宗恼羞成怒，特地申明，他是听说河东失利，为皇帝朝夕深思，所说的一片狂言都是出于爱国之心。[1]

宋钦宗没有生气，他也顾不上生气了。他看到这封奏折以后，立刻为自己下达总攻令之前给斡离不和粘罕各发了一封乞和的国书感到庆幸，当天就开始挑选使者。八月二十四日，人选出来了，吏部侍郎李若冰和副手王履出使河东，上次出使金国后被贬到邓州任知州的王云出使燕山。他们将面对面向粘罕和斡离不求和，讨论三镇租税充岁币的事情。

在使者出发之前，宋钦宗又进行了一项重大的人事调整：将此前的两位宰相徐处仁和吴敏罢免，任命唐恪为宰相；罢免枢密使许翰，任命李回和聂昌为枢密使。

罢免宰相，其实是他的亲信门下侍郎耿南仲的一个权

---

[1] 徐梦莘《三朝北盟会编》卷五十一收录的胡舜陟奏折。

力斗争的小伎俩。耿南仲不满徐处仁和吴敏权势太重，李若冰和王云分头出发之前，他找到宋钦宗汇报了一件事："上次王云从燕山回来，说斡离不认为现在朝廷跟金国的紧张气氛都是两个宰相搞出来的，要和谈可以，先把他们罢免了再谈。"①而罢免许翰的枢密使，显然就是要让他为这一次援救太原失败的军事行动负责，总不能把错误算到宋钦宗自己头上吧。

九月初一，李若冰带着宋钦宗的期待出发了。王云因为要接到命令之后才从邓州赶过来，所以行程比李若冰晚了许多。不过宋钦宗并不担心，当前最紧迫的是太原，而不是燕山。

出发之前，宋钦宗亲自接见了李若冰，并不是交代什么机密要事，而是觉得他的名字起得不好。"若"就是"弱"，"冰"就是"兵"，连在一起的意思就是说大宋的兵很弱。为了获得一个好兆头，宋钦宗给李若冰赐了一个名字叫"李若水"②，希望他带着"上善"，也就是自己的善意，以及一封态度非常诚恳的国书去山西跟粘罕好好聊聊。国书的内容，当然还是希望能够以租税充岁币，

---

① 黄以周等《续资治通鉴长编拾补》卷五十五。

② 徐梦莘《三朝北盟会编》卷五十二。

免割三镇，其中不乏检讨因为太原军民婴城固守导致金军"攻围之师不免暴露于野"的卑微之词。①

宋钦宗在开封惴惴不安而又心存幻想的时候，遥远的金上京已经发出了一道改变他命运的命令：八月初七，也就是彗星出现的那一天，吴乞买下令，让粘罕和斡离不起兵伐宋。

这其实是金国的君臣早就商量好的事情。吴乞买的诏书还没到太原的时候，八月十四日，粘罕就以"金国两路元帅府"的名义，联名斡离不给宋钦宗写了一封措辞极其严厉的问罪书。粘罕在信中斥责了宋钦宗背信弃义固守三镇，以及阴谋勾结萧仲恭和赵轮策反耶律余睹的行为，警告他不要走宋徽宗和天祚皇帝的老路，把自己的皇位都搞丢了。在信的结尾，粘罕明确告诉宋钦宗，他派了"问罪使"杨天吉和王汭前来开封，如果宋钦宗认识到自己的错误，就派皇叔越王赵偲、皇弟郓王赵楷以及一名宰相来太原认错，并且叫开城门。②

粘罕写好这封问罪书之后，本应当时就发出去的，但这时他正在跟张灏的部队作战，就把送信的事情搁置了下

---

① 佚名《大金吊伐录校补》八六《宋复遣使告免割三镇书》。
② 佚名《大金吊伐录校补》八四《两路元帅府差官问罪书》。

来。等到张灏被击退以后，粘罕非常敏锐地意识到一个问题：北宋朝廷已经很难在短时间内组织起有效的救援行动了，而太原城内已经到了崩溃的临界点，已经完全没有必要跟宋钦宗沟通了。此时不攻城，更待何时呢？

地狱一般的太原城

太原城的实际情况，可能比宋钦宗和粘罕预想的都要糟糕。

自从靖康元年（1126年）六月开始，张孝纯派出来送信的人越来越少，因为他已经找不到有足够体力能够穿过金军层层封锁抵达宋军控制区域的人了。而这些零零星星送到开封的信里，都是张孝纯无奈和无助的请求。

"太原被围八个月以来，城中的居民已经死亡十之八九。牲口已经全部杀尽吃光，守城的士兵早已断粮，大多疲病，靠着铠甲上的牛皮充饥都已经坚持了二十多天。现在金军也知道了城里的情况，攻势更加猛烈。各路援兵毫无消息，城里已经危急到朝不保夕的地步。臣在仓促反侧之间勉强支撑，如果几天之内援军还不来的话，臣就真的守不住了。望阙忍死，死不瞑目。"

"臣听说宣抚使、制置使等在全国调集兵马来救太原，但是迟迟不见援军到来，臣猜想可能是朝廷出于万全之计，除了解围太原之外还要收复失地。不过太原已经到了最危急的关头，已经等不起了。臣已经给宣抚使和制置使送信，请王师不要顾忌我们城内的守军，不要在乎太原的存亡，按照既定方案全力猛攻就是。臣等一定死守，等待王师到来。"

"转告我儿张灏：城里的事情我已经在奏折里写得很清楚了，宣抚司、制置司我也通报了，你只管带好手里的兵听从指挥就行，其他就不要说了。我在这里的情况就好比病危之际而呼大夫不至，其慌乱可以想见也，迫迫切切。"

"大夫还不来，现在已病入膏肓，如之奈何？垂死挣扎，只等灵丹妙药来救臣一命了。"

"今天收到金贼投到城中的文字，说援军已经被击退。臣虽然不信他们的惑乱军心之语，但确实没有收到援军的消息，颇有些怀疑金贼说的是真的。无可奈何，只能无可奈何。"

"本月（看后文疑为八月张灏攻击文水县之时）十三、十四、十五日，城墙上的士兵看到金贼的骑兵从东南沿着城墙朝北疾驰而去，臣怀疑是援兵已经攻过来了。到十六日后，有金贼数十骑从南边依次过来，到二十日有二三十骑从晋祠和榆次方向向北而来，连日往来不定，但是丝毫得不到王师的消息。城里的军民已经断粮很久，又没有逃生的路，颇有一些鼓噪。事势愈危，死亡之期近在朝暮，请速速催促大军星夜前来解围。"

"今天申时写好奏折之后，还没来得及发出，东壁报告说有数队金人到城下送信，说汾州、南关、平遥、寿阳等各处援兵都已被杀退。虽然臣不相信这些话，但是援军多次爽约，又一点消息都没有，满城军民更加忧疑。请看在太原府危如累卵、人心反侧的份上，督促大军前来解围，可能还有万分之一的机会。"

"太原被围二百五十多天，外城已经失陷月余，城里已经没有柴火了，早就开始毁屋取木煮饿死的人肉吃了。现在满城军民仅存百分之一二，活着的也是伤病缠身。守城的士兵已经饿得站不住了，兵器都放在一边，只能勉强靠墙站着，更不要说走动御敌了。"

"人多粮少，士兵先是吃牛、马、骡，吃完了以后煮弓弩、筋甲，百姓煮浮萍、树皮、糠秕、草根充饥。到后来，妻子、儿子快要饿死的时候，即便再重情义的丈夫、再爱孩子的慈父也只能将妻儿当成食物，甚至都不跟别人交换，免得斤两不同，大家闹纠纷。要不是王禀苦苦支撑，太原旬日之间就被攻破了。"①

———————————

① 徐梦莘《三朝北盟会编》卷五十三收录的《封氏编年》。

张孝纯送出来的消息说得并不全，根据后来幸存者回忆，当时太原城里的惨烈程度远比他奏折里说的严重，说是堪比地狱也毫不为过。

太原从宣和七年十二月十八日（1126年初）被围，坚守到靖康元年（1126年）九月，这二百五十多天里没有收到过城外送进去的一滴水、一粒米、一块肉、一文钱，没有得到过一兵一卒的支援，连宋钦宗隔空发出去的嘉奖令他们都没收到。

在这期间，尽管张孝纯和王禀已经非常努力地规划好了所有物资的使用计划，但是他们从来没有想到宋钦宗在这么长的时间里都没有完成对太原的救援。城里的百姓十五岁以上、六十岁以下的都被充了军，所有房屋都拆去了相邻的墙壁，全部打通，就为了让全城百姓贫富平均、餐食同等，不得隐藏。坚守半年之后，所有食物全部耗尽，城里只能将老弱全部杀死当军粮。①

这样的太原，已经脆弱得如同一张窗户纸，只等着金军的最后一捅，便将破碎，再无生存之理。

---

① 徐梦莘《三朝北盟会编》卷五十三收录的《靖康遗录》。

粘罕终于进城了

靖康元年（1126年）九月初三，经过精心准备的粘罕发起了对太原的最后一击。

金军攻破外城之后，集中力量对边长只有五六百米的内城发起了猛烈攻击。但是他们在城墙上遭到的抵抗并不激烈，因为守城的士兵已经无力作战了，大部分都是眼睁睁地看着金军爬上城墙对他们刀枪相向，几乎算得上原地等死。

金军随后大量涌入内城，运判王禀战死，通判王逸自焚殉国。张孝纯无力抵抗，提刀准备自尽，但是刀被身边的亲随抢走，于是被金军俘虏。粘罕随后进城，带着胜利者的骄傲亲自审问了张孝纯："大辽都被我灭了，你这区区一座城，怎么敢跟我抗衡？现在太原已经在我手里了，你还有什么能耐吗？"张孝纯毫不示弱地回击说："如果我有粮，怎么可能让你进城？自古以来，天子都是追求德泽天下，而不是攻城略地，你们灭了大辽，毁人宗庙，是为失德，哪怕国土再广也是盛极必衰，兵力再强也是好战必亡。"

胜利之下的粘罕也不生气，开始笑着跟张孝纯讲道理："天祚皇帝内政不修，外侮邻国，整日沉迷于酒色畋猎。我家太祖知其必亡，所以才起兵讨伐，这是以顺伐逆，怎么能叫失德呢？你家皇帝派使者跟我家太祖定下海上之盟，但又屡屡违约，我家太祖皇帝都顾全大体没有兴师问罪，还看在赵良嗣、马扩等人多次苦苦哀求的分上，即便是你们有错在先，依然答应把燕京六州二十四县给了你们。谁知道你们不但不感恩，反而趁机招纳我大金平州知府张觉，又将本不该交割的民户招诱到南方，这难道不是你们败盟吗？不久之前，我家皇帝派二太子郎君和我分头问罪，我家天兵抵达开封之后，你家君臣哀鸣求和，答应割让三镇二十州赎罪，二太子看你们可怜才答应班师。结果誓书墨迹未干，你们又败盟，不给三镇，还派兵追袭。自古违盟不配享国，所以我家皇帝下了诏书再次讨伐你们，你要是愿意投诚，我倒是可以用你。"

张孝纯说："朝廷的事如何，我并不知道，我只知道领命守卫太原，世受国恩不敢背弃。自古不战而屈人之兵为上，你们攻城那么多次都没成功，现在只不过趁我士兵缺粮才得逞。再说了，攻城为下策，何足道哉？孝纯唯有一死以报朝廷，勿复多言。"

说完这番话，张孝纯闭目不语。粘罕命人将他和张浃一起摔倒在地，恐吓说，如果张孝纯不投降，他将有万种生不如死的刑罚来折磨张孝纯父子。张孝纯父子同时抗言不屈，试图激怒粘罕将他们杀死。粘罕见语言恐吓无效，于是当着张孝纯父子的面，命人将俘获的统制高子祐、统领李宗颜、运副韩总、提举单孝忠、廉访狄充、通判方笈和张叔达等三十余人拉过来尽数杀死，而张孝纯父子面不改色，始终不屈。

粘罕无可奈何，只能把他们交给高庆裔押下去好好看管，叮嘱别让他们自杀。张孝纯随即绝食，但是坚持几天后，终于忍不住饥饿，被灌了几口米粥活了下来。随后父子一起被押送去了大同。①

内城刚被攻破的时候，张孝纯最得力的副手王禀随即率领已经没什么战斗力的士兵跟金军展开了巷战。身中数十枪之后，知道太原已经守不住了，于是退回内城中心的统平殿，取下宋太宗的檀香御像，用丝练系在背上，带着残兵准备从并无金军进攻的汾河边的西门冲出城。结果西门门闩的绳子断了，无法打开，他身边的士兵纷纷溃散。几个亲随劝他投降，他说："城池陷落，兵无斗志，现在门又打不开，确实是天要亡我，我岂能违背天意、辜负朝廷呢？"随后，王禀背着宋太宗的御像自杀殉国。

粘罕找到王禀的尸体以后，专门找来张孝纯确认，然

①　综合徐梦莘《三朝北盟会编》卷五十三收录的《封氏编年》《靖康小录》。

后指着王禀的尸体痛骂一番，再和手下用兵器将他剁得稀烂，暴尸于野。[①]泄愤完毕之后，粘罕下令屠城，然后纵火焚烧全城屋舍，将太原烧成了一片废墟。

粘罕进攻太原的前几天，张孝纯的另一个儿子张灏已经带兵从隰县附近回到了汾州。宋钦宗屡次派他来救太原，就是希望他能够念及父子之情拼死猛攻，但是张灏并没有这么做。某天，他突然在汾州张榜称："本司已经得到确切消息，太原已经打开了四门，正与金军激战，今晚我将带兵前去应援。"还留在汾州的百姓们看到榜文莫不欢欣鼓舞，结果当天晚上，张灏打开太原相反方向的西门，带兵径直往石州（治今山西吕梁）而去，城里人尽皆惊愕，不知其故。

几天之后太原失陷的消息传来，大家才知道张灏出榜是为了欺骗百姓，好让自己轻装逃走，虽三尺之童莫不扼腕切齿，欲食其肉。[②]

至此，北宋朝廷援救太原的行动以彻底失败告终，这

---

① 综合徐梦莘《三朝北盟会编》卷五十三收录的《封氏编年》《金国节要》，其中《中兴遗史》和《靖康小雅》称王禀是出城以后投汾河而死，还有赞颂他的诗曰："负像赴水，义不苟生。大节卓伟，千载光明。"

② 徐梦莘《三朝北盟会编》卷五十三收录的《封氏编年》。

座坚守了二百五十二天的河东重镇就此陷落，先后被掌控于金人和蒙古人之手，直到二百四十二年之后的1368年，才被朱元璋的大将徐达攻破，重新回到了汉人政权的手里。

更重要的是，太原的陷落，标志着北宋的河东防线全线崩溃。粘罕终于能够腾出手来全力南下，突破黄河、进攻开封了。

第九章

围攻开封

1. 一城陷则一路陷

和谈梦想破灭

太原陷落的消息很快就传回了开封，斡离不从燕山南下进攻河北的急报也呈到了宋钦宗的面前。靖康元年（1126年）九月十九日，盛怒的宋钦宗把全部责任都推到了被他亲手剥夺了指挥权的河北河东宣抚使李纲身上，怪他在怀州屯兵不进，将其罢为观文殿学士、扬州知州。李纲上书辩解，再被罢为提举杭州洞霄宫；李纲再辩解，被革去观文殿学士的头衔。最后，宋钦宗将李纲发配去了宁江军（治今重庆奉节）安置。

同时，宋钦宗还想起了上一次救太原导致种师中战死的枢密许翰，本来这件事已经过了，但是他想起许翰是李纲推荐的，也顺便将他罢为亳州知州，再贬为提举南京鸿庆宫。

除了处理大臣，宋钦宗也知道当前最重要的任务就是加强对开封的防守。九月二十三日，在尚书右丞何栗的建议下，他增设了四道总管府，分管四道兵，以大名知府赵野为北道总管统领河北兵马，河南知府王襄为西道总管统领京西和河东兵马，新任邓州知州张叔夜为南道总管统领京西南路和湖北兵马，应天知府胡直孺为东道总管统领京东和淮南兵马。宋钦宗给了他们极大的决策权，事项可以自己决断，财务可以自由支配，官员可以自己任命，士兵可以自行诛赏，一旦收到朝廷的召唤就立刻回援开封。同时还安排李回为大河守御使应对粘罕，范讷为河北宣抚使防备斡离不。①

就在同一天，斡离不从燕山派出的使者王汭抵达开封。接到吴乞买的诏书之后，斡离不已经于八月二十四日从燕山出发南下。在进攻广信军（治今河北徐水西）、保州不利之后，发现中山府依然坚守，干脆轻车熟路地越过中山府，直奔真定而去。

斡离不在听说粘罕攻陷了太原之后，便抱着碰碰运气的想法让王汭来索要中山府和河间府，万一宋钦宗答应了，他也就不用费力去攻城了。王汭游说耿南仲说，大金的土地现在已经非常辽阔，也不是非要三镇之地，只不过盟约已经签订了，不要的话下不来台。如果现在宋钦宗主

---

① 黄以周等《续资治通鉴长编拾补》卷五十六。

动把三镇献给大金，大金肯定会推辞，这样两边都能顺阶而下，事情就解决了。如果宋钦宗坚持不给的话，那大金就有提兵南下的借口了。

耿南仲听完欣喜万分，于是说动宋钦宗抓紧时间跟斡离不通好，希望在太原失陷的不利局面下，能够让两国重新回到和谈的轨道上去。①

王汭的说辞让宋钦宗心中又燃起了和谈的希望。接下来就是等待去跟粘罕求和的李若水回来汇报情况了。

李若水和副使王履九月初一从开封出发，于九月十五日在太原东南的榆次县遇见了粘罕的军队。这时候，太原已经陷落十二天了。

负责接待李若水的是太师萧庆，问清李若水此行目的之后，萧庆专门叮嘱了一句："除了国书之外，还有其他事情吗？如果有你就先提出来，我好去禀报国相。你们上一拨信使来的时候说除了国书就没什么其他事了，结果见了国相之后又提出有事情需要面议，搞得国相非常生气。"李若水赶紧回复说："来的时候本朝皇帝专门交代了，让我们一定要向国相说清楚，以前奸臣误国造成了很多误会，现在连续派使者过来就是道歉的，希望国相以生

---

① 徐梦莘《三朝北盟会编》卷五十六收录的赵甡之《中兴遗史》。

灵为念，早日通和。"李若水的这种态度显然让粘罕比较满意，傍晚粘罕派人来传话，让李若水准备好礼物，第二天一早去面谈。

九月十六日，李若水等人在翻译的带领下去往粘罕的大帐。接待的萧庆拦住他们说，粘罕需要先知道此前宋钦宗跟前的红人赵良嗣的去处才接见他们。赵良嗣已于半年前被诛杀于郴州，但是李若水因为官阶太低，并不知道此事，只能按照自己模糊的记忆回复说，赵良嗣已经被宋钦宗贬到岭南去了，时间记不清了，不是去年冬天就是今年春天。

赵良嗣当年和金国谈判时锱铢必较，想尽办法为北宋争取利益，金国上下都认为他为人狡猾且言而无信，并不喜欢他。听说宋钦宗已经贬谪了赵良嗣，萧庆倒也满意，收了国书之后便让李若水在幕外等候。不一会儿，粘罕看完了国书，派人来邀请他们见面。一番寒暄之后，李若水又开始说客套话，希望粘罕"以生灵为念"，跟北宋讲和。粘罕的态度极为不好，直接就顶了一句："你们进攻燕山的时候杀了那么多人，怎么不以生灵为念？"副使王履听到这话插了一句说："国相要是把以前的旧账一一翻出来说，那我们确实无以为对了。"

李若水看双方要谈崩，赶紧直奔主题表明宋钦宗的意思，愿意将三镇每年的赋税都交给金国，希望金国将三镇留给宋方，然后两国罢兵言和。太原在手的粘罕已经看不上这个条件了，勃然大怒说："既然你们的诏书都说了把三镇割让给我们，那么不管土地和租税都是我们的，哪有拿我们的东西来跟我们谈条件的。你们这么说，就是败盟不割地了？"李若水赶紧解释道："不是败盟，是因为三镇的军民不愿意交割，所以我们才考虑用租税的形式来处理这件事，这样双方都省事一些。"完全占据了谈判主动权的粘罕慢悠悠地对李若水说："你们这么有时间，不去劝劝你们皇帝早点交割完三镇，却来这里摇舌鼓唇占我们的便宜，哪有这么好的事情？"说完，粘罕终止了当天的谈话。

九月十七日，粘罕再度召见李若水和王履，这一次他基本没有聊任何割让三镇相关的事情，而是粘罕详细询问了几个看上去无关的问题：井陉能不能供车辆行驶？防守强度如何？黄河什么时候封冻？

李若水和王履对这些问题毫不隐瞒地一一作答，丝毫没有意识到粘罕这时已经开始谋划如何通过井陉与河北的斡离不东路军互相配合，什么时候能够利用黄河封冻的机会渡河南下了。

九月十八日，双方再次见面。鉴于前一天根本就没谈什么实质性的内容，李若水一见面就有些沉不住气，开门见山地问粘罕，现在到底是什么意见。粘罕依然没有直接回答，只说自己会写到国书里，宋钦宗看了就知道了。

李若水不放心，说这么大的事情，涉及方方面面的条款，国书里面可能会有遗漏的地方，坚持请粘罕当面给一句明确的回复，好让他回去交差。双方拉扯了几个回合之后，粘罕看李若水实在是倔强，终于明确回复说，要是不交割三镇土地和人口，就绝不讲和。

这个回答对李若水来说就等于没有完成任务。他开始转变姿态，从请求变成哀求，希望粘罕能够松一松口，看在两国多年的情分上让一让。但是不耐烦的粘罕已经完全不愿意跟他再多说一句，直接让人把他们打发走了。

九月十九日，李若水最后一次被粘罕召见，还没来得及开口跟粘罕谈判，粘罕便直接堵住了他的口说，已经写好国书了，让他拿回去交差就行。李若水不得已，只好领受了国书。粘罕非常严厉地让他回去向宋钦宗禀报，不要再谈什么租税赎三镇的事情了，如果再不派人来交割土地和人口，他们就直接提兵杀到开封去。李若水争辩无效，只好告辞，归朝复命。①

---

① 徐梦莘《三朝北盟会编》卷五十五收录的李若水《靖康大金山西军前和议日录》。

　　粘罕说的这一封国书，其实就是八月十四日他写好但还没来得及发出来的那一封问罪书。鉴于现在他已经攻下了太原，所以他在后面加了一个附件，一一列出了北宋背盟的条目，并提出了要求，其中包括：宋方既然说这些都是边臣和执政大臣邀功搞出来的，跟皇帝无关，那就把这些执政大臣的名单和邀功行径详细报上来；宋方说此前的误国奸臣已经全部处分了，现要求把处分的名单和结果报上来；金方曾经截获了刘韐发给太原的蜡书，里面写着"李纲奉圣密旨，委令坚守"，需要宋方给一个解释；宋方一边求和一边多次派兵援助太原，也要给出一个解释；太原一直不交割，都是张孝纯父子搞出来的，现在我们已经攻破太原，你们尽快把张孝纯的家属全部送过来。[①]

　　从这一封信可以明确看出，粘罕这里已经没有任何求和的可能性了。他接下来要做的事情，就是继续扩大战果，向南挺进，争取杀到开封城下，像上次斡离不那样狠狠捞上一笔。

粘罕势如破竹

　　在粘罕这里碰壁之后，李若水失望地踏上了回开封的

---

① 佚名《大金吊伐录校补》八五《书外闻达事件》。

路。在路上，他迫不及待地将自己沿途的所见所闻写成了一封奏折，请朝廷赶紧派兵救河东："我奉命出使，在乱军中辗转千余里，经过了二府、二军、四县、七寨，这些地方都已经没了我大宋的兵马，只看见金人的军营。沿途无论是官舍还是民房都被烧得只剩下残垣断壁，只有井陉、白井、寿阳、榆次、徐沟、太谷几个地方看上去还像我们大宋的领土，但已经是金人和汉人混杂，我大宋的官员都说打不过金人，强迫百姓投降。沿途的男女老幼都被虐待得伤痕累累，穷困潦倒，一路望去状若阴间地狱。他们看见我来议和，虽然嘴里不敢说话，但是人人都以手加额痛哭流涕，希望朝廷尽快去解救他们。太行山下到处都是逃难的人群，有一些逃亡的士兵聚集到一起，试图占据有利地形抵抗金军，但是全都被招降和剿杀，无一幸存。请陛下看在两河人民不甘凄苦、仗义死节的分上，速速派兵前来救援，否则这一片土地就将落入敌手，而这一方百姓也再无生路了。"①

可惜李若水的建议已经晚了，他这封奏折还没写好，粘罕就已经开始扫荡河东全境。

攻下太原之后稍作休整，粘罕便将自己的兵马分成三

① 徐梦莘《三朝北盟会编》卷五十七收录的李若水奏折。

部分：他自己率领主力部队向东和向南扩张，一小部分由银术可带领驻守太原，另一小部分由娄室带领向西进攻汾州、石州等地，扫平太原西北部的宋军。等河东宋军被歼灭得差不多了，银术可与娄室就南下跟粘罕的主力部队会合，突破黄河防线进攻开封。

九月二十一日，粘罕率先进攻寿阳县，试图打开井陉通道，尽早建立和东路军的军事连接。寿阳县城虽小，但是军民据城死守，粘罕连攻三次，死伤惨重，竟然无法打开，于是转而南下进攻平定军。损失三千人之后，依然没能攻陷。

粘罕眼看又要被拖在城下的时候，他的援兵来了。围攻真定的斡离不派了一部分兵马穿过井陉来到平定军，与粘罕的西路军合兵一处，终于以惨重的代价拿下了平定军，随后再回师攻陷寿阳。

十月初六，攻陷了真定府的斡离不带着自己的主要助手来到了平定军，在这里跟粘罕举行了一次军事会议。粘罕的副手右监军兀室建议，既然河东、河北的两座首府太原和真定都已经到手，金国应该抓住这个机会全面攻占两河地区，等局面稳定之后再渡河去攻击开封。如果贸然进攻开封，不但开封打不下来，很有可能连太原和真定都要丢失，像斡离不这样前功尽弃。

　　这句话对斡离不的权威是一种非常大的挑战，也蕴含着粘罕集团对斡离不独吞北宋朝廷赔偿金的些许不满。然而在太原攻坚战中吃尽了苦头的粘罕再也不愿意跟北宋军队进行一城一池的争夺，他希望的是尽快杀到开封城下，逼迫宋钦宗支付足够的赎金来满足自己军队的需求。斡离不还没来得及说话，粘罕便否决了兀室的建议，非常坚定地说："开封是宋朝的根本，我要是没拿下开封，打下两河也守不住，我要是拿下了开封，两河就不取自下。上次二太子没能拿下开封，是因为我不在。现在我们两军联合，拿下开封犹如运臂取物，回手得之矣。"话一说完，斡离不率先表示同意，其他将领也再无反对。粘罕和斡离不便各自分头布置兵马，准备去开封会合。①

　　至此，粘罕已经打通了井陉，扫平了太原盆地，再无后顾之忧。他带着兵马一路南下，攻陷了威胜军，于十月十七日抵达了他曾经攻陷过的隆德府。

　　粘罕随即派人去城下，让守臣出城议事。知府张有极知道自己肯定守不住城，但是又不想轻易投降，便派通判李谔去金营了解详情。结果粘罕的意思是双方互不侵犯，金兵可以连夜绕过隆德府城墙去开封找宋钦宗问罪，隆德府只

---

① 徐梦莘《三朝北盟会编》卷五十七收录的《金国节要》。

需要在城下摆设酒食犒师，表明没有阻拦的诚意便可。

李谔觉得方案不错，反正也守不住，这样做至少能够保一城百姓的性命，便自作主张答应了下来。但是张有极听完汇报之后，觉得这种事情跟投降也没什么区别，担心人心不齐，于是召集全城百姓来商议。百姓沉默良久，害怕投降之后被屠城或被强行迁徙到北方，还是希望张有极能够带领大家抵抗金兵的进攻，这样至少还有守住的可能，成功了也能保全性命和财产。结果擅自答应粘罕方案的李谔被将住了，又不敢出城去给粘罕回话，只能留在城里走一步是一步。

当天晚上，粘罕按照约定带兵从城下绕行，结果发现城内并没有像约定好的那样打开城门摆酒犒师，担心被城内偷袭的粘罕当即决定收兵回营，第二天一早就来城下找李谔问罪。结果他刚一出现在城下，城墙上的官兵和百姓就开始指着他痛骂。李谔吓坏了，连忙制止，并让人去准备酒食开门犒师，免得粘罕攻城。一个怒气正旺的将官转身斥责李谔要造反，干脆利落地提刀杀死了李谔，然后号召大家准备迎敌。粘罕大怒，攻城，城破，杀戮甚众，劫掠无遗，知府张有极被俘。①

---

① 徐梦莘《三朝北盟会编》卷五十七。

十月二十八日，粘罕来到泽州城下。休息了一天之后，于十一月初一开始攻城，守城高世由稍作抵抗之后便开门投降。粘罕于是继续翻过太行山，进攻黄河北岸的最后一座重镇怀州，也就是李纲为了拖延时间制造战车的地方。

粘罕一直攻城略地的同时，娄室也取得了极大的战果。

十月初九，娄室西进来到汾州城下，派人叫城，称开门投降可以免遭屠城。此前张孝纯的儿子张灏已经带着自己的队伍逃走，知州张克戬手中兵马极少，并且大都是无法跟随张灏逃走的重伤之人。即便窘迫如此，张克戬依然命令手下用箭射走了城下的金军。第二天，娄室亲自带兵攻城，只花了一个时辰就攻破了汾州。张克戬穿好朝服对着开封的方向叩拜说："不是臣不为朝廷守城，是因为张灏带兵逃走，城上无人，臣只有以死报答朝廷。"随后上吊自尽。

娄室随即分出部分兵马北上扫荡石州，自己带兵南下来到了刘嗣初率领义胜军叛逃的平阳府。

平阳知府自从汾州失守以后就一直在积极备战。汾州和平阳之间的必经之路上有一处名叫"回牛岭"的天险，陡峻如壁，堪称一夫当关，万夫莫开。知府听从了谋士的建议，派兵去守住回牛岭，再加强城内的防守，看上去可以说万无一失。

当娄室大军抵达回牛岭时，他们抬头望着陡峭山崖上的宋军士兵，果然犯了难，彼此感叹说，只要宋军不缺矢石，他们断无攻上山岭的可能。结果问题正出在了宋军极度短缺的物资上，知府分给回牛岭士兵的餐食只有每天两升豌豆或者陈麦，士兵们苦笑着抱怨，这点东西就想让我们去卖命，士气很快就跌落到了谷底。金兵一来，毫无斗志的宋军径自逃散，将这座天险留给了娄室。十月二十四日，娄室大军抵达平阳城下，守城的将官带兵迅速逃走，以知府为首的文官也顺着绳子溜下城墙逃之夭夭，平阳宣告失守。①

十月二十八日，平阳府的溃兵逃到了绛州，与城内的驻军见面之后，不断宣扬金军如何凶猛，于是士兵们决定联合起来放火作乱逃走。随后，大火燃起，士兵开始到处抢劫，守臣弃城逃走，士兵们开始趁机抢劫官方仓库。当时，四川供给河东的军饷一百零八纲全在绛州存放，当天被抢劫一空。②

---

① 徐梦莘《三朝北盟会编》卷五十九收录的《宣和录》。

② 徐梦莘《三朝北盟会编》卷五十九收录的赵甡之《中兴遗史》。

　　太原失陷以后，北宋朝廷为了依托河东的地形继续抵抗，将河东分为东西两路，隆德府为东路经略，平阳府为西路经略。结果短短七天之内，两个经略府相继落入敌手，简直形同虚设。

　　收拾好了西路的娄室随即在平阳兵分两路前往怀州，跟粘罕的大军会合。至此，整个河东路都落入了粘罕的手中。

2. 终于实现的两路合围

粘罕和斡离不会师了

李纲从怀州被调走以后，过来接替他的人是折彦质。粘罕大军还没到怀州的时候，李若水出使太原归来路过怀州，跟折彦质密谈到半夜。也许是被李若水说的话吓到了，折彦质第二天就对怀州的官员撒谎说，他收到宋钦宗的圣旨，朝廷要罢免以前的大河守御使李回，由他来兼任。他现在听说黄河北岸的河阳渡口出现了骚乱，需要亲自去查看。随后，折彦质径直离开怀州去了河阳，把城池留给了知州霍安国。[①]靖康元年（1126年）十一月初六，粘罕和娄室、银术可合兵之后进攻怀州，霍安国无力守城，怀州沦陷。

从怀州到河阳渡口，不过五六十里的距离。粘罕本可以直接进攻渡口伺机过河的，但是他一直在这里等了六天，等东路的斡离不。虽然不能保证分秒不差，但是他们

---

① 徐梦莘《三朝北盟会编》卷六十一收录的范仲熊《北记》。

东西两军之间一直都在进行着非常高效而及时的进度沟通。从这一点来说，他们比从来不管进度，只知道命令"几路大军分头出击"的宋钦宗不知道高到哪里去了。

十一月十二日，娄室作为先锋南下进攻河阳渡口，在这里遇上了黄河南岸折彦质和大河守御使李回率领的十二万宋军。娄室并没有强攻，而是先通宵击鼓吓退宋军，然后趁夜色派三千人的前锋去试探河道，发现河水平浅，可以直接涉水而过，干脆过河之后在折彦质大军的背后下寨。天亮之后，折彦质发现自己身后已经有金军，以为粘罕全军已经渡河，既不敢发起进攻，也不敢原地防守，带领中军先退，于是北宋十二万人的守河部队全部溃散，把河阳的南岸渡口交给了粘罕。

已经掌控了黄河两岸的粘罕不慌不忙地安排部队次第过河。十一月十四日，他还在怀州没出发的时候，又遇到了北宋的使者李若水。他不是还没回开封，而是又来了。

粘罕派出去的问罪使杨天吉和斡离不派出去的问罪使王汭在十月十八日抵达了开封。两路使者同时抵达，表明了太原失陷之后，粘罕和斡离不终于能够相互协作、互为策应。被问罪的宋钦宗大为惊恐，但是依然抱着最后的幻想，派了王云去真定向"更好说话"的斡离不求情。没想到这一次连斡离不都没有了以往的宽容，他连王云的礼物都没收，直接撂下一句"若二十日之间不即割地，则提兵至阙下矣"①，就把王云赶了回来。

斡离不说出这句话的时间是十月二十五日，"二十日之间"就表示最后期限是十一月十五日。②因此王云抓紧时间往回赶，回到开封的时候是十一月初八。得到回报的宋钦宗彻底放弃了幻想，决定放弃三镇，抓紧时间交割，免得兵火再来。十一月十三日，他抢在最后的期限之前派出两路使者出发去割地：李若水从巩义过黄河去怀州找粘罕，王云从滑县过黄河去真定找斡离不。效率极高的李若水十四日就风尘仆仆地赶到了怀州，接待他的还是老熟人萧庆。

萧庆听说他们是来议和的，非常直白地告诉他，既然宋钦宗不肯交割三镇土地和人口，那就失去了议和的基础了，来了也白来。李若水赶紧解释说，他就是奉命来交割河东的，另一路由王云负责去跟斡离不交割河北。双方同时出发，估计王云已经到了磁州、相州之间了，交割完就从井陉来河东会合。

鉴于李若水的态度看上去非常诚恳，当天下午，粘罕接见了李若水。看完宋钦宗同意割让三镇的国书之后，粘

---

① 徐梦莘《三朝北盟会编》卷五十八。

② 徐梦莘《三朝北盟会编》卷六十二："先是，金人遣王云约十五日以前告和割地书到，不然以十五日渡河。"

罕戏谑地问了一句："你们早干什么去了呢？"李若水不知道怎么回答，只能恳求粘罕退兵。粘罕承诺说，等过几天交割河北的王云来了，他们确认交割完成之后就可以撤军，让李若水等人先就地歇息等候。当晚，粘罕还派人给他们送来了酒肉，一切看上去都是很顺利的样子，李若水都以为事情就快要解决了。

第二天，也就是十一月十五日，粘罕又召见了李若水，态度跟前一天相比发生了一百八十度的大转弯。粘罕开门见山，说他也不清楚宋钦宗到底有没有派王云去河北交割土地，所以昨天跟李若水见面之后，他就派了使者去开封，要求以黄河为界，三镇的事情已经不在讨论的范畴之中了。李若水大惊失色，不住地表明诚意，并且恳求粘罕再等王云几天，一定会有让他满意的确切消息。但粘罕根本不理他的请求，而是带着他出发过河，直奔开封而去。①

---

① 本段内容出自李若水本人所著《山西军前奉使录》，原文中还有以下记述：粘罕和李若水正在讨论的时候，得到消息称王云在磁州被百姓误认为是金国奸细杀掉了，所以粘罕认为王云去交割土地是个假消息，于是带着李若水等人过河进攻开封。但是王云被杀是在十一月二十一日，粘罕过黄河是在十一月十五日。考虑到李若水在《山西军前奉使录》中还说收到了宣抚使李纲的牒书，要求停止议和跟金兵开战，此时李纲已经罢职去了重庆奉节，不可能以宣抚使的名义发文。因此本书作者认为这应该是李若水记忆有误，故没有采用这一段史料。

　　粘罕之所以一定要选在十一月十五日过河，极有可能是跟斡离不已经约好了，因为就在同一天，斡离不的大军也从大名府去魏县经李固渡口渡过了黄河。两路大军即将实现上一次没能实现的战略目标：东西两路夹攻开封。从这一点来看，李若水去不去见粘罕，王云什么时候到，都已经不重要了，金国的行动计划早就制订完毕，时间一到就同时行动。

　　李若水其实并不知道，粘罕真的猜对了。说好了跟李若水一起出发的王云确实还没走，他一直在开封等本次行动的主角——告和使康王赵构。

　　金国的问罪书里要求宋钦宗派两个亲王过去当人质，但是被金人点名的皇叔赵偲和皇弟赵楷都没有去，这次出发的又是上次去金营当过人质的赵构。就是因为人选的更换问题，导致他们直到十一月十六日才出门。而出发之前，宋钦宗给赵构交代的谈判条件依然是"割让三镇"。当天凌晨，赵构带着这个不可能完成的任务离开了开封，城里的宋徽宗、宋钦宗，以及数量庞大的亲王们，连同赵构自己在内都没想到，这一次出行彻底改变了大宋王朝的命运，赵构成了开封皇子中唯一逃出虎口的幸运儿。

　　粘罕全军渡过黄河之后，立刻分兵[1]向西占据潼关天

---

① 徐梦莘《三朝北盟会编》卷六十三称粘罕"以兵五万守潼关"，鉴于粘罕的西路军总兵力也就六万人左右，这个数据肯定有夸大之处。

险，挡住陕西勤王大军的道路，然后带领大军向东直奔开封而去。十一月三十日，两路大军势如破竹般抵达开封城下，粘罕驻扎在城南的青城（此前北宋皇帝南郊祭祀的地方），斡离不驻扎在城东北的刘家寺，随后开始合兵对开封发起了猛攻。

北宋王朝一直在惴惴不安中等待的那一只靴子，砰然落地了。

宋钦宗的荒唐应对

相较于金兵第一次围城而言，宋钦宗这一次的准备时间要充分很多，经验也要丰富很多。唯一的困难就在于，种师道、种师中、李纲、姚古等人死的死，贬的贬，宋钦宗已经找不到一个有资格、有能力、有威望统筹全局的人来担任开封城防的总指挥，以至于在金兵抵达开封城下之前，所有关于备战的重大决定都是由宋钦宗和他手下的文官集团来决定的。这样纸上谈兵的后果就是，每一个决定看上去都像模像样的，但是执行起来就是另外一回事。

上一次斡离不来开封的时候，驻扎在城西北原孳生监的驻地牟驼冈，这里是个三面环水的土堆，而且存放了大量饲料。这一次宋钦宗吸取了教训，下令将牟驼冈用水淹掉，免得再次被金兵利用。这个举动让很多懂军事的人看不太明白：既然能够用水淹没牟驼冈，为什么不等金兵进驻以后再放水呢？反正都要淹，不如顺便消灭一点敌人。

宋钦宗的这个举动尽管颇有一些愚笨，但是他至少看上去是非常注重城外的防守工事的。然而，他又把比水淹牟驼冈更重要的事情放下不管。十月十七日，他出城去飞山营检阅炮车，也就是投石器。士兵们在给他演练的时候，一辆炮车的杠杆折断，石头砸死了一个士兵，宋钦宗非常扫兴地走了。有人跟他说，这五百多辆炮车应该收回来用于城防，宋钦宗就把这件事情安排给兵部。结果兵部说："这是朝廷的装备，应该由枢密院来收。"枢密院说："我们是决策机构，这种事情应该是军器监来处理。"军器监说："我们的提举官刚刚被罢职了，还没任命新的，办不了。"朝廷思来想去，就找到了京城所，京城所回复："我们的任务是防御，现在敌人都没来，我们防御什么？"于是又去找驾部，驾部说："这是兵器，怎么可能由我们来负责？"随后又找到库部，库部说："入库了才是库部的事，现在在外面不算。"结果弄来弄去，这五百多辆炮车最终留在了城外，成为金兵攻城的装备。①

① 徐梦莘《三朝北盟会编》卷五十八。

十一月十六日，朝廷收到消息，粘罕的西路兵进攻到了汜水关，粘罕很有可能已经渡过黄河了，礼部侍郎梅执礼建议马上坚壁清野。宋钦宗在根本没有核实的情况下，下令开封关闭城门，只留下通津门和宣化门，周边清野。沿途的居民吓得四散奔逃，不少人拖家带口逃进城里，场面十分混乱。到了十一月十九日，宋钦宗发现有军人、保甲趁机作乱，然后听说渡河的不是金人，是折彦质的溃兵，于是又下令取消清野，开封周边又恢复了毫无戒备的常态。而事实上，这时候粘罕和斡离不的军队都已经渡过黄河，现在正是清野的时候。这么闹了一出，不该清野的时候清得坚决，该清野的时候他偏偏把它取消了。

如果说这些都是不足以影响大局的小问题，那么北宋朝廷在备战方面的统筹准备，简直就是一团乱麻。几乎可以说，直到两路金兵的先头部队杀到开封城下，宋钦宗都没有最终决定跟金国到底是战还是和。

李若水在怀州的时候，粘罕曾经告诉他，已经派了使者去开封要求以黄河为界。十一月十七日，以杨天吉、王汭为首的这一批使者抵达了开封，把国书交给了宋钦宗，同时表示黄河已经失去了屏障价值，他们都是直接蹚水过来的。宋钦宗看完国书，顿时失去了所有的勇气，当即同意了这个条件，以至于中书侍郎何㮚看到宋钦宗的敕书之后，坚决不签字，大惊失色地说："当初连三镇都不愿意交割，现在突然要割让黄河以北，这是什么道理？"但是当时的情况已经没有任何转圜的余地，宋钦宗只能派耿南仲去割让河北，聂昌去割让河东，正式放弃了黄河以北的全部土地。

文件签署以后，宋钦宗依然没有把备战这件事情放到最重要的位置，幻想着答应割地以后金兵就会停止进攻。但是到了十一月二十二日，负责割地的使者出发以后，宋钦宗发现金兵并没有停止进攻，斡离不的东路军甚至已经杀到了当年太祖黄袍加身的陈桥驿。宋钦宗吓得大惊失色，立刻下令京城戒严，关闭所有城门，让百姓、僧道上城协助防守。

早在两个月前，宋钦宗就在开封周边设置了四道总管。本来种师道活着的时候就命令南道张叔夜十五万人的军队和陕西十二万人的军队入援的，但是种师道病逝以后，主和的宰相唐恪和尚书左丞耿南仲觉得京城周边聚集几十万人的部队，一是太费钱，二是会让金人觉得没有和谈的诚意，于是废除了种师道的命令，把张叔夜和陕西兵马赶回去了。①金兵入侵以后，宋钦宗又只能急召各路入

---

① 黄以周等《续资治通鉴长编拾补》卷五十七。

援，但是已经晚了。北道总管赵野固守大名府，任由斡离不过黄河，西道总管王襄逃走了，东道总管胡直孺暂时还在应天府守卫南京，陕西兵马被粘罕在潼关的五万精兵堵死，只有南道总管张叔夜带着临时拼凑的一万三千人前来开封勤王。

城外的情况混乱不堪，城内的情况则更加复杂。上次李纲守城的时候，他的职务是御营京城四壁守御使，也就是由他来统筹开封的防守，四面城墙上的军事主官全都听命于他，这样才能保证他能够随时根据金兵的进攻方向和实时战况来调整开封的防务。但是现在，朝廷已经没有一个能够站出来承担责任的人，宋钦宗只好把这个任务交给了殿前司。

殿前司接过任务之后，也不知道是出于日常工作的习惯，还是另有什么目的，几乎把这个生死攸关的工作安排当成了一次利益瓜分。四面城壁每一面都安排了一个提举官，提举官上面有都提举和都统制，再上面还有都大提举，提举身边又设了守御官，守御官旁边还有同提举，再加上各个城门还有宗室环卫官、启闭官、弹压统制，[1]整个京城防守的指挥体系已经复杂到堪称荒唐的地步。这种

---

① 徐梦莘《三朝北盟会编》卷六十四。

体系在和平时期用于官员之间的相互制衡是完全没有问题的，但是一旦进入瞬息万变的战时状态，将会极大地消耗军队的战斗力。这样的安排与其说是为了御敌，不如说是为了胜利之后争功，甚至于仗还没打的时候，就已经有不少人开始请功了。

在这样乱糟糟的布置之下，京城仅存的七万禁军，加上张叔夜的一万三千人，以及范致虚派来的一部分人马，总数不及十万人的军队，就成了守御开封的全部兵力。殿前司将其中的一万人作为预备队，剩下的士兵全部分配到城墙上去，带领开封的百姓守城。

十一月二十五日，这个复杂而庞大的指挥系统遭遇了金兵的第一次骚扰。当天来的并不是斡离不的主力部队，而是骑兵先头部队，很有可能就是前来查看开封城防情况的斥候。他们出现在城东之后，负责东面防守的统制官辛亢宗作为一个经验丰富的将领，发现金兵离得很远，就让士兵们不要放箭，因为射又射不着，今后反而会成为金兵的武器。但是有个士兵偏偏不听话，朝空放了一箭。辛亢宗平常就对部下要求很严格，便上前呵斥，结果早就受不了他管教的士兵们不乐意了，决定想一个借刀杀人的办法除掉辛亢宗。

士兵们悄悄给协助防守的百姓说："辛亢宗是童贯

的亲戚，不满童贯被杀，想投降金兵，所以不让大家放箭。"为了证明这一分析的正确性，他们还找到了一个证据："你们看辛亢宗把城墙上的旗子都换成青色的了，就是要给金兵通风报信。"百姓们不知道，换旗是宋钦宗的命令。十一月十六日，负责占卜的王俊民说，现在形势危急，应该应木德、召和气、迎土牛，这样才能保证社稷的安全，首先要做的就是从城东开始换青旗。宋钦宗病急乱投医，立刻就同意了这个方案，让辛亢宗抓紧时间更换青旗。

不明就里的百姓们立刻冲到皇宫外的宣德门去敲登闻鼓，称辛亢宗投敌，场面连开封府和弹压官都制止不住。宫城城墙上的士兵们看到百姓无法控制，便对着人群放箭。百姓们发现无人做主，决定自己来解决这件事。他们冲回东墙，在士兵们的协助下抓住辛亢宗，将其活活肢解，再将他手下的十多名心腹部将一齐杀死。得知实情的宋钦宗无奈，只能将东城守城士兵换掉，让京畿提刑秦元带着保甲一万人去换防。①开封城防御的第一仗，就以损失一员大将这个残忍而荒唐的结局告终了。

---

① 徐梦莘《三朝北盟会编》卷六十四。

骗子郭京登场

尽管这一次的实战效果一塌糊涂，但是宋钦宗已经来不及进行大规模的调整了，他唯一能做的就是补强。鉴于这一次金兵几乎是两路大军倾巢而出，宋钦宗也意识到这不到十万人的军队很可能是不够用的，应该充分发动开封的青壮年一起参与守城。于是，朝廷开始招募习武之人、懂兵法的太学生、忠勇者，准备将他们充实到军队中去。这时候，一名叫王健的武将提议，招募有异能之人组建一支"奇兵"，宋钦宗同意了，让何㮚来主管，王健负责去招募。就这样，一个叫郭京的老兵油子出现在了宋钦宗的视野里。

关于郭京的推荐者，史料上有两个版本。

一个版本是殿前都指挥使王宗濋推荐的。郭京当时是殿前司拱圣军的一名级别很低的副都头，但是他自称会一些法术，在士兵中间颇有一些威望。他听说王健在招募奇兵，就自荐说可以撒豆成兵，还能隐形，如果让他招募七千七百七十七人组成六甲正兵，临敌的时候正兵不动，而正兵幻化出来的神兵就能隐形出击，杀尽金兵。王健听到他有这样的法术，自然欣喜不已，于是就把他推荐给了王宗濋。王宗濋是宋钦宗生母、宋徽宗王皇后的亲戚，在宋钦宗面前颇有一些发言权。靖康元年（1126年）十一月二十六日，王宗濋稍稍跟郭京聊了两句之后，就把他推荐给了何㮚，认为他可以建大功，何㮚便让王宗濋带着郭京去朝堂。宰相唐恪看到郭京之后，知道他是一个骗子，就冷着脸问他："老兵耍点儿戏，真以为能够成大事吗？"郭京吓得不敢言语，其他大臣也议论纷纷。本来以为这件事就这样算了，但是没想到唐恪当天被罢相，何㮚当上了宰相，于是郭京又重新被找了回来。①

另一个版本是同知枢密院事孙傅推荐的，只不过时间要稍晚一点。金兵攻城的时候，孙傅在城墙上看到金兵的凶狠，日思夜想御敌之策，于是就回去翻前朝的书籍。偶然之间翻到仁宗朝一个研修易学的官员丘濬的《感事诗》，其中有一句是："郭京杨适刘无忌，尽在东南卧白云。"孙傅一想，能够"卧白云"的肯定是神人啊，这莫非是前人给的暗示，让我来寻找这三个人救大宋于危难之中吗？于是，孙傅就下令在开封城寻找这三个人，郭京就这样脱颖而出。②值得一提的是，另一个叫"刘无忌"的人也被找到了，是一个卖药的道人，也颇有一些本事，经

---

① 徐梦莘《三朝北盟会编》卷六十五。
② 《宋史》卷三百五十三。

常把自己头朝下栽在泥土中乞讨，他也被授予了统制的
职务。

不管郭京是被谁发现的，他最终还是被推荐到了宋钦
宗面前。宋钦宗倒是展示出了一些虽然不高但是勉强存在
的智商，决定在大殿里当着百官的面亲自测试一下他。郭
京用白粉在地上画了一个圈，然后在圈的两个不同的方位
各开了一个口子。他告诉宋钦宗，这两个口子一个是生
道，一个是死道。随后将一只猫放在生道，一只老鼠放在
死道，刚一放手，猫就冲上去将老鼠咬死了。接下来，郭
京把猫放在了死道，在生道重新放了一只老鼠。让宋钦宗
惊奇的事情发生了，猫根本就不理会老鼠，仿佛看不见一
样。郭京收起猫和老鼠，得意扬扬地告诉宋钦宗说："陛
下，你让我来组织一批六甲正兵，到时候我摆出这个生
死大阵，把我们的军队摆入生道，这样金兵就跟这只猫一
样，根本看不见我们，要取金兵首级犹如探囊取物。"[1]

这样的把戏非常好破解，只要在第二只老鼠身上涂抹
猫讨厌的药物，猫就会对它避而远之。但是非常神奇的
是，朝堂之上没有任何人去揭穿他，宋钦宗也对郭京深信
不疑。宋钦宗还在当太子的时候，对宋徽宗宠信林灵素这

---

[1]　徐梦莘《三朝北盟会编》卷六十九。

样的道士非常不满，曾经说过林灵素是骗子，用一些戏法的手段来迷惑宋徽宗，还组织了一批僧人要跟林灵素比试，意在当场揭穿他。①但是没想到宋钦宗自己当了皇帝以后，也开始相信这些妖言惑众的法术。宋徽宗宠信道士，不过是用来自己娱乐兼修身，宋钦宗竟然将其用于救国，可见他比他爹更为荒谬。

郭京通过了宋钦宗的测试之后，被封为武略大夫、兖州刺史。宋钦宗赐给他大批金帛，让他放手去组织七千七百七十七人的六甲正兵。郭京选人的时候，也根本不在乎对方有没有能力，只是看其生辰八字是不是符合六甲，所以不到十来天就把士兵招齐了，大部分都是市井中的游手好闲之徒。有想要报国的武将主动找到他，想要当一个偏将，郭京看了对方的八字以后将对方拒绝了，理由是："你虽然有点本事，但是明年正月就要死了，招你会拖累我的。"②把人招齐之后，郭京就在城东南的天清寺屯兵，在寺前竖起了"六甲正兵"的大旗，经常在街头招摇，引得围观的开封人欣喜不已，以为天降神人来保佑大宋。

---

① ［美］伊沛霞《宋徽宗：天下一人》（韩华译）。
② 《宋史》卷三百五十三。

不过，朝中也有不太相信郭京的人。中书舍人孙觌就曾经在都堂遇见过郭京，他毫不客气地质问道："学士院、中书省、后街司的十几个人都投你的六甲兵去了，这些人我都认识，全是市井小儿，他们怎么能打仗呢？"郭京说："不需要打仗，到时候只需要他们去捡金兵的人头而已。"孙觌忍住气说："那谁来负责砍人头呢？"郭京听到这话，面带怒色，不发一言。旁边坐着的翰林学士承旨吴开、给事中安扶、中书舍人李曾和李擢听见这话，只能相视叹息。①

不论宋钦宗准备得如何，时局都不会以他的意愿而转移。一场大战，终于要打响了。有十万人的军队，有上百万的百姓，还有郭京率领的七千七百七十七人的六甲正兵，宋钦宗希望自己还能有上次那样的运气，守住这座繁华的都城，以及自己的江山社稷。

---

① 徐梦莘《三朝北盟会编》卷六十五。

3. 开封被攻破了

宋钦宗还有和谈的幻想

对攻打开封已经轻车熟路的金军并没有给宋钦宗留下多久的喘息时间。他们来到城外之后，非常高效地在城外四面都安排了无数小寨，将开封团团围住，士兵扛着旗帜公然往来于各寨之间，态度极其嚣张。

两位统帅自抵达之后的第二天，也就是从靖康元年（1126年）闰十一月初一起，先后攻击了开封城东的善利门、通津门，城南的宣化门，战况非常之激烈。经过这十来年对辽、宋的作战，尤其是经历了攻打太原这样的硬仗之后，金军拿出了自己的所有本事来进攻这一座当时世界上最庞大的城市。

在这种硬碰硬的攻守对抗里，武器其实已经不是最重要的因素了。对于攻方来说，有哪些方法可以填平护城河，有哪些方式可以突破城墙，怎么防守箭雨和礌石，这些早就是演练过很多次的。对于守方来说，如何破解对方的强攻，如何应对对方的围城，如何防止对方的偷袭，这些也都是烂熟于心的。双方要比拼的，就是将士们的斗志、物资储备的厚度、指挥员的能力，这些才是一支军队战斗力最明显的标准。

金兵在城外进攻，他们具有广阔的活动空间，也就意味着有足够的物资供他们使用。两路大军一路攻城略地下来，已经抢掠了大批的财物牲口，在城外也能够随时补给。宋军在城内防守，依托的是超级大都市里储备的资源，包括人力资源、财力资源以及物力资源。尽管开封城在年初曾经被宋钦宗榨取过一次，但是这座安逸了一百多年的世界第一大城市里，依然隐藏着数量庞大的中产阶级甚至巨富。他们如同一堆堆财富的海绵，具备强大的储备和滋润能力，在必要的时候供皇家强制或者半强制地调用。

相对于金兵来说，宋军最弱的一个环节就是指挥系统，尤其是宋钦宗本人的软弱和业余。从闰十一月初一开始，开封下起了大雪，气温骤降。闰十一月初三，宋钦宗按照计划去巡视北壁，然后将后宫亲手缝制的丝绵围脖分赐给士兵们。有士兵拿着围脖瑟瑟发抖地说："哪怕换一身厚衣服给我也好啊。"①

---

① 徐梦莘《三朝北盟会编》卷六十六。

　　闰十一月初五，年初就从西北前来勤王的吴革（宋太祖朝名将吴廷祚七世孙）多次上书建议，说现在金兵将开封围得水泄不通，城内的宋军只能眼睁睁地看着他们一段一段地填平护城河冲击城墙。他们填平的河段越多，攻击点也就越多，城里的防守压力也就越大，所以当前最好的策略就是派兵出城扎营，让金兵不敢靠近城墙，同时也能打通开封去往东南方向的道路。这个方案被宋钦宗拒绝以后，吴革又建议选择一个日期，趁金兵以为宋军胆怯而放松警惕的时候，各门同时出兵向金兵发起进攻，定可一战而胜。这个方案同样被宋钦宗拒绝了，理由都是一样的，担心打不过，输了之后开封就再也没有兵力了。

　　闰十一月初六，金兵猛攻通津门和宣化门，城墙上的楼橹都已经全部被金兵摧毁，但朝廷甚至都没有从其他地方调兵过来支援，只是让东壁和南壁的士兵们被动防守。一问才知道，宋钦宗到现在为止都还在幻想着和谈，始终没有下定决心用兵。

　　这段时间，宋钦宗手下的"王牌部队"——郭京的六甲正兵，正在天清寺优哉游哉地享受着清闲。何㮚和孙傅曾经派人去催促过他，郭京笑呵呵地回答："现在还不是出兵的时候，日子一到，我带着三百正兵出城，立刻天下太平，一直将金兵追到阴山。"对这样不着边际的话，何桌和孙傅坚信不疑。有人给孙傅写信说："自古以来，从来没见过用这种方式成功的。你即便再信任他，也应该先给他一点兵检验一下实战效果再给他升官。这样贸然重用，会坏了大事的。"孙傅大怒说："郭京就是应运而生的，我问他敌营中的情况，没有他不知道的。幸亏你是私下跟我说的，要是你跟别人说了，陛下要治你动摇军心之罪！"[1]

到了闰十一月初七，宋钦宗期待的转折终于发生了。粘罕派来的使者萧庆等人入城来谈判，释放出强烈的和谈信号。

这是粘罕的一个迫不得已的想法。在经历过太原长时间的围城之后，他对在短时间之内拿下城墙更坚固、资源更丰富的开封并没有十足的把握。而且，在他的认知里，与太原相比，开封的军民更有决战的勇气和决心，因为这里住着他们的皇帝。所以，合兵之后占据了军事主导地位的粘罕依然在坚持"谈判为主、攻城为辅"的战略思路，希望在拿到一笔可观犒师费的前提下，顺利接收黄河以北的土地。

实际上，这已经是宋钦宗在金兵渡过黄河之后接待的

----

[1] 《宋史》卷三百五十三。

第二批金国使者了。在粘罕和斡离不于开封城下会师之前，两军都是各派各的使者。斡离不的使者叫刘晏，早在十一月二十八日就抵达了开封，他给朝廷传递了一个重要信息："国相（即粘罕）来了之后，需要你家皇帝亲自出门谈判。"随后出城回营，连北宋朝廷给他的礼物都没要。在和刘晏的接触中，宋钦宗总算明白了一点：金兵的东西路军虽然建制是独立的，但是粘罕的地位高于斡离不，脾气也大过斡离不，今后主要就是跟粘罕谈判了。

因此，萧庆来了之后，宋钦宗非常礼貌地接待了他，萧庆果然提出了让宋钦宗出城谈判的要求。为了给宋钦宗施压，粘罕在萧庆入城之后派兵猛攻善利门、通津门、宣化门，打得宋军都告急了。但是宋钦宗思前想后，害怕出城之后被扣留，拒绝了这个提议，于闰十一月初十将他们送回了金营。

闰十一月十一日，得到了粘罕最新指示的萧庆再次来到城里，这次他是来给宋钦宗下最后通牒的："如果现在出城，国相和太子还拿你当皇帝，用臣子的礼仪来对待你；如果城破之后再出城，那就连皇帝都当不成了。"传达完这个指令之后，萧庆还非常嚣张地补充了一句："你们要是觉得我说话太无礼，尽管杀了我便是。"然而宋钦宗和大臣们商量许久，既不敢答应粘罕的要求，也不敢杀掉使者，只能于闰十一月十二日将他放了回去。

因为萧庆入城谈判的进展并不顺利，粘罕也没有一击必胜的攻城把握，所以他也开始慢慢让步，一边减轻城外的攻势，一边给予宋钦宗越来越宽松的条件，试图用一种相对平和的姿态跟宋钦宗展开对话。闰十一月十七日，萧庆入城，将扣留的使者冯澥也送了回来，降低标准说"让太上皇出城也可以"。这个要求被渴望展示孝道的宋钦宗拒绝，他只答应派宰相和亲王出城。闰十一月十八日，萧庆第四次入城，这次经过一番讨价还价，确定了最终的条件："皇叔越王赵偲、皇弟郓王赵楷、宰相何㮚三人去军前当人质。"①

谈判到了这个地步，宋钦宗其实已经把局面控制住了。他只需要按照粘罕的要求派人出去签字、交割，再给一笔数量可以商量的犒师费，粘罕和斡离不就会退兵，两国今后以黄河为界。尽管领土丧失了很大一片，但是宋钦宗至少可以获得暂时安全的喘息之机，今后事态如何发展，川陕精兵缓过气来之后如何反击，都有时间坐下来慢慢规划了。

---

① 萧庆入城的时间，《三朝北盟会编》《宋史·宋钦宗本纪》《续资治通鉴长编拾补》中记载比较混乱。经过仔细比对，本书作者决定采用《宣和录》的说法，萧庆在这段时间内前后四次入城提条件。

　　然而，以宋钦宗为首的北宋朝廷又反悔了。宋钦宗觉得现在的宰相只有何㮚一个人，派出去之后自己身边没有人辅佐了，于是决定派尚书左丞冯澥和签书枢密院事曹辅去代替宰相；由于此前赵构在金营里差点因为姚平仲劫营被杀，赵枢直到现在都没被放回来，所以赵偲和赵楷都不愿意出城去冒险，宋钦宗迫于无奈只能让两个宗室去冒充。

　　闰十一月十九日，粘罕发现宋钦宗派来的四个人一个都不符合要求，勃然大怒，认为宋钦宗毫无诚意，于是下令全力攻城。闰十一月二十日，在宣化门岌岌可危的情况下，粘罕还给了宋钦宗一次机会，让宋钦宗重新按照要求派人。但是这一次，何㮚、赵偲和赵楷依然没有出发。[①]至此，粘罕已经放弃了所有的和谈意愿，和斡离不一起集中兵力强攻宣化门，试图在这里打开一道缺口。

　　既然你不愿意谈，那么就靠手里的刀剑来说话吧。

郭京逃了，城墙丢了

　　靖康元年（1126年）闰十一月二十三日，金军的攻势越发猛烈，宋军副都统制范琼觉得这样被动挨打确实不是

---

① 《宋史》卷二十三。

办法，决定带着一千人的部队从宣化门出门反攻，避免城墙被金军损毁。这种变被动为主动的战术取得了非常不错的效果，宋军出城之后将毫无防备的金军杀退了。

有一些贪功的宋兵决定乘胜追击，他们来不及沿着金军在护城河中填埋的土路追赶，便一哄而上踩着护城河的冰面过河，结果冰面承受不住这么大的压力而坍塌，绝大部分士兵都掉入冰冷的河中。正在逃跑的金军发现了战机，立刻回头扼守住河岸。穿着沉重铠甲的宋军难以脱困，超过一半士兵死在了河中，剩下的士兵跟着范琼仓皇逃回城内。刚刚被鼓舞起来的士气，又重新降回了冰点。

这时候，城外的护城河已经被宋军的尸体填出一条平路，装满炮石的对楼、烧楼橹的火梯、供士兵攀登的云梯云集城下，负责现场指挥的王宗濋已经捉襟见肘，快要支撑不动了。何㮚觉得，现在已经到了使用秘密武器——六甲正兵的时候了。于是，他派人去催促郭京，然而郭京依然是同样的措辞："只有到了情况最危急的时候，才是我出兵的时候，再等等。"①

尽管粘罕已经在拼尽全力攻城，但是他和斡离不的想法依然没能统一。粘罕想的是攻破开封城给宋钦宗一个教

① 《宋史》卷三百五十三。

训，至于教训完了之后怎么办，他还没想好。斡离不更是觉得吓一吓宋钦宗就好了，没必要真的攻破开封城。一方面，北宋的所作所为在他心中还达不到辽国那种足以被灭国的程度，他担心这样做会遭到天谴；另一方面，万一此举招致北宋军民的拼死抵抗，兵力不占优的金军能不能全身而退也是一个大问题。

闰十一月二十四日，粘罕决定集中所有的力量对开封发起猛攻，他不想再拖下去了。当天晚上，觉得事态开始无法控制的斡离不也有点紧张了，他紧急派出使者刘晏入城给宋钦宗传递情报，因为时间紧急来不及写信，只能让刘晏传递口信："大军马上就要攻城了，你们要是守得住就全力防守，要是守不住就赶紧答应让你家皇帝出去见面，现在马上派宰相和亲王出城斡旋，免得城破之后无法收拾。我进城的时候发现你们守城完全不得法，如果我们的火箭引燃了你们的楼橹也不要慌张，只需要在城墙外用大木做成栅栏，让士兵多持长枪等待，有人从云梯爬上来，你们用枪刺就好了。"①

尽管情况已经如此紧急，宋钦宗依然选择了第二天，也就是闰十一月二十五日才接见刘晏。已经错过了"马上

---

① 徐梦莘《三朝北盟会编》卷六十九。

派宰相和亲王出城斡旋"机会的宋钦宗，继续拒绝了"亲自出城谈判"的建议，想要留在城里观望事态发展。

当天，开封的雪比往日更大。在金兵的猛攻下，东壁士兵因为没有得到最高指挥官王宗濋亲口许诺的奖赏，再加上食物、厚衣等后勤装备没跟上，斗志已经非常消沉了。何㮚实在是坐不住了，在他的再三催促下，郭京的六甲正兵终于从天清寺开拔，去宣化门御敌。

郭京登城之前先下了一个命令，除了他需要的人员之外，其他军民全部下城，否则就要影响他的隐形大法。清场之后，郭京来到城墙上做出了让人非常诧异的军事部署："东、南、西、北每面城墙上竖起三面绘着天王画像的大旗，按五行方位排列，必令金军破胆。"大家虽然不知道这有什么讲究，但是都觉得郭京是宋钦宗钦点之人，必然有过人之处，只好按照吩咐执行。一切布置妥当之后，郭京命令打开宣化门，派出他的六甲正兵出战。

城门一开，开封城的百姓满怀期待和好奇地挤到门边来，想要看看郭京的部队究竟是怎么杀敌的。但是城门狭小，箭矢如雨，百姓又不敢出城去看，只能在城下等消息。不一会儿，城墙上的传令兵在郭京的授意下大喊："前军已经占领金军大寨，我大宋的旗帜已经在金营中竖立起来了！"百姓们一阵欢呼。过了一会儿，传令兵又大喊：“前军已经夺得金军千匹战马！”百姓又是一阵欢呼。他们不知道，郭京的几千名六甲正兵刚一出城越过护城河，就遭遇了金军两百多骑兵的冲击。这一群毫无战斗经验、战斗素养、战斗技能的泼皮无赖瞬间崩溃。冲在前面的无一幸免，落在后面的四散奔逃，大部分掉进了护城河，连吊桥都被尸体积压得拉不起来了。宣化门外血流成河，哀号声不绝于耳。

眼看着金兵即将趁势冲击宣化门，郭京在城墙上对一起观战的张叔夜说：“现在需要我亲自下城去指挥战斗了。”于是带着几个亲信，聚集了一些还活着的士兵，出城之后直接向南逃走，再也没回来。①

这时候，几乎所有人都明白，宋钦宗上了郭京这个骗子的当了，于是赶紧关闭城门，而城下的金军则乘势发起了猛攻。由于吊桥上全是六甲正兵的尸体，无法收起来，再加上被郭京清过场的城墙上守兵极少而且斗志全无，很快就有十多名金兵登上了城楼。守在城墙上的宋军望风而逃，越来越多的金兵蜂拥而上，很快就占领了南壁，随后开始向东壁扩散。

城下本来安排了宋军的预备队，但是逃下来的士兵和

---

① 徐梦莘《三朝北盟会编》卷六十九。

在城门观战的百姓已经开始四散奔逃，边逃边喊："郭京是奸细，他打开城门放金兵入城了！"预备队一听金兵已经入城，胆子小的开始丢下装备逃跑，胆子大的还想着撤回内城去保护皇宫，彻底扔下了城墙上的金兵不理会。唯一值得庆幸的是，金兵攻占城墙以后并没有下城烧杀抢掠，而是专注于向四面进攻，扫清城墙上的宋军，放火烧毁防御装备。即便是这样，城墙上冲天的火光和急促的鼓声也把城里的百姓吓得四散奔逃。

此时开封已经连续多日大雪不止，雪深数尺，道路泥泞。百姓们扶老携幼奔跑于雪中，哭声震野。此时开封的内城已经关闭大门，百姓想继续往内城躲的，只能在寒冬之中从水门旧宋门入城；想要逃出开封的，也只有从汴河浮水而出，"婴儿襁褓弃死道侧者相藉"。更悲惨的是，金兵虽然没下城，但是溃散的宋军开始在城里大肆抢掠，在路上劫杀逃难的百姓，杀得"横尸满道"，更有甚者手持兵刃冲进百姓家中索要柴米酒食。这样的做法让开封城内游手好闲的泼皮无赖也开始趁火打劫，这座曾经富庶繁华的京城，变得一片狼藉。①

后周显德七年（960年），宋太祖赵匡胤陈桥兵变，

---

① 徐梦莘《三朝北盟会编》卷六十九。

带兵进城夺取了后周的政权。而今是一百六十六年以后，开封百姓第一次感受到军队的压力。

而二十六岁的宋钦宗，感受到的压力远比当时只有六岁的后周末代皇帝柴宗训大，因为作为一个成年人的他，完全能够想到接下来他要面临的是什么。

第十章

靖康之耻

1. 无法承受的条件

宋钦宗出城当人质

靖康元年（1126年）闰十一月二十六日黎明，开封城北被攻破的第二天，天空继续飘着大雪，金兵已经将所有宋兵都赶下了城墙，占据了开封的所有城门，然后将城壁上的木材都取下来做成了面朝城内的工事。身在内城的宋钦宗身边聚集了两千多名卫士，却不知道如何应对。张叔夜和刘延庆劝宋钦宗突围，宋钦宗犹豫不决之际，刘延庆说他愿意去夺回一个城门让宋钦宗逃走。宋钦宗同意了这个计划，刘延庆和儿子刘光国便带着手下冲出了城西的开远门，结果他们并没等宋钦宗赶来就自行离去，四万多军民趁乱逃走，[①]金兵随即又夺回了城门。至此，开封城的交通彻底被金兵阻断。

没有走成的宋钦宗只好传旨让百姓去宣德门领取装备

① 徐梦莘《三朝北盟会编》卷七十。

护驾和自保，自己亲自登上宣德门鼓舞士气。当天现场极其混乱，多亏了一个叫王伦的混混带领一帮恶少才将场面稳定下来。宋钦宗已经完全不在乎礼数了，在城楼之上探出身来跟百姓交谈，帽子都掉下了城楼。百姓和他之间对话也没有什么"陛下""臣"的客套，只称"你""我"而已。①

　　情况危急如此，终于有亲王站出来表示愿意去金营出使。宋徽宗的第六子景王赵杞带着起居舍人谢克家出城，当天就从金营带回来几个重要信息：粘罕已经下了命令，不许下城杀掠；西路军经过巩义皇陵的时候，没有盗墓；虽然现在已经攻破了开封城，但是金国还是愿意议和，前提是派宰相何㮚去谈。为了表明诚意，金国还将此前出使怀州的李若水一起放了回来。②

　　其实闰十一月二十六日一大早，宋钦宗就在命令何㮚去金营，但是何㮚一直百般推脱不愿出发。直到李若水回来之后将他痛骂一顿，他才战战兢兢地上马去青城见到了

①　徐梦莘《三朝北盟会编》卷七十。
②　黄以周等《续资治通鉴长编拾补》记载李若水是闰十一月初七被放回来的，《宋史·忠义·李若水传》也记载他是城破之前放回来的，但是《中兴遗史》和《泣血录》均记载他是闰十一月二十六日城破之后被放回来的，并且有他和宋钦宗见面的细节，故本书作者决定采用"闰十一月二十六日放回"一说。

粘罕。何㮚出发以后，宋钦宗开始陷入巨大的恐惧之中，他很担心自己成为一个亡国之君，然后被金人处死或者俘虏。闰十一月二十七日，虽然天空依然下着大雪，但是宋钦宗还是再次登上了宣德门的城楼，想要看看军民的忠诚度。当天，宋钦宗在城楼上哭，数万军民在城楼下哭，场面十分悲壮。好在金国的使者很快赶来通知宋钦宗说，何㮚正在青城跟粘罕议和，在结果出来之前金兵不会劫掠开封。听闻此消息的宋钦宗欣喜若狂，当即下令让文武百官、僧道百姓去城墙下感谢金兵的不杀之恩，还让百姓们自己准备金帛酒肉去南薰门犒劳金兵。[①]

虽然宋钦宗已经决定向金兵屈服了，但是留在城内数以万计的士兵们还是很不甘心。宋钦宗从宣德门回到祥曦殿，跟大臣们一起等待何㮚的时候，指挥使蒋宣和李福带着几百名士兵冲进殿中，直接大喊着让宋钦宗跟他们一起冲开金兵把守最薄弱的城西顺天门逃走。蒋宣看宋钦宗不动，便把马拖过来扶着宋钦宗上马就要走。内侍上前阻止，被蒋宣当着宋钦宗的面一刀杀死，宋钦宗和大臣们吓得不知所措。好在蒋宣等人也没继续用强，只是跟李福一起继续哀求宋钦宗。双方僵持不下之际，金国确定和议的

① 徐梦莘《三朝北盟会编》卷七十。

消息传来，蒋宣等人这才作罢，但是已经约束不住的士兵开始抢劫宫中的金帛。宋钦宗吓得赶紧逃往别殿，结果在路上遇见叔叔越王赵偲。宋钦宗直接解下龙袍递给他，说自己做不了，也不想做这个皇帝了，让赵偲来当这个皇帝。这番话吓得赵偲赶紧推辞说："死罪！安有此理？"[1]

当天晚些时候，何㮚回来了。他虽然胆小，但还是挺有骨气的，在粘罕面前一边伏地请死，一边替宋钦宗把开战的责任承担了下来。粘罕也没有为难他，让他回城告诉宋钦宗，他必须亲自出城，太上皇和太子也必须出来一个。宋钦宗犹豫了一阵，答应自己出城，但是让何㮚次日去青城向粘罕求情，太上皇年事已高，太子年少无知，出城实在不太方便，希望能够放他们二人一马。有大臣想要代宋钦宗去青城，宋钦宗也知道现在人为刀俎，我为鱼肉，再也不能激怒粘罕了，拒绝了这个建议，并且指着腰带说："事急有此而已。"[2]意思是实在不行就只能上吊自杀了。

闰十一月二十九日，何㮚从粘罕军中带回了消息，说

---

[1]　徐梦莘《三朝北盟会编》卷九十六。

[2]　徐梦莘《三朝北盟会编》卷七十。

粘罕答应宋钦宗一个人出去就行。闰十一月三十日黎明，宋钦宗发了一道诏书，告诉开封的军民和议已定，自己出城去致谢，大家不要惊慌。随后，宋钦宗带着宰相何㮚、中书侍郎陈过庭、同知枢密院事孙傅、给事中孙觌等大臣骑马从南薰门出城。

守城的金兵以准备礼仪为名，让宋钦宗在城门前等待了大约一个小时，才开门让他们出城。走到半道上，金兵又以准备行宫为名，逼迫宋钦宗原地等待了一个小时，而后才让他们进了青城的斋宫。

不过，当天晚上粘罕并没有和宋钦宗见面，而是将惴惴不安的他们安排在青城住了一晚。虽然宋钦宗等人的安全得到了保障，但是他们获得的待遇并不太好。金人只给宋钦宗一个人安排了相对还比较干净暖和的卧室，然而并没有准备被子，理由是"担心我们准备的被褥太粗糙，皇帝睡不习惯"。其他人的房间里连床都没有，他们只能和衣躺在地上凑合一晚，餐食也只有粟米饭而已。

十二月初一，粘罕依然没来召见，只是派人来索要降表。鉴于宋钦宗从来没有和粘罕面对面沟通过，他不知道自己面临的局面究竟是"议和"还是"投降"，所以写降表的时候也不知道应该用什么规格，只是让中书舍人孙觌按照"请和称藩"的规格来起草。硬气的孙觌拒绝说，他的职责是写诏书，不是写降表。何㮚无奈，只能把在青城的宰执们召集到一起问谁愿意写，结果大家都不开口，没有人愿意当这个可能要遗臭万年的人。何㮚都忍不住发火了，痛骂大家在皇帝如此患难的情况下竟然毫无担当，孙觌这才接下了这个任务。

然而，粘罕看了初稿之后非常不满意，让宋钦宗来来回回改了几次，最后提出"要用四六骈文写降表"。"降表"这两个字彻底击碎了宋钦宗心里的最后一丝幻想，他明白自己面对的情况跟此前的每一次和议都不一样了，这次是打输之后任人宰割的投降，只能让孙觌按照粘罕的要求来写。孙觌表示自己无法完成，宋钦宗便让何㮚一起来写。在两人的共同努力下，这一封屈辱至极的降表终于获得了粘罕的认可，里面充斥着"远烦汗马之劳……敢废牵羊之礼""上皇引咎以播迁，微臣因时而受禅""自知获罪之深，敢有求生之理""所望惠顾大圣肇造之恩，庶以保全弊宋不绝之绪"这样卑微的句子。[1] 心有不甘的宋钦宗还讽刺了孙觌一句："写得很好啊，看来平时多有练习。"

十二月初二上午，宋钦宗在青城参加了一个简陋但正

---

① 佚名《大金吊伐录校补》一三〇《宋主降表》。

式的投降仪式。粘罕将斋宫里涉及北宋皇家的印迹全部遮挡，摆上向着北方，也就是金国皇帝方向的香案，让宋钦宗去送降表。本来粘罕的意思是要宋徽宗出城一起去参加仪式的，宋钦宗恳求了很久，粘罕这才放过了宋徽宗。宋钦宗给粘罕送上降表之后，来到香案之前站好。粘罕命人读完降表，带着宋钦宗朝着北方拜了四拜，就算完成了全部仪式。

当天中午，双方在斋宫共进午餐。根据宋方的记载来看，粘罕和斡离不宋钦宗颇有礼数，邀请他坐了主位。席间，粘罕还很得意地告诉宋钦宗，这段时间，城里有不少人顺着城墙溜下来逃走，他觉得这些背弃君亲的不忠不孝之人留着也没什么用，已经帮宋钦宗全部杀掉了。

至少在这个时候，粘罕和斡离不还没有打定主意废掉宋钦宗、灭掉北宋，他们还在安慰宋钦宗说，番汉有别，各有疆域，他们肯定不会占据中国。这几天，他们也看见赵宋王朝民心仍在，所以还是希望两国以黄河为界，各自安好，也希望宋钦宗抓紧时间派人去四方抚谕，再派人将金军护送过河，免得中原兵马听说京城失陷而生变动。

双方寒暄完之后，宋钦宗按照规矩给粘罕和斡离不赏赐金银、丝绢、玉带，又让内侍拿出马蹄金。粘罕笑着说："既然城已经破了，一人一物都是我的，皇帝你过来是谈大事的，不用这些小客套。"随后，他还主动提醒宋钦宗："现在天色已晚，你要是再不回去就要引起城内军民不安了，快出发吧。"

宋钦宗回到城里的时候已经是晚上了。开封百姓已经在南薰门捧香苦等了一天多，见到宋钦宗的时候，他们满城奔走相告，山呼万岁之声震天动地，涕泗横流者不计其数。宋钦宗看到这样的场景，也感动得泪流满面。经过州桥以后，有太学生迎上前来，宋钦宗掩面大哭，说了一句十分悲愤的话："宰相误我父子。"[1]

天文数字犒师费

宋钦宗沦落到当众掩面大哭，确实是被逼无奈了。以万乘之尊去虎狼成群的金营亲手递交降表，将祖宗打下来的江山割去一大片，这些屈辱是此前任何一个大宋皇帝都没有经历过的。投降和割地虽然难堪，但并不是无法完成的事情，而真正让人觉得震惊的是，宋钦宗在青城的时候答应了粘罕一笔数量极其可怕的犒师费：黄金一百万锭、白银五百万锭，折算下来就是黄金一千万两、白银二亿五

---

① 徐梦莘《三朝北盟会编》卷七十一。

千万两，另外绢一千万匹。[①]

上一次斡离不来开封的时候，宋钦宗承诺了黄金五百万两、白银五千万两的犒师费，到最后都没有如数完成。而这一次宋钦宗答应的数字，黄金是上一次的两倍，白银是上一次的五倍。由于上一次宋钦宗支付犒师费的时候，粘罕并没有拿到足够的好处，所以这一次将金额翻倍提升也在情理之中。

考虑到不到一年之前斡离不才把开封搜刮了一遍，粘罕有点担心宋钦宗没有这么大的支付能力，所以在提出这个金额之前专门做了一次调查。开封城刚被攻破的时候，金人找开封府尹王时雍索要开封府户口。根据《宋史·地理志》记载，开封府在崇宁年间也只有二十六万一千一百一十七户，即便经过这二十年的繁荣昌盛人口大增，开封府最多也就是四十余万户、一百余万人。但是王时雍在跟

---

① 关于犒师费的金额有两种说法。《续资治通鉴长编拾补》中说黄金一千万锭、白银二千万锭，折算为黄金一亿两、白银十亿两。而在《三朝北盟会编》收录的《朝野佥言》和《避戎夜话》中，有粘罕和斡离不的国书，里面提到的金额是黄金一百万锭、白银五百万锭，折算为黄金一千万两、白银二亿五千万两。《大金吊伐录校补》收录的也是《三朝北盟会编》所载版本。考虑到北宋朝廷的赔偿能力和实际可操作性，《续资治通鉴长编拾补》中的说法过于夸张，故本书作者采用了《三朝北盟会编》中的说法。

粘罕报数字的时候，也许是想表示开封百姓很多，让金人不要欺人太甚，竟然报了一个"七百万户"的数字。[1]粘罕虽然没来过开封，但毕竟是见过燕京、大同这样的大城市的，听完也觉得这个数字有问题，转身就去问李若水。李若水见开封府都这么说了，也不好戳穿，只有随声附和。粘罕在心头一算，黄金一百万锭、白银五百万锭的价码，平均下来一家人负担二两黄金不到，白银也不过三十五两多点，听上去毫不离谱。

王时雍可以乱说，粘罕可以乱要，但是宋钦宗当太子十年，当皇帝也差不多快一年了，上次筹集犒师费的时候是什么一个窘状，他是历历在目的。按理说，他的常识和见识都不至于让他做出这样一个堪称荒谬的决定，何况这笔犒师费最后还是以他为第一责任人的。可惜我们至今都不知道，宋钦宗在青城面临着何种程度的压力，让他在明知道不可能的情况下依然答应了这个金额的要求。而这个决定，会让他和他的王朝走向万劫不复的绝境。

宋钦宗回到开封之后，要做的只有一件事：尽全力筹款。

在此之前，他曾经下令让各地兵马前来勤王，还封出

---

① 　徐梦莘《三朝北盟会编》卷八十五。

逃在外的赵构为"河北兵马大元帅"，多次派人带着蜡书去催促他采取军事行动。但是非常遗憾的是，这二十多天的时间里，并没有多少忠勇之士前来救驾，就连他最倚重的弟弟赵构也没有出现。事到如今，"解围"已经毫无意义，情况也变得截然相反——来开封周边的宋军越多，粘罕的压力就越大，转嫁到宋钦宗身上的压力也就越大。

粘罕很快也意识到，留在外面的赵构是一个非常大的不稳定因素。赵构具体在什么位置他们并不清楚，但是正因为不清楚才更危险。由于地形的限制，粘罕的西路军南下时采取的是"逐个击破"的方式，沿途攻占所有城池，几乎已经占领了河东全境。但是斡离不的东路军在广袤的平原上没有必要这么耗时费力地攻城拔寨，他只需要绕过这些坚守不出的据点直奔开封就行，就连当初就说好割让给他们的中山府和河间府，此时都还在宋军手里。因此，金军也很担心，万一赵构在河北的某个地方埋伏下重兵以逸待劳，等金军回师的时候突然出现，以贫瘠之师猛击满载战利品的金兵，毕竟如此一来，胜负真的难料。

靖康元年（1126年）十二月初三，粘罕以金军指挥部的名义给宋钦宗发来一封信，要求他派人去召回赵构。宋钦宗虽然已经被吓得魂不守舍，但也知道把赵构留在外面是一种牵制和威慑，于是表面上答应了粘罕的要求，派签书枢密院事曹辅亲自出城去召唤。暗地里，他在曹辅的衣襟上用明矾书写了一封密诏："开封已经失守，我已经跟金人讲和，只需割地，不会亡国。你带领天下勤王军队在周边驻扎，不要轻举妄动。"①

残酷的搜刮

金军对宋钦宗筹钱的效率并不满意，他们开始主动派人进城来催逼。靖康元年（1126年）十二月初四起，粘罕的心腹萧庆依次将包括宋太祖赵匡胤设立的七十二个封桩库在内的所有仓库封存，然后派人全部搬运出城。萧庆等人随即也住进尚书省的朝堂，一面催促宋钦宗筹钱，一面监视北宋朝廷的动静。为了防止北宋军民反抗和出逃，金兵将城内仅存的七千多匹马和所有兵器全部搜走，开封彻底变成了一座任人宰割的城市。

六天之后，也就是十二月初十，皇家和开封府所有的库藏都已经被清点完毕，得出的数字距离金兵的要求显然极远。宋钦宗下了一道诏书，把年初曾经搞过的那一套根括手段又来了一遍。他明确告诉开封百姓，城破之后金兵没有屠城已经是格外开恩了。按照规矩，开封城里不论公

① 徐梦莘《三朝北盟会编》卷七十一。

私，所有财物都已经属于金国，应该竭尽一切用于犒军。主动缴纳金银丝绢的，朝廷还可以授予他们相应的官职，如果有私自藏匿导致朝廷无法足额支付犒师费的，将以军法从事。为了避免臣子们偷奸耍滑，宋钦宗还给朝廷不同级别的官员们安排了各自需要缴纳的金银数量：执政、尚书级别的六人，每人黄金二十两、白银五百两、彩缎三十匹；侍郎、给事中级别的共三十三人，每人黄金十两、白银四百两；其下依次类推。①

如此根括，款项数额依然不够。十二月十二日，开封府开始把目标转向了外戚、权贵、富豪，将他们家中的重要成员先行拘押，再逼迫他们出钱来赎人，并且鼓励检举揭发，以搜刮出的金银的三成作为检举者的奖励。在这种政策鼓励下，开封城立刻陷入了互相举报的疯狂浪潮之中，人人都在努力揭发他人，拿到赏金之后又被其他人揭发。层层搜刮下来，大家发现自己掉进了一个深不可测的陷阱之中，所有人的财富都在急剧缩水。

尽管如此，还是有权贵之家想要隐瞒自己的财产，宋钦宗无奈，决定杀鸡儆猴。他盯上的人选是自己的郑皇

① 徐梦莘《三朝北盟会编》卷七十二。

后①，因为她家没有全部上缴家产。宋钦宗下诏书将她祖父和父亲的封赏全部剥夺，并将其一大批亲属革职。为了督促开封府的官吏顶住这些皇亲国戚的压力，宋钦宗还把包庇郑皇后的工作人员披枷戴锁送到街头示众。

到了十二月十九日，虽然开封府的执行力度已经非常大了，但是收缴上来的金银数量跟金人要求的相比只是九牛一毛。宋钦宗下令让御史台和大理寺介入，开始对拒不贡献全部家产的官员和富人用刑，哪怕男的官至承宣使、女的被封为恭人，一样免不了受刑罚的折磨。在这样强大的压力之下，开封府括的对象开始从富豪下沉到普通的商户家中，但是依然杯水车薪。

十二月二十四日，破城快一个月的粘罕已经不耐烦了。他派人进城送了一封警告信，表示丝绢数量已经达标，但是对北宋朝廷缴纳金银的速度非常不满。他还在信中威胁宋钦宗说，如果再不缴纳的话，金兵恐怕就要下城来亲自抢夺了。

这个威胁对宋钦宗非常管用。他除了承诺马上将已经收到的金银尽快送到金营之外，还安排在城墙的四面各设立一个接收点，新任吏部尚书王时雍负责东壁和北壁，新

---

① 徐梦莘《三朝北盟会编》卷七十二记录为郑皇后。根据《宋史·后妃传》记载，宋钦宗皇后为朱皇后，并无"郑皇后"，只有"郑才人"，可能因为在金国为宋钦宗生下儿子赵训而被后世追封。

任开封府尹徐秉哲负责西壁和南壁，即日起开始接收百姓缴纳的金银。考虑到前段时间搜刮得太狠，为了提高一下百姓的积极性，宋钦宗又将官爵和僧道的师号拿出来售卖，可惜没有任何人应募。

开封的局势一天比一天紧张，而天气也一天比一天寒冷。因为金兵封闭了所有的城门，开封百姓极度缺乏取暖用的木柴，不少人家不得已开始拆门板、家具生火。十二月二十九日，宋钦宗下令，允许百姓进入宋徽宗的私家园林艮岳砍树拆屋。年初金兵第一次围城的时候，宋钦宗就已经让军队将艮岳的不少太湖石敲碎了当作炮石，还把里面喂养的梅花鹿尽数杀掉当军粮。现在这道命令一下，宋徽宗多年的心血就将毁于一旦。接到命令的军民也毫不含糊，蜂拥而入将艮岳内所有的花木和建筑一扫而空，吵闹抢夺声音之大，就连正在都堂吃饭的萧庆等金国使者都听见了。萧庆以为百姓暴动，问了陪同的北宋官员后才知道实情，忍不住笑着问："你们皇帝顾及民生，本来是一件好事，但是这样毫无秩序地使民相争，不过是让强者更强，弱者更弱，还容易造成房屋坍塌、人员死伤。为什么不由官府拆完之后平均发给百姓呢？"北宋官员无言以对。[1]

---

① 徐梦莘《三朝北盟会编》卷七十三。

就在拆毁艮岳之后的第二天，宋钦宗迎来了自己登基以后的第二个新年。他过上一个新年的时候刚刚当上皇帝，那时候金兵还没进攻到城下，初登帝位的他还有满腔的热血，踌躇满志地希望干一番大事业，让一直宠幸赵楷的宋徽宗好好看看他的能力。那一天，他在明堂接受百官的朝贺，臣子们献上了《贺登极表》，将他吹捧得如同尧舜一般，"聪明睿知，得四海之欢心；恭俭孝慈，副万邦之倾望"。现在，经过整整一年的折磨之后，他的万丈雄心已经被消磨殆尽。太祖和太宗皇帝打下来的江山，在他手里只剩下黄河以南的区域；真宗皇帝御驾亲征澶渊的锐气，在他这里变成了去敌营俯首递降表。更重要的是，直到现在，危险都没有解除，他对自己的前途和命运依然忐忑不安。他和大宋王朝将何去何从，这个决定权完全掌握在粘罕的手里。

这时候的宋钦宗已经完全没有心思搞什么"明堂朝贺"的仪式了，他带着宰执去给宋徽宗贺新年。金兵占领城墙以后，宋徽宗因为担心自己的安全，已经从宫外的龙德宫搬回了宫里的延福宫。两人自从"生日敬酒"风波之后，关系一直没能得到缓和，宋徽宗对于宋钦宗杀掉自己宠臣的做法颇为愤怒，宋钦宗对于宋徽宗"镇江复辟"的传言始终耿耿于怀，两人除了在这种必要的节庆上走个仪式、在金人面前保持必要的礼节之外，基本上没什么交流。

两人见完面之后，宋钦宗让百官僧道出南薰门去青城给粘罕致贺，但是刚刚出发，金人就以为他们要逃跑，将他们赶了回来。宋钦宗只好派皇弟赵杞和赵栩去金营中致贺，好在粘罕也没怎么为难他们，还派了自己的儿子真珠大王跟着回来给宋钦宗回礼。

正旦一过，金国又收起了仅存的一点温情，开始继续催款。靖康二年（1127年）正月初二，开封府尹徐秉哲汇报了一起隐匿财产的大案，犯事的人是已故太尉高俅的兄弟金吾卫大将军高杰和延康殿大学士高伸。根据南壁的根括官介绍，开封府在去高伸家里收取金银时，发现高伸家的使女刘梅寿让下人刘均先后两次将金银送到哥哥高杰家里藏匿。开封府于是派差人将刘均捉拿归案，正要审问的时候，高杰和高伸穿着全套官服来到开封府施压。宋钦宗大怒，将高伸罢职、高杰降职，两家财产全部充公。①

金人的胃口不仅仅局限于开封，北宋四京中，北京大名府还在坚守，西京河南府已经被粘罕攻陷，现在还有南京应天府可以压榨。正月初一，粘罕就派人带着北宋的使

---

① 徐梦莘《三朝北盟会编》卷七十四。

臣去应天府收取金帛，但是应天府并不认。金兵也懒得攻打，回到开封找宋钦宗要了一份单独的诏书。正月初四，他们拿着这份诏书去应天府收款，前前后后收到了黄金一百两、白银二万两和绢一万四千匹。

　　尽管开封府已经把上次括用过的手段变本加厉地再用了一遍，但效果依然非常不理想。现在时间已经过去一个多月了，宋钦宗搜刮到的钱款还不到金军要求总数的十分之一。在这漫长的时间里，北宋王朝数量庞大的禁军没有一支来到开封城下给金兵施压，兵马大元帅赵构率领的大军也不知道在哪里。粘罕一直在让宋钦宗写信召赵构回来，但是宋钦宗也知道，现在这个局面，不管怎么召，他也不会回来了。宋钦宗无奈，只能派何㮚去金营恳求粘罕减免一些费用，但是粘罕毫不留情地回复说："开封城七百万户，怎么可能这一点金银都缴纳不上来？你们到底是看重钱还是看重命？命都没了拿钱来有什么用？"何㮚回城以后，将粘罕的这些话原封不动地写到榜文里威胁开封百姓，然后加紧了括的强度和力度。上到宰执，小到普通吏员，只要是没有足额缴纳金银的，先拖到开封府和大理寺拷打，然后戴上枷锁去城墙下示众，搞得"枷项促催者相望于市，人不聊生"。

　　也许是正旦当天的朝见起到了一定的融冰作用，也许是患难之际两人决定放下各种成见共同面对这样的局面，也许是太上皇感受到了宋钦宗于这段时间在金人面前对他的保护，宋钦宗和宋徽宗之间的关系在进入新年之后开始慢慢好转。正月初九，宋钦宗再去延福宫朝见了宋徽宗夫妇，一家人甚至还其乐融融地吃了一顿饭。当天晚上风云突变，粘罕突然派了使者、北宋王朝的老熟人高庆裔进城，要求宋钦宗再去金营商议给吴乞买加徽号的事宜。传达完粘罕的指示以后，高庆裔耐人寻味地说了一句："陛下不用亲自出去，写封信，或者派亲王大臣去也行。"

听到这句话之后，宋钦宗嗅到了一丝不一样的气味，他当即表示"那就不去吧"。但是何㮚和李若水坚持认为这不过是一次例行的会议而已，宋钦宗此前已经出去过一次，也安安全全地回来了。金兵在城下停留的时间太长了，高庆裔的话很可能是一个陷阱——假如宋钦宗不答应出城，金兵就会找到进城抢劫的借口。因此，最好的方案还是宋钦宗亲自去一趟。为了逼迫宋钦宗答应这个方案，何㮚甚至自己草拟了一份诏书，让孙傅和谢克家在宋钦宗出城之后辅佐不到十岁的太子赵谌监国。

在何㮚和李若水的坚持下，宋钦宗也没有了拒绝的理由，于是当晚降下诏书，告诉臣民自己初十日要出城去跟金人商议上徽号的事情，希望大家不要惊慌。第二天一早，宋钦宗如约从南薰门出发，踏上了去青城的道路。

　　宋钦宗和宋徽宗可能都不知道，在延福宫的这顿饭，是他们在自己的国土上最后一次自由自在的聚餐了。

2. 再也没有回头路

被软禁的宋钦宗

靖康二年（1127年）正月初十，宋钦宗带着郓王赵楷以下的九个弟弟[①]和一些心腹重臣出城来到了青城，留在城里的人是同知枢密院事孙傅以及礼部尚书梅执礼。尽管何㮚和李若水一直试图告诉宋钦宗这一趟行程是非常安全的，但是宋钦宗在出发之前还是颇有一些不好的预感。他悄悄叮嘱留守的孙傅，要是他被扣在金营回不来，孙傅就招募二三百死士，保护太上皇和太子冲出城门南逃，为大宋保留一份希望。与此同时，他还准备了一道号召河北军民奋起反抗的诏书，表示如果谁能保住河北土地不被金人占领，朝廷愿意跟他分土共享。[②]宋钦宗写好诏书以后，交给一个亲信，让他趁着第二天一起出城的机会悄悄逃

---

① 李心传《建炎以来系年要录》卷一。
② 徐梦莘《三朝北盟会编》卷七十四。

走，把诏书送到大名府北道总管赵野的手中。与其坐以待毙，不如拼个鱼死网破，一旦河北的反抗加剧，粘罕也许会有所顾忌。

到了青城之后，大家渐渐感觉到有些不对了。粘罕并没有跟宋钦宗见面，而是借口斡离不和手下还在刘家寺赶不过来，让宋钦宗先在青城住一晚，第二天再商量。宋钦宗被安排住在端成殿的偏房，也就是以前北宋皇室祭天仪式时亲王们住的房间。提供给他的生活用品非常寒酸，并且让他直接睡在铺着席子的土床上，整晚都没有卫士警戒。[①]而何㮚等人被安排到了其他房间，没能和宋钦宗在一起。

宋钦宗的预感是对的，粘罕让宋钦宗出城，并不是简单地为了一个徽号的问题，而是真的要把他控制在手里当人质。一方面，粘罕对宋钦宗筹钱的速度非常不满意，虽然他们现在掌控了开封城，但是大军深入的兵家大忌让他始终无法完全放心。尽早收钱回到大同，这才是最安全的结果。另一方面，河东残余地区以及河北的交接问题一直无法顺利完成，别说新割让的地区，就连此前的中山府和河间府都没能交接，几乎所有的城池都无视宋钦宗发出去的割让诏书和派出去协助交接的使臣。聂昌去绛州（治今

---

① 徐梦莘《三朝北盟会编》卷七十四。

山西新绛）交接的时候，甚至被当地愤怒的军民杀死。因此，粘罕希望能够把宋钦宗控制在自己的手里，以便尽快完成这两件事。

好不容易挨到了第二天，情况愈发糟糕。金人把跟着宋钦宗一起来的大部分卫士、仪仗、内侍都赶回了城内，只给他留了三百来人。事先说好的讨论徽号的事情，根本没有人来理会。宋钦宗主动要求见粘罕和斡离不，也被对方拒绝，连金国官员对他的态度也比上一次粗暴了很多。在金人的要求下，宋钦宗派人回到开封张贴催款的榜文，明明白白地告诉大家："因为大家缴纳金银的速度太慢了，所以皇帝被金人扣下了，大家但凡有点爱君之心，就在十五日之前把家中的金银送到开封府，尽快把皇帝救回来。"

开封百姓自从宋钦宗再度出城去金营起，心中便开始惶恐不安，现在看见了榜文之后，知道自己担心的事情终于变成了现实。一部分军民开始拿出自己压箱底的钱财，络绎不绝地去开封府献纳，而御史台、开封府、大理寺也找到了增加催款强度的理由，给开封城内的每一家人都摊派了相应的数目，不愿意缴纳就严刑拷打，"捶楚催督哀怨之声不忍闻矣"[1]。

---

[1]　徐梦莘《三朝北盟会编》卷七十四。

宋钦宗在金营被软禁着，一直看不到回城的希望，城内的百姓也开始惊慌起来，有人开始给粘罕上书，请求他将宋钦宗放回来。由于他们无法直接将书信递交给粘罕，所以只能让枢密院转递，但是这些书信都毫无意外地被扣了下来。随后，开封开始流传一个让人惊诧的消息："皇帝已经三天没有吃饭了。"

事实上，虽然宋钦宗的情况没有这么糟糕，但他也的确陷入了出生以来最凄苦的状态。有一个郎官回城之后，亲口告诉了大家他在青城见宋钦宗的过程。

该郎官奉命将宋钦宗的冠冕作为战利品送到青城去，金人要求先送到宋钦宗那里去辨明真假。他去了宋钦宗门外的时候正是黄昏，不知道宋钦宗在干什么，又不敢大声喊，只能站在帘外等着。过了一会儿，宋钦宗发现外面有人，于是自己拿着一个烛台、掀开帘子走出来问清了郎官的身份，之后又非常和蔼地让他先去宰相的房间吃饭，如果那边住不下，就回宋钦宗的房间来睡觉。

郎官吃完饭之后，发现宰相们住的地方确实睡不下了，于是又回到宋钦宗这里来。房间里连水都没有，也没有人伺候他，口渴难耐的宋钦宗吩咐郎官进屋前先去找水来救急。郎官进入宋钦宗房间以后，发现房间里只有宋钦宗一个人，设施也非常简陋，只有一张床，床上有两条毯子，另外还有两个小凳子、两把椅子，仅此而已。[1]

宋钦宗在青城停留的这段时间里，虽然朝廷名义上的留守是孙傅，但是他实际上已经把权力移交给了更具有威望和话语权的宋徽宗。正月十四日，宋徽宗终于发出了他退位之后的第一份圣旨：将所有王爷、公主家里的金银，以及宗庙供奉用的金银祭器全部收集起来交给金人，御史台将所有不足额缴纳金银的官员全部登记下来治罪。这样的方式虽然说不上有多大的效果，但是至少表明了一个态度：宋徽宗和宋钦宗是站在同一条战线上的，不要以为宋钦宗不在城里大家就可以懈怠。

当天晚上，已经不知何时是归期的宋钦宗心情极度郁闷，将宰执们都叫到自己房间里来一起吃饭。吃到中途，宋钦宗突然放下筷子让孙觌马上作一首三百字的诗。毫无准备的孙觌推辞说，自己既没有心情，也没有能力完成，希望宋钦宗让他回去之后慢慢写。觉得扫兴的宋钦宗面露不满，何栗马上打圆场让宋钦宗出题，大家一起来写。宋钦宗便出了"归""回""时"三字韵，以寄托自己盼望回城的心境，结果孙觌写了两句："噬脐有愧平燕日，尝胆无忘在莒时。"汪藻写了两句："虏帐梦回惊日处，都

---

[1]　徐梦莘《三朝北盟会编》卷七十四。

城心切望云时。"这些诗句落到金人手里之后，"无忘在莒时"被金人认为是他们想要报仇，"虏帐"被认为是侮辱金国。金人对他们加深了防备，更不想让他们走了。[①]

回城遥遥无期

到了靖康二年（1127年）正月十五日上元节，宋钦宗终于有机会跟粘罕和斡离不见了一面，他被邀请去斡离不驻扎的刘家寺观灯。金国本来没有上元观灯的习俗，来了汉地之后渐渐学会了这些"享乐"的方式。为了筹备这个观灯节，他们正月十二日就进城将各个寺庙、道观、店铺的灯笼全部搬走，然后把皇宫里的金珠灯、琉璃灯、璎珞灯以及翠羽飞仙的装饰一起拿到了刘家寺。也许是为了缓和这段时间开封城内流传的"宋钦宗寝食难安"的紧张气氛，他们让宋钦宗给开封城内的百姓写了一道圣旨，表示自己在青城期间的吃住都是按照皇帝的规格受供奉的，宰执们住的地方也干净整洁。前段时间传言说金人的态度不好，也是因为大家在商量犒师费的时候产生了争议。只要大家尽快把钱凑齐，这一两天就能回城了，大家千万不要有什么担心，也不要发生骚乱。

---

① 徐梦莘《三朝北盟会编》卷七十四。

话虽如此，但是这时候开封府的根括工作进展得非常不顺利。具体收上来的金银数量，在不同的史书上有很多个版本，各个版本差异都很大，我们取数字最大的那一组，也不过是黄金三十万八千两、白银六百万两。[①]即便算上金人自己进城搬的各种库藏，这个数字距离黄金一千万两、白银二亿五千万两的总额依然差距极大。

其实根括进行到现在这个阶段，不管是粘罕还是宋钦宗都知道，想要再取得大规模的进展已经很难了。开封的所有人都不可能将自己的全部财产拿出来，他们必然会留存一些维持自己生活的金银。威逼的手段哪怕残酷到了极点，他们也未必愿意把这最后的钱拿出来——拿出来肯定是饿死，万一扛住了没拿出来，今后还能有一条活路。

很快，开封城里的太学生们坐不住了，他们既担心宋钦宗的安危，又对城墙下被拷掠的百姓于心不忍，于是开始连绵不绝地给粘罕上书，晓之以理，动之以情，希望他能够减免这笔犒师费。有一名叫徐揆的太学生，写好了一封信让朝廷转递给粘罕，被朝廷拒绝，于是他带着这封信来到南薰门，对金兵谎称自己要献大笔金银。金兵将他送到青城以后，他拿出自己写的信交给金人，辩论不屈，被

---

① 黄以周等《续资治通鉴长编拾补》卷五十九。

金人活活打死。[①]

鉴于城内的气氛越来越紧张，正月十七日，开封府张贴了一张告示，称宋钦宗和粘罕约了一场马球，只是最近一段时间都是雨雪天气，一直没打成，等天晴看完球赛之后宋钦宗就能回来了。百姓看到宋钦宗还能跟粘罕约球，心情稍微缓和了一点。但是当天晚上，按捺不住的金兵就从东壁的含辉门下城纵火抢劫，城内稍稍放松的那根弦再度紧绷了起来。

正月十八日以后，开封府加大了根括的力度，但是这样已经不能让粘罕满意了，金兵开始亲自下场来催款了。他们将南薰门布置成一个刑场，摆着大棒、兵器，不管是官员也好，百姓也罢，只要在缴纳金银方面有丝毫让他们不满意的，立刻就用刑，要么是杖责，要么是扇耳光，打得人血肉横飞，只有交钱才能避免。到后来，金兵甚至拉着北宋官员一排一排地跪在他们面前，用女真话大声训斥。北宋官员们后来通过翻译才知道，金兵称第二天要是收不齐金银就将他们全部打死。

官员的日子难过，百姓的日子更苦，而且是苦到快要活不下去了。自从宋钦宗出城以后，开封连日雨雪天气，

---

① 《宋史》卷四百四十七。

加上金兵封闭了城门，城里的物价飞涨：一斗米一千二百钱，一斗麦一千钱，一斤驴肉一千五百钱，一斤羊肉四千钱，一斤猪肉三千钱，超出正常价格数倍甚至十余倍之多。买不起的百姓只好去河里、水池里捞鱼和水藻充饥，城里的猫狗都已经被吃完，冻死、饿死的平民十之五六，街头巷尾遗骸满地。①

这样的情况持续到正月二十五日，虽然犒师费一直在持续进账，但是速度依然无法达到金人的要求。粘罕可能已经意识到金额真的要多了，但是他又不能朝令夕改，自己打自己的脸，于是开始向北宋朝廷索要女人，用来填补犒师费的空缺。

金人先是索要嫔妃、宫女、宫廷女乐师，然后又索要权贵尤其是童贯、蔡京等昔日权臣家中的娼优、侍女。此前被宋徽宗放出宫的宫女也全部按照名册找了回来，哪怕是已经嫁人的也不放过。这些女人都被抓到金营之后，金兵还不满足，要求继续把搜索范围扩大到民间稍有姿色的女子身上。开封府的吏员趁机开始了权力寻租，凡是家中有适龄女儿或者妻子的，都想要通过给吏员送礼的方式来虎口脱身，价码甚至开到了一千两银子。出不起钱的家

---

① 徐梦莘《三朝北盟会编》卷七十六。

庭就只能把自己的女儿送给吏员做小妾或者婢女。很多不幸被抓到开封府的女子，把自己打扮得蓬头垢面，然后几天不吃饭，装作病入膏肓的样子，希望能够逃过一劫。但是开封府尹徐秉哲根本不理会这些招数，在开封府备下衣衫、粉黛，以及头钗等饰品，让这些女子沐浴之后换上新装，再装车送到金营。大车络绎不绝出发之时，整个开封城父女、夫妻相拥大哭，旁观者无不掩面涕下。车过南薰门的时候，车上的女子发现朝廷官员也站在门边，于是指着他们大骂道："你们这些朝廷大臣败坏国家，到今天却要我们这些女人来替你们赎罪，你们怎么有脸站在这里！"大臣们无言以对，只能扭头沉默。①

这段时间，实际上被软禁的宋钦宗一直在金营里焦急地等待着粘罕的命令。他希望粘罕在收到了足够多的丝绢、珠宝、玉器、金银、女人之后，能够网开一面让他先回开封。他留在青城的时间越长，心里就越慌。但是金人似乎一点收手的意思都没有，他们在索要女人的同时，还在不断地索要图书、药方、药材、祭器、宦官、工匠、戏子、车辆、服装，以及全套的皇帝、皇后的仪仗。

进入二月以后，粘罕已经对于继续搜刮金银失去了信

---

① 徐梦莘《三朝北盟会编》卷七十八。

心，因为不论他怎么催逼，开封府都告诉他，确实已经刮不出来了。粘罕认可了这个说法，他也觉得开封人已经到了承受极限了，想要再有更大的收获，可能只有靠屠城了。但是二月初四发生的一件事让他改变了看法：被金兵抓到青城的宦官蓝诉、医官周道隆、乐官孟子书等人意识到自己将会被金兵带回北方，他们三人为了脱身，主动向粘罕汇报，说自己家中的地窖里还藏有金银，请粘罕派人去取，然后放他们回城。粘罕派人去一挖，果然如此，再选择了几个人的家里一挖，竟然全都有私藏。粘罕大怒，觉得开封人不老实，家里肯定还有大量金银没有交出来，于是给开封府下文，让他们继续根括。①

因为三个小官的私心，本来即将松绑的开封城又重新陷入了血雨腥风之中。

---

① 徐梦莘《三朝北盟会编》卷七十八。

3. 一个王朝的终结

让人震惊的消息

靖康二年（1127年）二月初五，天终于晴了。宋钦宗记得粘罕曾经说过，天晴了之后邀请他去看一场球赛，然后就放他回城。与此同时，开封城内的百姓们也开始准备到南薰门迎接看完球赛之后就回城的皇帝。与之呼应的是，青城方向传来不知真假的消息："陛下明天回城。"

很快，在青城忐忑不安地等待的宋钦宗迎来了一个他盼望已久的使者，粘罕果然派人来请他去看球赛。宋钦宗从这个邀请里看到了回城的希望，他兴冲冲地带着宰执骑马来到了球场。粘罕屏退了宋钦宗的大部分随从，只留了何㮚、冯澥、曹辅及他的侍卫队长郭仲荀四人。大家坐下喝了七行酒之后，斡离不穿上绣衣亲自下场打了一局，宋钦宗还很不好意思地感激说："今日得观盛礼，岂敢重劳元帅？"

斡离不打完之后，又让金国的其他将领继续打球，他回到座位上陪着宋钦宗再喝了两行酒。这时候，宋钦宗觉得场面非常融洽，时机也成熟了，于是主动站起来向粘罕申请，说自己已经在青城待了很久，城里的文武官员和百姓都在盼望着他早点回去，希望粘罕同意。他本以为粘罕顺口就会答应，至少会给他一个明确的时间，谁知道粘罕竟然回答了一句："回哪里去？"宋钦宗听到这句话，顿时吓得变了脸色，知道情况发生了变化，便再也不说话了。

球赛看完之后，宋钦宗心情低落地骑马回斋宫，斡离不非常贴心地骑马跟他并行，安慰他说："天命如此，无可奈何。"这句话把局面上升到了"天命"的层次，让已经非常敏感和害怕的宋钦宗有了最坏的打算。回到斋宫以后，其他留守的北宋官员还不知道发生了什么，蜂拥而至来迎拜，祝贺他次日就要回城，但是宋钦宗已经完全没有了应付这些祝贺的心情，哭丧着脸回到了自己的房间。何㮚悄悄地把情况告诉了吴开，问接下来应该怎么办。谁也说不出一个办法，大家只能彼此安慰说，斡离不的态度看上去还挺和蔼的，应该没什么大事。他们又悄悄地问金国的官员到底发生了什么事，对方回答说："国相明天还要找你们的，到时候就知道了。"不一会儿，粘罕果然派人来通知他们明天见面的事情。何㮚赶紧问什么事情，使者说就是安抚百姓、催促犒师费的事情。大家听完这话，一颗悬着的心慢慢落下了。

二月初六黎明，粘罕的使者就来相请。早已换好衣服的宋钦宗带着大家一起跟着使者出发，大家都以为这次要回城了，还在互相说着庆幸的话。但是他们刚一出门，就发现金兵把宋钦宗房间的黄布等象征帝王的装饰物撤掉了，大家落下的心又开始悬了起来。到了青城郊外，宋钦宗发现这里已经朝着北方设立好了一个香案。粘罕命令宋钦宗一个人下马步行去香案前，剩下的北宋官员都站在百步开外等着。宋钦宗对着香案拜了两拜之后，金人开始宣读一份诏书。[①]

诏书是吴乞买从上京发过来的，先是痛斥了宋徽宗和宋钦宗背信弃义的罪过，然后告诉宋钦宗，金国决定废掉他的帝位，另立一个异姓为皇帝。[②]这就意味着，不但宋钦宗失去了皇位，而且大宋灭国了！

扒掉宋钦宗的龙袍

宋钦宗没有想到的是，粘罕也许很早以前就动了废掉

---

① 徐梦莘《三朝北盟会编》卷七十八。
② 佚名《大金吊伐录校补》一三九《废国取降诏》。

他的心思。

粘罕在靖康元年（1126年）十二月初二拿到降表以后，立刻派人将其送往上京交给吴乞买。因为开封和上京距离太远，吴乞买看到降表的时候已经是第二年的正月初三了。粘罕在送出降表的时候有没有什么其他的建议，史料上没有任何记载，但是两天之后，也就是正月初五，斡离不东朝廷的枢密使刘彦宗给吴乞买上了一道奏折，希望能够保全赵氏政权，然后被吴乞买否决了。[①]从这条记载里我们不难看出，金国内部对"是否要废黜宋钦宗"这一问题存在一定的争议。既然存在争议，就说明有人提出过这个建议。参考此前粘罕和斡离不的态度，以及刘彦宗的行政归属，我们可以进行如下猜测：城破之后发现开封政权服从度极高的粘罕有了更加激进的想法，希望一鼓作气将北宋灭国，而相对保守的斡离不更希望保留这个政权。两人没能达成一致意见，只能把情况汇报到吴乞买那里，让皇帝来决断。

如今看来，废黜宋钦宗显然是金国朝廷内部权衡后的最终结果，吴乞买正月初三收到粘罕等人送过去的降表之后，在"黄河为界两国并立"和"灭掉宋朝另立新皇"两

---

① 《金史》卷三。

个选项里选择了后者，并派人快马加鞭地把这个决定送到了开封粘罕的手里。不出意外的话，粘罕在二月初五，也就是邀请宋钦宗一起看打球的那一天之前就收到诏书了，所以他才在宋钦宗请求回城的时候冷冷地说了一句"回哪里去"。而斡离不也知晓了这个消息，所以才安慰宋钦宗说"天命如此"。尽管身处前线的粘罕和斡离不在想法上并不统一，但是吴乞买的一封诏书让并不想废掉宋钦宗的斡离不不得不执行这个决定。

面对宋钦宗宣读完诏书以后，粘罕就派萧庆去脱掉宋钦宗身上的龙袍，宋钦宗已经呆立原地不知所措。远远站着的北宋官员隐隐约约听到了诏书的内容，同样吓得不知道如何应对。只有李若水一个人冲上前去，左手紧紧抱住宋钦宗，右手指着粘罕骂道："这贼乱做，此是大朝真天子，你杀狗辈不得无礼！"几个金兵冲上前来，对着李若水一顿拳打脚踢，打得李若水满脸是血。他终于被拖到一边，眼睁睁地看着宋钦宗身上的龙袍被脱掉，气得昏了过去。①失去了龙袍的宋钦宗被几个金兵簇拥着上马带走，金人随后将站在远处的北宋大臣们叫过来跪下，再宣读了一遍吴乞买的诏书。何桌等人磕头哀求收回成命，但是已

① 徐梦莘《三朝北盟会编》卷七十八。

经没有作用，每两个金兵押着一个宰执，每两个金兵押着一个侍从，将他们分散关押。

此时的开封城内，留守官员们还在苦苦等待宋钦宗回城，一直等到晚上，吴开和莫俦终于带着粘罕的命令来了：第一，鉴于宋国屡屡背信弃义，现在大金皇帝已经将宋皇废黜并带走；第二，大金讨伐宋国并非贪图土地，所以将另外立一个皇帝统领以前宋国的土地，作为大金的藩属；第三，开封的百姓愿意跟着旧主一起走的，大金绝不阻拦；第四，太上皇及所有的后妃、儿女、其他亲属、王公全部出城；第五，开封百姓自行推选一个贤人当新皇帝，赵氏宗亲不在此列。

跟这道命令一起来的，还有宋钦宗本人的手札，上面明明白白地认可了粘罕的说法，并且催促大家尽快行动，送太上皇等人出城，再推举一个异姓的皇帝。[①]

孙傅等人虽然已经做好了比较坏的准备，但是看到这个命令之后还是吓了一跳，知道如果公布出去势必引起开封的民情骚乱，于是决定只让王时雍、徐秉哲、范琼等人知道，然后开始悄悄商量如何将宋徽宗等人送出城。商量来商量去，还是决定去跟宋徽宗直说。孙傅带着王时雍等

---

① 　徐梦莘《三朝北盟会编》卷七十八。

人来到宫中把情况给宋徽宗禀报之后，传达了粘罕划定的最后期限："如果太上皇等明日（正月初七）傍晚之前没有出城，那么金兵将四面同时开始屠城。"

唯一还有一点反抗意识的张叔夜向宋徽宗建议，自己愿意马上集合军队，带着宋徽宗杀出城去，免得重蹈宋钦宗出城之后再也无法回来的覆辙，即便是战死，好歹也是死在自己的国土上，总比身陷异邦要强得多。宋徽宗显然还没做好死国的准备，正自犹豫，范琼以"保全满城生灵"为由出言相逼。宋徽宗装模作样地要服药自尽，但是药瓶被范琼夺走，他在涕泪横流之下顺势否决了张叔夜的方案，答应出城，随后派人去通知名单上的其他人。

无一幸免的皇族

从靖康二年（1127年）正月初七早上起，开封城数量庞大的皇族开始出城，包括神宗所有的儿子以及他们的直系家属、宋徽宗所有的儿子女儿和他们的直系家属、宋钦宗的所有妃子，其中当然也包括后来的宋高宗赵构的母亲和妻子。简而言之，开封城里神宗皇帝所有的后代，除了宋钦宗的皇后和太子暂时留下来监国之外，其余全部被一网打尽送出城去。鉴于这时候宋钦宗已经被废，所以连同宋徽宗和宋钦宗两朝所有关于皇帝、皇后、太子妃身份的印章也被一扫而空。

虽然开封的百姓没有在第一时间知道粘罕的命令，但是宋徽宗开始通知后妃和亲王之后，消息就瞒不住了，有不少军民渐渐聚集在宫城南门宣德门外想要一探究竟。当他们看到皇族们扶老携幼走出宫城，沿着御街走向出城的南薰门时，知道事情已经不可逆转。有两个百姓试图去拦住宋徽宗，但是没来得及，只看见宋徽宗的弟弟燕王赵俣骑着马走出来，便拉着他要求他留下来主持大局以存国祚。赵俣哭着拒绝了这个提议，说自己在金人的花名册上。百姓继续劝说他，说愿意跟他同生共死以图大业，赵俣还没回复，已经被任命为京城四壁弹压使的范琼立刻派人将这两个百姓斩首示众，[1]于是再也没有人敢去阻止皇族出城了。

宋徽宗虽然已经是亡国之人，但毕竟资格老、地位高，到了青城之后立刻得到了粘罕和斡离不的接见。有史料记载，宋徽宗在青城端成殿用非常严厉的语气斥责了粘罕和斡离不，还针对自己违约的指控要求将萧庆叫过来对质，说得他们哑口无言，不过并不能改变任何局势。从端成殿出来之后，宋徽宗在东廊见到了宋钦宗。宋钦宗上前

---

① 徐梦莘《三朝北盟会编》卷七十九。

扶着宋徽宗哭泣良久，宋徽宗这时候终于露出了一个老父亲的无奈，缓缓地说："当初你要是听我的话一起南逃，怎么会沦落到今天这个地步。"①

在宋徽宗、宋钦宗都已经放弃了所有希望的时候，开封城里包括孙傅、张叔夜、吴革在内的部分留守文武官员还在做着最后的努力。孙傅不停给粘罕上书试图挽回这个局面，他先是申请让宋钦宗复位，被拒绝以后又申请让太子或者宋徽宗的其他儿子来接任皇帝，又被拒绝之后再申请让宋神宗的儿子赵偲或者赵偲即位，并且保证不论谁即位，宋国都会成为大金永久的属国。但是粘罕的态度非常坚决，只接受推举异姓皇帝。孙傅在第五次上书的时候已经退让到"选一个血统没那么近的赵姓成员"，但是依然被否决。二月初十，粘罕派了吴开和莫俦入城传递消息："明天之内再定不下来，我就带兵进城。"

二月十一日，压垮开封朝廷的最后一根稻草终于来了，粘罕要求留在城内监国的皇后和太子必须出城。在宋徽宗等人被迫出城以后，已经有人意识到"皇后和太子监国"只是一个短期的过渡方案，他们迟早也要被抓去金营。手下还有一点卫士的吴革悄悄找到孙傅，提出了一个

---

① 徐梦莘《三朝北盟会编》卷七十八。

方案保全太子：先以黄金五千两为赏赐，将太子藏到民间，然后找一个长得像太子的孩子，连同太子身边的宦官一起杀死，再将两具尸体一起交给金人，说这个宦官想把太子偷走送到金营，被百姓发现，拦截殴打的时候不慎误杀了太子，等金兵撤走以后再把太子找回来重登皇位。孙傅觉得这个办法不错，但是两人寻觅了很久，始终找不到愿意参与这个计划的人，只能眼睁睁看着太子踏上出城的道路。当天中午，母子二人乘车走出宣德门，开封的百姓追着车驾痛哭挽留，甚至有太学生跪在车前不让出城的。太子虽然不满十岁，但是也知道此行凶多吉少。车驾即将出南薰门的时候，他在车中大喊"百姓救我"，可惜在范琼和金兵的双重护卫下，百姓也无能为力。

太子出城之后，孙傅也来到了南薰门。守门的金兵知道他是开封留守，也就是现在开封城的最高指挥官，对他态度还算不错，关切地问他为什么要出城。孙傅坚决但是神情黯然地告诉金兵，说皇帝和太子都出城了，他作为朝廷大臣、太子少傅，生死都应该跟太子在一起，请金兵去禀报粘罕，让他出城去陪伴太子。金兵走后，孙傅就在门洞里睡了一夜。第二天一早，城门打开，粘罕派人来将孙傅带到金营，二月十三日再将他的家属全部带走。次年二月，孙傅逝世于金国，也算是用生命兑现了自己的承诺。①

至此为止，宋徽宗、宋钦宗、太子三人都来到了金营，建隆元年（960年）建国的北宋王朝算是在开封走到了尽头，宋钦宗也结束了他不到十四个月的皇帝生涯。

三月初七，金国指定的新皇帝张邦昌在萧庆等人的见证或者叫监督下，在开封举行了一个寒酸但是足以在心存幻想的开封人心中画上一个句号的登基仪式，一个名叫"大楚"、定都"金陵"（今江苏南京）的政权在开封建立起来了。

四月初一，金军带着包括宋徽宗、宋钦宗在内的俘虏和天文数字一般的财富全部撤走，把开封城留给了张邦昌。

五月初一，逃亡在外的康王赵构来到宋太祖赵匡胤的龙兴之地——南京归德府登基，建立了南宋政权。历史全新的一页就在这样的腥风血雨之中翻开了。

---

① 综合《宋史·孙傅传》《宋史·吴革传》《宣和录》，《中兴遗史》称孙傅因为不配合粘罕立张邦昌为帝，在青城即被杀害，应该是粘罕恐吓张叔夜的谎话，本书作者未采用。

后　记：
被忽视的太原之战与升斗小民

　　说起靖康之变，人们最直观的印象便是北宋的军队是如何不堪一击，宋钦宗是如何优柔寡断，北宋朝廷如何在明明有生机的情况下一步步走向深渊，开封如何在一个神棍兵油子的谎言里被金兵攻破，北宋皇族的下场是如何惨绝人寰，一个如此庞大而富裕的超级王朝如何在金兵的斩首行动下轰然倒塌……

　　是的，绝大多数历史爱好者都把目光聚集在了北宋的都城开封，以及住在开封城里的宋徽宗和宋钦宗身上。但是，在这场惨剧中，"太原保卫战"是一个无论如何都绕不过去，也不应该绕过去的坎。凶悍的粘罕绕不过去，历史的眼光也绕不过去。我们甚至可以说，太原保卫战的成败，直接关系着北宋王朝的生死存亡。

直到今天，我在写完了这部近二十万字的书稿以后依然认为，张孝纯和王禀主持的长达二百五十二天的太原保卫战是成功的，失败的是以宋钦宗为首的北宋朝廷。后者在救援太原的过程中不断犯下错误，将一手大概率可以打赢的牌打成了国破家亡的局面。

历史没有假如，但是历史需要总结。在近九百年以后的今天，当我们抽丝剥茧般地从这些纷繁复杂的史料中回看这场惨烈的太原保卫战时，能够跨越时间和空间，产生很多全新的感悟。

第一，北宋所谓"腐朽"的禁军并不是不能打，也并非没有斗志，他们只是缺少一个能够指挥他们英勇作战的领导。

在开封城破之前，宋军面对辽军和金军的战绩简直让人瞠目结舌，不管是兵力占优还是地形占优，都打得一塌糊涂，不是望风而逃就是举手投降，稍微有点战斗力的还是从辽国投降过来的郭药师和他的常胜军，完全没了短短十多年前在对西夏作战时节节胜利的丝毫风采。

同样是童贯指挥，同样是西北调过来的宿将，只是将对手从西夏换成辽金，宋军就像换了一支队伍，其堕落速度简直令人难以置信。

然而，张孝纯和王禀用他们的实际行动证明，宋军的战斗力并没有下滑到我们在纸面上看到的那种不堪一击的程度。他们在战场上表现出来的颓势，只是因为宋军的指挥系统在这十多年里坍塌了而已。

正如种师道刚刚来到开封城的时候表达的观点一样，守城不等于野战，城里人人都能是战士。张孝纯一介书生，他的战术理论跟纵横疆场多年的种师道不谋而合。他在没有任何外援的情况下，对太原城内包括人力在内的所有资源的利用和分配，达到了让人惊叹的地步，让此前攻无不克、战无不胜的一代名将粘罕在二百五十多天的时间里束手无策。

北宋朝廷不是没有名将精兵，也不是没有旺盛斗志，只不过这些优势都在宋徽宗时期童贯、王黼、蔡京、高俅等宠臣的欺上瞒下，以及宋钦宗时期不断摇摆的政策中被消耗殆尽，以至于天下第一庞大的开封城成了金国东西两路军的盘中餐。只要给他们一个优秀的指挥官（哪怕是李纲），他们其实是能够找回自己的战斗力的。

第二，可以这么说，张孝纯以一城之力，为北宋王朝争取到了喘息甚至是反戈一击的机会。遗憾的是，宋钦宗把这些机会都浪费了。

我一直认为，北宋的灭亡是偶然中的必然，或者说是必然中的偶然。

说是偶然，是因为以北宋王朝的经济实力、军事实力、人才储备，都不至于在金兵不到十万人的攻击下，短短一年多的时间就灭国了。他们有广袤的国土纵深，有相对于金国来说堪称取之不竭的兵源，有后来宋高宗依赖的长江天险以及茫茫大海。在很大程度上，北宋王朝依然具有非常深厚的民间基础，不少百姓、将士、僧侣都愿意为国尽忠，甚至连开封福田院（类似于今天的救助站）里的穷人，也毫不吝啬地主动把自己积攒的金银拿出来交给开封府，用来支付金国索要的赎金。[①]也就是说，但凡宋钦宗在面对战争的时候，能够将自己的应对能力提升一点点，不管是战还是和，是守还是走，只要决定之后哪怕一条道走到黑，最终都不会是这样的结果。

说是必然，是因为北宋王朝的确已经朽坏到了一个让人触目惊心的地步，按照这样的趋势发展下去，他们迟早也会跟曾经庞大的辽帝国一样被金国揍得毫无还手之力。这不是宋钦宗一个人的责任，是北宋此前七个皇帝累积下来的问题，只不过宋钦宗因为自己的能力问题，不但没能

---

① 徐梦莘《三朝北盟会编》卷九十七收录的《宣和录》。

扭转北宋王朝下滑的颓势，反而给了这些腐朽的柱子凶狠的一击，让它的坍塌加快了而已。

但是，太原保卫战的一个重大的意义就在于给宋钦宗乃至北宋王朝的纠错争取了半年多的时间。假如宋钦宗能够利用好这半年，坚定思路、改正错误，北宋也许会在战场上遭遇金国惨重的打击，甚至可能会变得跟后来的南宋王朝一样偏安江南，但是断然不会出现靖康之变这样的局面。

从这个角度来说，宋钦宗辜负了张孝纯，辜负了太原城的几十万军民用生命换来的缓冲期，给北宋王朝带来了一场空前的灾难。

第三，我觉得我们不应该忘记在这些历史浩劫里承受了巨大苦难、做出了巨大牺牲的普通军民。他们绝大多数人都没能在战争中留下自己的姓名，很多都是以"州民""县民""众军士"的集体称谓出现在史料里，但我们不能忽视他们。

我这些年读史书，看惯了帝王将相的纵横捭阖，越来越想关注那些普通人的命运，越来越想把那些"小人物"的名字写下来，因为多一个人写，便多一群人知道。

靖康之变中，开封的皇族和百姓命运的确很悲惨，但是我们也应该记住，在黄河北边的河东、太原，这里的百姓也很惨。张孝纯自己的奏折里都说，太原城里的几十万军民最后只活下来"百之一二"，这对于河东第一大城来说，是何等的恐怖和残忍。而李若水谈判失败之后回开封复命时看到的河东惨状，也同样让人触目惊心。

看到史料上那些轻描淡写的"屠城"二字，再想想这两个字背后蕴含的血腥杀戮，你会不寒而栗地想到，这就是战争的残酷，这就是平民的无助。

因此，我为什么要写这本书，一个原因是，太原之战极其重要，甚至是不亚于汴京之围的一场关键战役，另一个原因是，我想尽可能把曾经被不少人忽视的太原保卫战以及河东保卫战原原本本、仔仔细细地写下来，让我的读者们意识到，除了开封，还有更多的城市经历过地狱般的岁月，除了皇族，还有更多的平民付出了惨重的代价。

它们和他们，值得被我们记住！

2023年10月

完稿于西藏林芝市巴宜区米瑞乡小学